GERTRUD WAGEMANN

Feste der Religionen

Begegnung der Kulturen

GERTRUD WAGEMANN

Feste der Religionen

Begegnung der Kulturen

KÖSEL

Für die Durchsicht und Kommentierung der Texte danke ich:

Ingrid Gröpler, Evangelische Kirche Berlin-Brandenburg
Klaus Becker, Bistum Hildesheim
Barbara Weber, Religionspädagogin, Biberach
Amill Gorgis, Syrisch-Orthodoxe Gemeinde Berlin
Konstantin Drakonakis, Griechisch-Orthodoxe Gemeinde Berlin
Rajko Djuric, Internationale Romani Union, Berlin
Bund Lausitzer Sorben Domowina
Irene Dommaschk, Traditionsverein Casel
Max Meier, SUR Verein für internationalen Kulturaustausch, Berlin
Heinrich Rathke, Beauftragter der Synode in Omsk für den Dienst in
rußlanddeutschen Gemeinden, Schwerin
Hedwig-Herta Blum, Landsmannschaft der Rußlanddeutschen, Berlin
Jahja Schülzke, Islamische Föderation Berlin
Kamal Fuad, Sprachwissenschaftler, Berlin
Ora Guttmann, Jüdische Gemeinde zu Berlin
Pham ngoc Danh, Vietnamesische Buddhistische Pagode Berlin
Dang tu Dung, Vietnam-Haus Berlin
Lingeswary Amirthalingam Heintze, Dolmetscherin für Tamil, Berlin
Birthika Chatterjee, Tamilisches Kulturzentrum Berlin
Chaabane Hamouda, Batna, Algerien
Ursula Thiemer-Sachse, Altamerikanistin, Berlin
Margaret von Jorck, Ethnologin, Berlin
Ute Röschenthaler, Werkstatt Ethnologie Berlin

Ein farbiges Kalenderposter (DIN A3) mit den Festen der Weltreligionen ist jeweils im Spätherbst für das kommende Jahr erhältlich bei der Ausländerbeauftragten des Senats von Berlin, Potsdamer Straße 65, 10785 Berlin.
Tel. 030/9017-2357, Fax 030/2625407.

ISBN 3-466-36592-9
Durchgesehene und aktualisierte Neuauflage 2002
© 1996 by Kösel-Verlag GmbH & Co., München
Printed in Germany. Alle Rechte vorbehalten
Druck und Bindung: Kösel, Kempten
Umschlagmotiv: Antje Schirmer, Berlin
Umschlag: Kaselow Design, München

Inhalt

Christliche Festtage   23

Islamische und türkische Festtage   *101*

Jüdische Festtage   *129*

Buddhistische Festtage   153

Hinduistische Festtage   171

Feste der Stammesreligionen   185

Vorwort

Das Buch »Feste der Religionen – Begegnung der Kulturen« ist aus den von mir zusammengestellten »Interkulturellen Kalendern« 1993, 1994 und 1995 hervorgegangen. Es umfaßt die Inhalte dieser Kalender und beschreibt neun weitere Feste. Damit wurde die Sammlung abgerundet und mit Bildern in eine neue Form gebracht.

Etwa fünfzig Feste werden in ihrer Bedeutung und in ihren wesentlichen Ritualen dargestellt. Die beigefügten Geschichten, Legenden und Gedichte, die Kochrezepte und die Bilder ermöglichen eine sinnliche Annäherung an die fremden Kulturen. Die meisten Beiträge sind Originale, in denen die Angehörigen der verschiedenen Völker und Religionen selbst zu Wort kommen.

Die Beschreibungen der Feiertagsriten und -bräuche stellen keine umfassenden ethnografischen Berichte über die Feste der verschiedenen Völker dar. Schon in den Literaturquellen weichen sie voneinander ab; auch die persönlichen Beschreibungen der Menschen aus anderen Ländern unterscheiden sich oft von denen ihrer Landsleute – so wie jeder bei uns eben auch »sein« Weihnachten feiert.

Die zentralen Glaubensaussagen der verschiedenen Religionen werden als bekannt vorausgesetzt. Weitergehende Fragen können durch eigene Nachforschungen beantwortet werden. Zur Einführung in die fünf Weltreligionen nenne ich zu Beginn der Kapitel Buchtitel, die mir von Fachleuten empfohlen wurden. Lebensnäher als Bücher sind natürlich Auskünfte, die von den Menschen selbst gegeben werden. Jeder, der sich mit einem Fest aus einem anderen Kulturkreis beschäftigen möchte, sollte den Kontakt zu den Angehörigen dieser Kultur suchen.

Für die Auswahl der Feste in diesem Buch gab es mehrere Gesichtspunkte: Zum einen sollte jede große Religion mit ihren wichtigsten Feiertagen dargestellt werden, zum anderen wollte ich möglichst viele der unterschiedlichen bei uns lebenden Volksgruppen berücksichtigen. Die Sammlung enthält auch einige nichtreligiöse Feste oder Feiertage, deren religiöser Ursprung nicht mehr erkennbar ist. In diese Reihe gehört zum Beispiel das Johannisreiten als Fest einer deutschen Minderheit, der Sorben. Alle diese Feiertage sind für einen bestimmten Kulturkreis typisch oder von hervorgehobener Bedeutung.

 Die *christlichen Feste* weisen in ihren Riten und Bräuchen, mit denen sie gefeiert werden, eine besondere Vielfalt auf. Das hängt mit ihrer Verbreitung auf der Welt und der Beeinflussung durch ältere Traditionen

zusammen. So enthält dieses Buch neben den bekannten einheimischen Feiertagen auch Feste von christlichen Zuwanderern wie den Rußlanddeutschen, den Roma oder den orientalischen Christen. Mit der Beschreibung eines Festes aus Peru, Virgen del Carmen, möchte ich das Augenmerk auf die synkretistische Feierkultur in Lateinamerika lenken.

Die *islamischen Feste* werden von Türken, Arabern und vielen Menschen aus anderen Nationen begangen. Das größte weltliche Fest der Iraner und der Kurden, das Neujahrsfest, gehört ebenso in diese Sammlung wie das beliebte türkische Kinderfest.

Die *Feste der Juden* nehmen im Verhältnis zur Anzahl ihrer Gläubigen einen relativ großen Raum ein. Der Grund dafür liegt in der Bedeutung des Judentums als der ältesten monotheistischen Religion. Sein Einfluß ist in den nachfolgenden Religionen des Christentums und des Islam nicht wegzudenken.

Die *buddhistischen Feste* sind in diesem Kalender auf die vietnamesische und die chinesische Bevölkerung bezogen, die die größten ethnischen Gruppen unter den Migranten aus Ostasien darstellen. Diese Feste werden auch in anderen Ländern Ostasiens – zwar unter verschiedenen Namen, aber mit ähnlichen Bräuchen – gefeiert.

Aus dem Bereich der fünften Weltreligion, des *Hinduismus,* wurden stellvertretend für die fast unübersehbare Zahl von regional unterschiedlichen Festen drei Beispiele ausgewählt. Sie gehören zu den ältesten Festen der Welt; zwei von ihnen werden in allen Landesteilen Indiens gefeiert, das dritte ist das größte Fest in den von Tamilen bewohnten Gebieten.

Die *Feste der Stammesreligionen,* besonders in Afrika, sind anderer Natur. Sie werden ortsverbunden gefeiert und entziehen sich weitgehend dem Blick von außen. Da ich trotzdem etwas von der Festkultur auf diesem Kontinent erzählen möchte, werden Beispiele aus Nord- und Westafrika geschildert. Ergänzt wird diese Reihe durch einen Gedenktag in Vietnam, in dessen Mittelpunkt der Schöpfungsmythos zweier Stämme steht und durch ein Fest in Peru, das bewußt zum Vergleich mit dem christlich-synkretischen Fest Virgen del Carmen ausgewählt wurde.

Einige Zuwanderer – besonders aus Ländern mit einer atheistischen Tradition in ihrer jüngeren Geschichte – haben nach Festen gefragt, die in diesem Buch fehlen: Warum sind der Internationale Frauentag, der 1. Mai oder

der Tag der Befreiung vom Nationalsozialismus nicht aufgenommen worden? Oder Israeli vermissen den Gedenktag der Shoah, Amerikaner den Unabhängigkeitstag und Franzosen ihren Nationalfeiertag am 14. Juli. Wenn ich alle diese mit der Geschichte und der Politik zusammenhängenden Feiertage hätte berücksichtigen wollen, hätte ich gerechterweise auch viele entsprechende Feste von anderen Migranten aufführen müssen. Das hätte den Rahmen dieses Buches gesprengt.

»Feste der Religionen – Begegnung der Kulturen« wendet sich gleichermaßen an die Einheimischen wie an Menschen, die aus zahlreichen Ländern der Erde aus unterschiedlichen Gründen gekommen sind, um bei uns zu leben. Diese Zuwanderer sind unsere Kolleginnen und Nachbarn, unsere Schülerinnen und Mitschüler; viele bewirten uns und erfreuen uns mit Kunst. Sie beleben nicht nur unser Stadtbild, sondern unsere gesamte Kultur.

In den Medien liegen die Schwerpunkte anders. Berichte über Kriege und Katastrophen, über erhöhte Sozialausgaben und Arbeitslosigkeit, ja über Ausschreitungen bei Demonstrationen weisen bewußt oder unbewußt auf Aus-Länder hin. Man identifiziert sie mit vielen dieser negativen Nachrichten. Das ist der erste Schritt zur Ausgrenzung.

Dieses Buch möchte Grenzen überwinden helfen. Es möchte etwas gegen Unwissenheit tun. Es möchte neugierig machen auf das Fremde. Dieses Buch zeigt, wie interessant, vielschichtig, traditionsbewußt und tief religiös die Festkultur der Menschen aus anderen Ländern ist. Dieses Buch möchte Spaß machen, es möchte Lust am Leben vermitteln.

Wie die Einheimischen brauchen aber auch die Zuwanderer Erklärungen für Bräuche bei uns, die ihnen sonst unverständlich bleiben würden. Was haben die Weihnachtsvorbereitungen für eine tiefere Bedeutung? Warum gibt es zu Pfingsten einen freien Montag? ... Dieses Buch vermittelt ihnen aber nicht nur Hintergrundwissen über die christlichen Feste. Es möchte den Migranten auch zeigen, daß es in der Fremde oder in der neuen Heimat Menschen gibt, die ihre Kultur wahrnehmen und zu achten versuchen. Sie können Ähnlichkeiten in den verschiedenen Ritualen entdecken und Gemeinsamkeiten mit anderen Minderheiten in Deutschland, Österreich und der Schweiz finden.

Ich wünsche mir, daß wir in unsere Feste Menschen aus anderen Ländern, die uns noch fremd sind, einbeziehen, daß wir Lust bekommen, auch bei ihnen Gäste zu sein, und daß wir gemeinsam neue Feste erfinden.

Gertrud Wagemann
März 1996

Die kultische Zeit und der exakte Kalender

Das Leben eines jeden Menschen ist begrenzt auf eine bestimmte Zeit. Seit alters glauben die Menschen in ihren religiösen Vorstellungen an einen Gott oder an Götter, deren wesentliches Merkmal die Unsterblichkeit, die Zeitlosigkeit ist.

In den monotheistischen Religionen mißt Gott jedem Menschen seine Lebenskraft und Lebensdauer zu. Darüber hinaus ist Zeit auf ein Ziel bezogen, auf das Gericht Gottes über die Menschen am Ende aller Tage. Die Zeit soll genutzt werden zu einem Leben, das vor Gottes Urteil Bestand hat. So wird alle Zeit als von Gott gegebene Zeit angenommen. Viele Völker der Erde haben neben dem international gültigen Kalender eine von der Religion bestimmte Zeiteinteilung: Das kultische Jahr entspricht nicht dem Kalenderjahr.

Seit Urzeiten bemühen sich die Menschen, die Strukturen der Zeit zu verstehen. Sie beobachteten die Gestirne und die Natur und fragten: Nach welchem Zeitraum steht die Sonne am gleichen höchsten Punkt über dem Menschen? Wie oft wird der Mond zum Vollmond in dieser Zeit? Wann können Saat und Ernte beginnen?

Die Naturbeobachter fanden drei Grundtatsachen heraus, die eine wesentliche Rolle spielen:
Die Bahn der Erde um die Sonne, oder – wie sie zunächst angenommen hatten – die Bahn der Sonne um die Erde. Sie bestimmt das Sonnenjahr mit den Jahreszeiten.
Der Lauf des Mondes um die Erde. Er bestimmt mit seinen Hell- und Dunkelphasen die Dauer des Monats.
Die Drehung der Erde um sich selbst. Sie bestimmt den Tag. Sie war auch bis 1956 die Grundlage für die Zeitmessung, die Sekunde.
Schon früh bemerkten die Astronomen, daß das Sonnenjahr 365,25 Tage lang ist, während das Mondjahr mit zwölf Mondumläufen zu je 29,5 Tagen nur 354 Tage hat. Wie waren diese beiden Abläufe in ein gleichbleibendes Verhältnis zueinander zu bringen? Das Mondjahr bedurfte der Zufügung von etwa elf Tagen. In fast allen Kulturen entstand durch Einschaltung von Tagen oder Monaten der »lunisolare Kalender«. (luna, lat. Mond, sol, lat. Sonne)
Eine Besonderheit im Jahresablauf bildet die Woche, da sie keine astronomische Grundlage hat. Die heutige Einteilung des Monats in vier Wochen mit je einem Ruhetag gilt

nicht für alle Völker der Welt. Manche Kulturen kennen bis heute die durchgehende Arbeitszeit zwischen Saat und Ernte. Die Menschen ruhen nur an den Festtagen und nach der Ernte.

Die Römer hatten eine achttägige wochenähnliche Periode, andere Völker eine Dekadeneinteilung. Die siebentägige Woche ist jüdischen Ursprungs. Seit alttestamentarischer Zeit ist der siebente Tag der Feiertag, denn an diesem Tag ruhte Gott nach der Erschaffung der Welt.[1] Er heißt Sabbat, das bedeutet, »eine Tätigkeit bewußt abbrechen«. Durch das Christentum, das die Woche übernahm, wurde diese im ganzen Abendland verbreitet und schließlich im internationalen Kalender weltweit gültig. Die Christen erhoben allerdings den ersten Tag der Woche zum Ruhetag. Es war der Auferstehungstag von Jesus Christus.[2]

Den ersten brauchbaren Dauerkalender führte Julius Cäsar 46 v.u.Z. (vor unserer Zeitrechnung) ein. Er legte – vereinfacht dargestellt – den in Ägypten entwickelten Sonnenkalender von 365 Tagen zugrunde, dem alle vier Jahre ein Tag zugeschaltet wurde. Da der altrömische Jahresanfang der 1. März war (darauf deuten noch die Monatsnamen »September« bis »Dezember« = 7. bis 10. Monat), addierte man diesen Tag zu dem letzten Monat des Jahres, dem Februar. Cäsar ließ dann sein Kalenderjahr am 1. Januar beginnen.

Dieser Julianische Kalender galt im Abendland allgemein bis in das 16. Jahrhundert, in manchen osteuropäischen Ländern sogar bis gegen Ende des Ersten Weltkrieges.

Nun wußte man schon zu Cäsars Zeiten, daß das Kalenderjahr genaugenommen um etwa elf Minuten zu lang war. Im Laufe der Jahrhunderte summierte sich dieser Überhang. Es wurde zunehmend schwieriger, Saat- und Erntebeginn vorauszusagen oder Feste zu datieren.

Papst Gregor XIII. korrigierte den Julianischen Kalender im Jahre 1582, indem er das inzwischen um 10 Tage zu lang gewordene Jahr im Oktober kürzte: Er ließ den 15.10. auf den 4. 10. folgen und bestimmte, daß in je 400 Jahren dreimal kein Tag hinzugeschaltet werden sollte. Dieser Gregorianische Kalender gilt weltweit bis auf den heutigen Tag.

Inzwischen verdanken wir dem technischen Fortschritt hochpräzise Uhren. Sie summieren als konstante Zeiteinheiten die Schwingungen von Atomen. Diese Atomuhren sind so genau, daß sie erst in 30 000 Jahren um eine Sekunde vor- oder nachgehen würden. Für die moderne Zeitmessung wurde außerdem eine Beobachtung wichtig, die schon im 18. Jahrhundert gemacht worden war: Die Erdrotation geschieht nicht mit gleichförmiger Geschwindigkeit. Die Drehung der Erde um sich selbst wird aufgrund der Gezeitenreibung ständig geringfügig langsamer.

Darüber hinaus gibt es im Ablauf eines jeden Jahres Geschwindigkeitsschwankungen. Deshalb wurde 1956 beschlossen, die Zeitmessung von der Erdrotation abzukoppeln. Die sogenannte Ephemeridensekunde (ephemer, gr.-lat. »für einen Tag«) wird aus der gemessenen tatsächlichen Bewegung der Himmelskörper im Sonnensystem ermittelt. Sie kann also erst im nachhinein angegeben werden. Im Jahre 1976 wurde die Ephemeridenzeit an die Atomzeitmessung der Präzisionsuhren gekoppelt. Die Astronomen nennen dies die »Dynamische Zeit«.

Auch in dieser modernen, exakt meßbaren Zeit feiern die Menschen überall in der Welt weiterhin ihre religiösen Feste nach eigenen althergebrachten Kalendersystemen. Viele dieser Feste beruhen auf älteren Festen aus der vorgeschichtlichen, der mythischen Zeit. Manche finden jedes Jahr – dem Sonnenkalender entsprechend – an einem wiederkehrenden Datum statt. Die meisten Feste aber haben einen Bezug zum Mondkalender. Sie werden in jedem Jahr an einem anderen Datum gefeiert, das oft von Religionsgelehrten ermittelt wird.

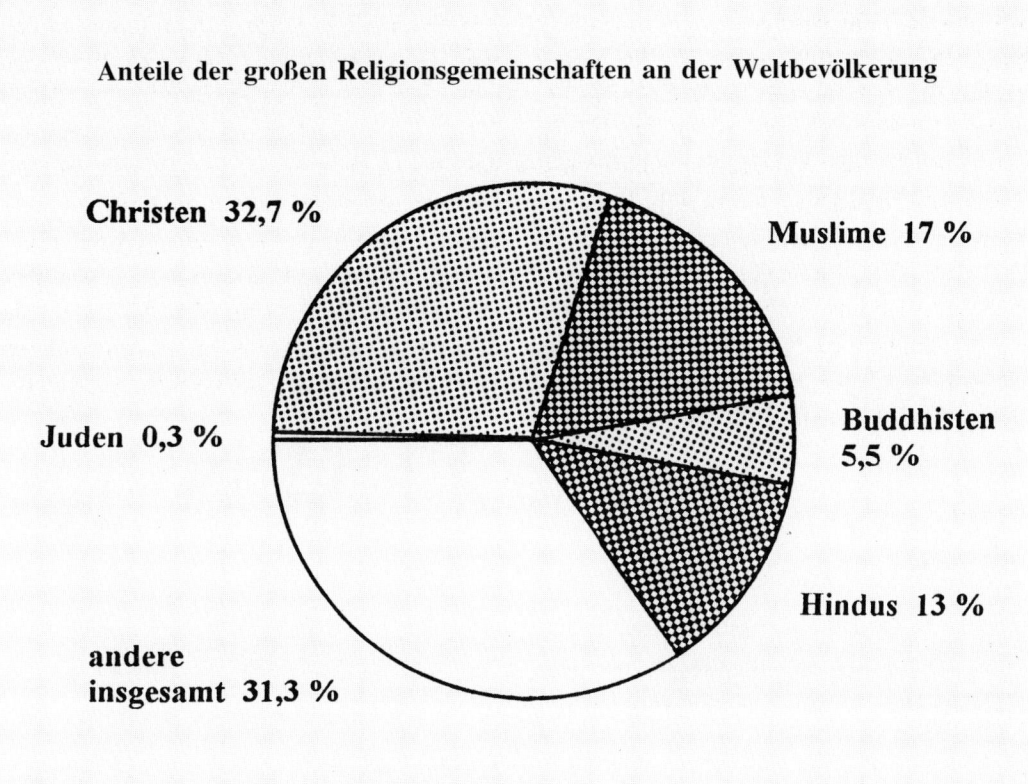

Anteile der großen Religionsgemeinschaften an der Weltbevölkerung

Die Festkalender der fünf Weltreligionen

Hinduismus

Der Hinduismus ist die älteste der Weltreligionen. Im Laufe der Jahrtausende hat sich eine Vielzahl von verschiedenen Richtungen entwickelt, die in den einzelnen Regionen des indischen Subkontinents unterschiedliche Ausprägungen erfuhren. So ist auch der hinduistische Festkalender besonders mannigfaltig. Neben einem solaren Zyklus, in dem die Sonne zwölf »Sonnenhäuser« durchläuft, ist für die Datierung der Feste der Mondkalender der wichtigere. Die Hindu fügen dem lunaren Jahr einzelne, doppelt gezählte Tage und alle drei Jahre einen zusätzlichen Monat hinzu. Die zwölf Monate werden geteilt in eine helle Hälfte – vom zunehmenden Mond bis zum Vollmond – und in eine dunkle Hälfte – vom abnehmenden Mond bis zum Neumond. Da in einigen Regionen Indiens die Monate mit dem Tag nach Vollmond und in anderen mit dem Tag nach Neumond beginnen, könnte also z.B. ein Fest der hellen Monatshälfte im Norden in einen anderen Monat fallen als im Süden des Landes. Tatsächlich aber werden in ganz Indien alle großen traditionellen Feste an den gleichen Tagen gefeiert.

Judentum

Der jüdische Festkalender ist seit alter Zeit lunisolar. Damit die einzelnen Monate und die in ihnen seit alttestamentarischen Zeiten stattfindenden Feste in jedem Jahr in die gleiche Jahreszeit fallen, wurde das Mondjahr in jedem zweiten oder dritten Jahr durch Hinzufügung eines Monats im Frühjahr ausgeglichen. Im Altertum haben die Juden aufgrund von Beobachtungen des Reifezustandes der Ähren und des Sonnenstandes bestimmt, wann dies geschehen sollte. Die Länge eines Monats von 29 oder 30 Tagen wurde durch genaue Mondbetrachtung geklärt und dann vom zentralen Gerichtshof verkündet.

Im 4. Jahrhundert u.Z. (unserer Zeitrechnung) legte Rabbi Hillel II. für alle Zukunft fest, welche Monate 29 und welche 30 Tage haben sollten. Er ermittelte auch den Beginn der jüdischen Zeitrechnung im Jahr 3761 v.u.Z. In diesem Jahr sei, so fand er durch Studien in der Tora, im Talmud und in anderen Quellen, die Welt geschaffen worden. Aus den gleichen Quellen ergab sich der Schöpfungs-Tag. Es ist der erste des Monats Tischri, der nach dem international gültigen Kalender in den September oder Oktober fällt. Demzufolge beginnt am Neujahrstag Rosch ha-Schana im September 2002 das jüdische Jahr 5763.

Das erste Wort der Tora und der Bibel
in hebräisch:
Am Anfang (schuf Gott Himmel und Erde)

Buddhismus

Die buddhistischen Festdaten werden nach einem sehr alten Mondkalender berechnet. Er soll auf die Xia-Dynastie (ca. 21. Jahrhundert bis 16. Jahrhundert v.u.Z.) in China zurückgehen. Schon um 1000 v.u.Z. wurden Schaltmonate eingefügt. Heute ist es – vereinfacht dargestellt – in 19 Jahren siebenmal ein zusätzlicher Monat. So gab es zum Beispiel im Jahr 2001 zweimal den Monat April.

Der Jahresbeginn fällt nach diesem traditionellen Kalender in China, Vietnam und Korea in die Zeit zwischen Januar und Februar. In Indien, Laos und Kambodscha findet er in einem der Frühlingsmonate statt.

Als 1911 in China der Gregorianische Kalender für den amtlichen Gebrauch eingeführt und der 1. Januar zum Neujahrstag wurde, haben die Chinesen ihr altes Neujahrsfest in »Frühlingsfest«, umbenannt. Sie feiern es aber weiterhin als Jahresbeginn zur traditionellen Zeit.

Das »Buddhistische Jahr« ist von den Lebensstationen des Religionsstifters Buddha (6. Jh. v.u.Z.) geprägt, die feierlich begangen werden. Darüber hinaus gibt es Feste in Ost- und Südostasien, die schon lange vor Buddha gefeiert wurden. Die Mönche verstanden es, in diesen traditionellen Festen das Wirken

Vietnamesisches Kalenderblatt vom 31.1.1995. Es ist der erste Tag des neuen buddhistischen Jahres Tet Nguyen Dan

Buddhas deutlich zu machen. So wurden auch sie in das Buddhistische Jahr aufgenommen.

Christentum

Der christliche Festkalender hat sich in den letzten knapp 2000 Jahren allmählich entwickelt. Die frühen Christen feierten zunächst auch nach der Lebenszeit Jesu die spätantiken und jüdischen Feste wie ihre Landsleute. Im 3. Jahrhundert entstand Ostern als erstes christliches Fest aus der wöchentlichen Feier des Sonntages, des Auferstehungstages von Jesus Christus.

Das »Kirchenjahr«, dessen erste Erwähnung wir 1589 bei Johannes Pomorius finden, faßt die meisten Festtage in einem Weihnachtszyklus und einem Osterzyklus zusammen.

Für die evangelischen und katholischen Christen beginnt das Kirchenjahr mit dem ersten Advent, dem vierten Sonntag vor Weihnachten. In der orthodoxen und der koptischen Kirche fängt es im September und in der syrischen Kirche im Oktober an. In der armenischen Kirche beginnt es mit Epiphanias, am 6. Januar. Das Kirchenjahr enthält die sogenannten beweglichen und unbeweglichen Feiertage. Das entscheidende Fest für die Datierung der beweglichen Feiertage ist Ostern. Auf dem Konzil von Nicäa (325 n.Chr.) wurde als Datum der Sonntag bestimmt, der auf den ersten Vollmond nach Frühlingsanfang folgt. Nach diesem Tag richten sich die vorausgehende Passionszeit und die nachfolgenden Feiertage Himmelfahrt, Pfingsten und Fronleichnam. Zu den unbe-

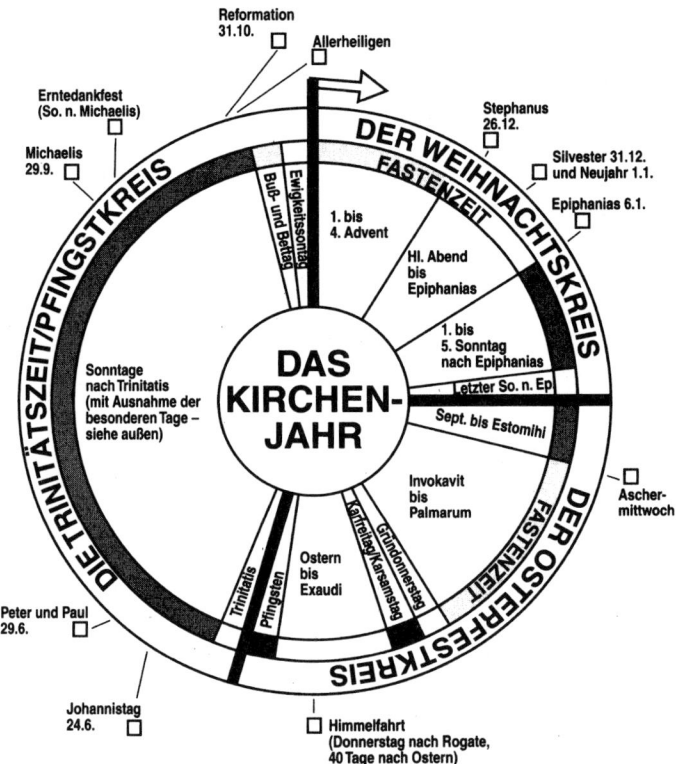

weglichen Festen gehören Weihnachten, Epiphanias und die Heiligenfeste sowie das Erntedankfest und Allerheiligen.

Die international gültige Jahreszählung, die sich auf die Geburt von Jesus Christus bezieht, geht auf den römischen Abt Dionysius Exiguus im 6. Jahrhundert zurück. Er berechnete als Geburtsdatum Christi den 25. 12. 753 ab urbe condita (seit der Gründung der Stadt = Rom). Für seine »Ostertafel«, die er zur Vorausberechnung der Ostertermine aufstellte, übernahm er dieses Datum als Ausgangspunkt seiner Zeitrechnung, als Jahr 0. Mit der Ostertafel breitete sich die neue Jahreszählung in der abendländischen

Christenheit aus und setzte sich bis zum Jahr 1000 in fast allen Teilen Europas durch.

Islam

Im Islam, der jüngsten der drei monotheistischen Weltreligionen, ist der Festkalender von besonderer Art. Der Prophet Muhammad selbst hat im Koran (610 bis 631 u.Z.) die islamische Jahreseinteilung begründet. In seiner Heimat, auf der arabischen Halbinsel, galt ein lunisolarer Kalender, in welchem den zwölf Monaten von 29 Tagen alle drei Jahre ein Monat zugeschaltet wurde. Diesen Eingriff in das von Allah geheiligte Mondjahr verurteilte der Prophet als einen

Akt menschlicher Anmaßung.[3] So wurde das um elf Tage kürzere Mondjahr die Grundlage des islamischen Kalenders (s. unten: Graphik für 1993 u.Z.). Das bedeutet, daß der Zusammenhang zwischen den Jahreszeiten und den Monaten aufgehoben ist. Der Jahresanfang und die Daten der Feste rücken jedes Jahr im Vergleich zum international gültigen Kalender um elf Tage vor.

Die islamische Zeitrechnung beginnt mit einem Ereignis aus Muhammads Leben. Es ist die Auswanderung, die Hidschra, des Propheten und seiner Gemeinde, die am 15. 7. 622 u.Z. von Mekka nach Medina führte. Das Jahr 622 ist also das Jahr 1 der Hidschra und 2002 wird (aufgrund der verkürzten Jahre) im islamischen Kalender das Jahr 1422/23 sein.

Der Islamische Kalender (Mondjahr; 1993/1994 u.Z.)

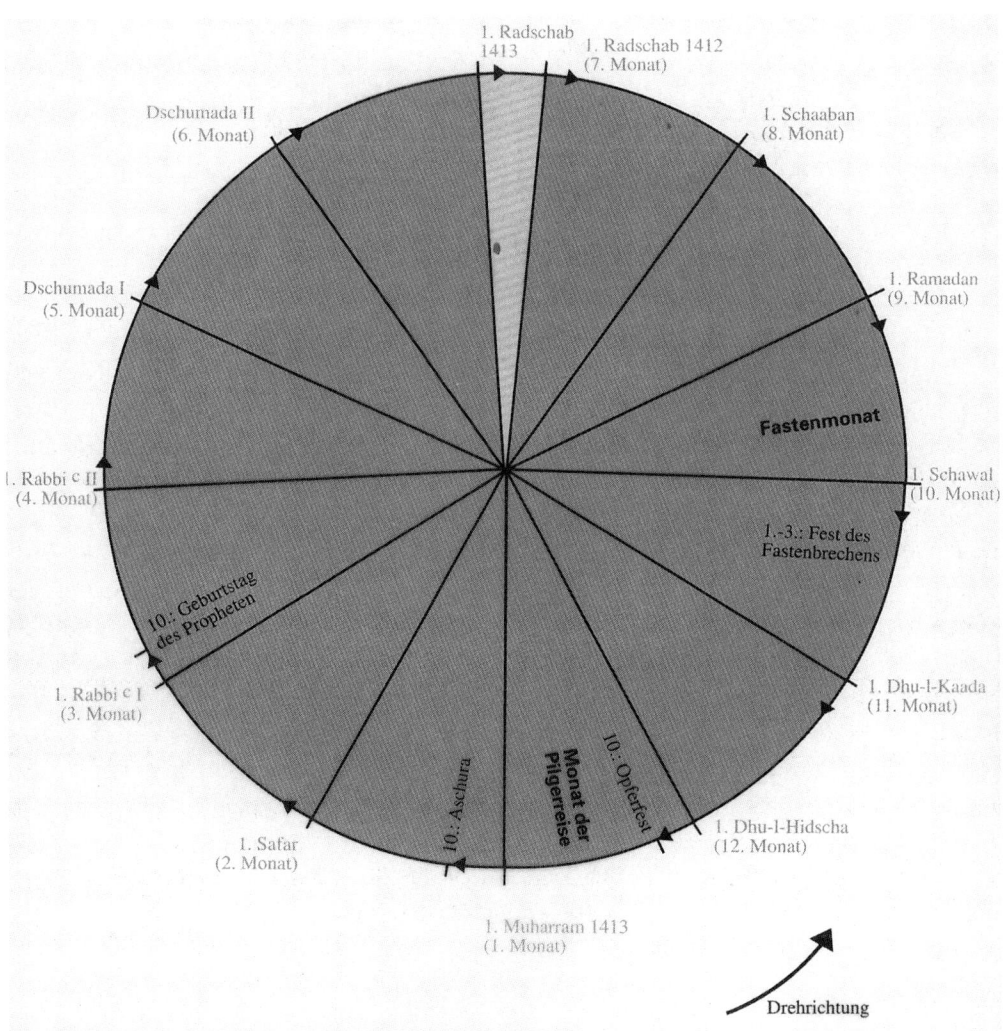

Ein mythisches Fest

Feste sind aus dem alltäglichen Leben herausgehobene Zeiten. Ihr Ursprung liegt in der vorgeschichtlichen, der mythischen Zeit. Der dänische Eskimo-Forscher K. Rasmussen (1879 bis 1933) hat in Alaska folgende Erzählung gehört, wie die Menschen zu feiern begannen:

*E*in einsames Eskimopaar erzieht seinen ältesten Sohn zu einem tüchtigen Jäger, der aber während einer Jagd spurlos verschwindet. Dasselbe Schicksal erleidet der zweite Sohn. Der dritte schließlich wird, als er in der Wildnis umherstreift, von einem Adler überrascht.

Dieser schiebt seine Haube vom Kopf zurück und verwandelt sich in einen Menschen. Er bedroht den Jüngling mit dem Tode, wenn er nicht ein Sängerfest abhalten werde. Als der Rentierjäger dazu gerne bereit ist, wird er zu der alten Adlermutter geführt, die auf einem hohen Gebirge thront. Dort lernt er alles, was zu einem wirklichen Fest gehört: Gesänge zu dichten und zu singen, die Trommel zu schlagen, vor Freude zu tanzen und eine Festhütte zu bauen. Dann erfährt er, daß man viel Fleisch heranschaffen und Menschen einladen müsse. ›Es gibt doch keine anderen als uns‹, antwortet der Jüngling. ›Die Menschen sind allein, weil sie die Gabe des Feierns nicht bekommen haben‹, erwidert die Adlermutter und verspricht, Gäste zu beschaffen. Der junge Adler fliegt dann mit dem Rentierjäger zurück, der das Fest den gegebenen Anweisungen gemäß veranstaltet. Die Gäste, in Wolfs-, Vielfraß- oder Fuchsfelle gekleidet, stellen sich paarweise ein.

Nach Beendigung des Festes sehen Vater und Sohn, daß ihre Gäste wieder Tiere werden. Denn ›so gewaltig ist die Macht des Feierns, daß darunter sogar Tiere Menschen werden können.‹ Der Jüngling erblickt noch einmal die Adlermutter, die wieder jung geworden ist. ›Denn wenn die Menschen Feste halten, werden alle alten Adler verjüngt, und deshalb ist der Adler der heilige Vogel des Gesanges, des Tanzes und des Festes.‹

In dieser frühen Darstellung sind wesentliche Merkmale eines Festes aufgeführt: Musik und Tänze, eine festliche Umgebung und die Bewirtung von Gästen. Die Aufforderung zum Fest kommt »von oben«, aus einer anderen Welt, in der die schöpferische Macht der Verwandlung herrscht. Verkleidungen erleichtern das Miteinander der Gäste. Durch das Fest erleben die Teilnehmer Freude und Gemeinschaft, ja, sie werden verändert und verjüngt. Seit alter Zeit sind sich die Menschen besonders während der Feste bewußt, daß ein Gott, die Götter oder die Ahnen ihnen nahe sind. Im englischen Wort holiday ist die Bedeutung als heiliger Tag noch erkennbar.

Neben den mit der Natur verbundenen Riten haben sich jene entwickelt, die auf das Göttliche gerichtet sind. In vielen Festen sind sie miteinander verknüpft. Die Feierkultur der Menschen auf der Welt ist ohne den religiösen Bezug nicht denkbar.

Alle Völker sind von einer oder mehreren Religionen geprägt: Von den Stammesreligionen, vom Hinduismus, Judentum, Buddhismus, Christentum und Islam. Zu den Festtagen werden die vielfältigen Überlieferungen wieder und wieder erzählt und mit rituellen Kulthandlungen gefeiert. Ihre Bedeutung liegt nicht zuletzt in der Rückbesinnung auf die wichtigen Fragen des Lebens. Sie gibt den Menschen die Kraft, das Dasein neu zu gestalten.

Christliche Festtage

Zum Christentum bekennt sich eine große Anzahl der Menschen in Europa und Nord- und Südamerika. In der Bundesrepublik zählen neben den Deutschen die hier lebenden Italiener, Spanier, Portugiesen, Polen und Griechen dazu, auch die Roma und viele der Russen sowie Christen aus den Balkanländern, dem Orient und aus Lateinamerika. Aber auch unter den Menschen aus Afrika und Asien sind zahlreiche Christen; einige von ihnen leben bei uns, weil sie eine besondere Beziehung zum »christlichen Abendland« haben, einige sind aus Glaubensgründen in ihren Heimatländern verfolgt worden.

Die Gesamtzahl der Christen beträgt ungefähr 1,8 Milliarden Menschen. Davon sind mehr als eine Milliarde Katholiken (besonders in Südeuropa und Lateinamerika), etwa 375 Millionen sind Protestanten (vor allem in Nordeuropa und Nordamerika) und etwa 173 Millionen sind Orthodoxe (besonders in der ehemaligen Sowjetunion, in Griechenland, in den Balkanländern und im Orient).

Evangeliar der Syrisch-Orthodoxen Gemeinde, Berlin

Die Christen glauben an den Gott der Juden aus dem Alten Testament der Bibel, der – so wird im Neuen Testament bezeugt – seinen Sohn Jesus Christus in die Welt geschickt hat, um die Menschen von ihrer Schuld zu befreien. Die christliche Lehre verkündet die Dreifaltigkeit Gottes als Vater, Sohn und Heiliger Geist.

Im frühen Mittelalter gab es zwei Zentren des christlichen Glaubens: die Kirche in Rom mit ihrem Oberhaupt, dem Papst, und die Kirche in Konstantinopel, die von Patriarchen geleitet wurde (Patriarch heißt: der die väterliche Gewalt hat). Mit der Zeit begannen sich unterschiedliche Auffassungen zu grundlegenden Themen der Glaubenslehre und der kirchlichen Ordnung zu bilden. Die Päpste von Rom bemühten sich um die Vorherrschaft über alle christlichen Kirchen. Die Verständigung wurde zusätzlich durch die verschiedenen Sprachen (in Rom lateinisch, in Konstantinopel griechisch) erschwert.

Schließlich haben die Patriarchen die Autorität Roms nicht mehr anerkannt und sich im Jahre 1054 getrennt. Die Kirche von Konstantinopel nannte sich Griechisch-Orthodoxe Kirche (orthodox bedeutet rechtgläubig). Von der Römisch-Katholischen Kirche spaltete sich in der Folge der Reformation durch Martin Luther (ab 1517) die Protestantische oder Evangelische Kirche ab.

In der Bundesrepublik Deutschland leben gegenwärtig je knapp 30 Millionen Protestanten und Katholiken sowie etwa eine halbe Million orthodoxe Christen.

In der Bundesrepublik Deutschland leben gegenwärtig je knapp 30 Millionen Protestanten und Katholiken sowie gut eine Million orthodoxe Christen.

Literaturvorschlag zur Einführung in das Christentum:

Peter Antes, Christentum – Eine Einführung. Kohlhammer Verlag, Stuttgart 1985

Die Adventszeit

(November / Dezember)

Für die katholischen und evangelischen Christen beginnt das Kirchenjahr mit dem ersten Adventssonntag und nicht wie der staatliche Kalender am ersten Januar. Der erste Advent ist der vierte Sonntag vor Weihnachten. Advent bedeutet Ankunft. Es ist das Kommen des Gerichts Gottes, das in diesen Tagen verkündet wird. Die vier Wochen vor Weihnachten waren darum eine Fastenzeit. Zugleich bereiten sich die Christen auf die Geburt des Messias vor. Die griechisch-lateinische Übersetzung des hebräischen maschiach ist Christus, der Gesalbte. Der biblischen Überlieferung nach wurde den Eltern von Christus, Maria und Joseph, die Geburt ihres Sohnes und seine hohe Bedeutung durch einen Engel angekündigt. Er gebot ihnen auch, ihn Jesus zu nennen.[4]

Schon in vorchristlicher Zeit waren die Tage um Weihnachten den Menschen wichtig. Noch in mittelhochdeutschen Texten finden sich »geweihte Nächte um die Wintersonnenwende«. Vom 21. Dezember an werden die Tage länger, die Menschen hoffen auf das Ende des Winters und der Dunkelheit.

In den Kirchen und in den Wohnungen vieler christlicher Familien hängt oder liegt ein Adventskranz mit vier Kerzen. An jedem Adventssonntag wird eine Kerze mehr angezündet. Den ersten Lichterkranz hängte der Hamburger Theologe J.H. Wichern im Jahre 1839 auf. Er wollte den Jungen in dem von ihm gegründeten Erziehungsheim, dem »Rauhen Haus«, eine Freude machen. Wichern nahm dafür einen hölzernen Kranz von zwei Metern Durchmesser und stellte vier große Kerzen für jeden Adventssonntag und entsprechend viele kleine Kerzen für jeden Werktag bis zum 24. Dezember darauf. Später wurde der Kranz mit Tannengrün als Symbol immerwährenden Lebens geschmückt.

Advent ist eine Zeit der Vorfreude auf Weihnachten, in der nach alten Rezepten zum Beispiel Lebkuchen und Christstollen gebakken werden. Manche Familien und Alleinlebende sitzen in der Dämmerung beim Kerzenschein, hören Musik und probieren das erste Weihnachtsgebäck. In der Kirche werden Adventslieder gesungen, wie »Macht hoch die Tür«, oder »Die Nacht ist vorgedrungen«, die in Kirchengesangbüchern zu finden sind.

Adventskranz im Rauhen Haus, Hamburg

Märchen vom Auszug aller »Ausländer«

Es war einmal, etwa drei Tage vor Weihnachten, spät abends. Über den Marktplatz der kleinen Stadt kamen ein paar Männer gezogen. Sie blieben an der Kirche stehen und sprühten auf die Mauer »Ausländer raus« und »Deutschland den Deutschen«. Steine flogen in das Fenster des türkischen Ladens gegenüber der Kirche. Dann zog die Horde ab. Gespenstische Ruhe. Die Gardinen an den Bürgerhäusern waren schnell wieder zugefallen. Niemand hatte etwas gesehen.

»Los, kommt, es reicht, wir gehen.« »Wo denkst du hin! Was sollen wir denn da unten im Süden?« »Da unten? Das ist doch immerhin unsere Heimat. Hier wird es immer schlimmer. Wir tun, was an der Wand steht: ›Ausländer raus‹!«

Tatsächlich, mitten in der Nacht kam Bewegung in die kleine Stadt. Die Türen der Geschäfte sprangen auf: Zuerst kamen die Kakaopäckchen, die Schokoladen und Pralinen in ihren Weihnachtsverkleidungen. Sie wollten nach Ghana und Westafrika, denn da waren sie zu Hause. Dann der Kaffee, palettenweise, nicht nur der Deutschen Lieblingsgetränk; Uganda, Kenia und Lateinamerika waren seine Heimat. Ananas und Bananen räumten ihre Kisten, auch die Trauben und Erdbeeren aus Südafrika. Fast alle Weihnachtsleckereien brachen auf, Pfeffernüsse, Spekulatius und Zimtsterne, die Gewürze in ihrem Inneren zog es nach Indien. Nicht Qualität, nur Herkunft zählte jetzt. Es war schon in der Morgendämmerung, als die Schnittblumen nach Kolumbien aufbrachen und die Pelzmäntel mit Gold und Edelsteinen in teuren Chartermaschinen in alle Welt starteten. Der Verkehr brach an diesem Tag zusammen... Lange Schlangen japanischer Autos, vollgestopft mit Optik und Unterhaltungselektronik, krochen gen Osten. Am Himmel sah man die Weihnachtsgänse nach Polen fliegen, auf ihrer Bahn gefolgt von den feinen Seidenhemden und den Teppichen des fernen Asien.

Mit Krachen lösten sich die tropischen Hölzer aus den Fensterrahmen und schwirrten ins Amazonasbecken. Man mußte sich vorsehen, um nicht auszurutschen, denn von überall her quoll Öl und Benzin hervor, floß in Rinnsalen und Bächen zusammen in Richtung Naher Osten.

Aber man hatte ja Vorsorge getroffen.

Stolz holten die großen europäischen Autofirmen ihre Krisenpläne aus den Schubladen: Der Holzvergaser war ganz neu aufgelegt worden. Wozu ausländisches Öl?! – Aber die VW's und die BMW's begannen sich aufzulösen in ihre Einzelteile, das Aluminium wanderte nach Jamaika, das Kupfer nach Somalia, ein Drittel der Eisenteile nach Brasilien, der Naturkautschuk nach Zaire. Und die Straßendecke hatte mit dem *ausländischen Asphalt im Verbund auch immer ein besseres Bild abgegeben als heute.*

Nach drei Tagen war der Spuk vorbei, der Auszug geschafft, gerade rechtzeitig zum Weihnachtsfest. Nichts Ausländisches war mehr im Land. Aber Tannenbäume gab es noch, auch Äpfel und Nüsse. Und »Stille Nacht« durfte gesungen werden – zwar nur mit Extragenehmigung, das Lied kam immerhin aus Österreich.

Nur eines wollte nicht ins Bild passen. Maria und Joseph und das Kind waren geblieben. Drei Juden. Ausgerechnet. »Wir bleiben«, sagte Maria, »wenn wir aus diesem Land gehen – wer will ihnen dann noch den Weg zurück zeigen, den Weg zurück zur Vernunft und zur Menschlichkeit?«

Helmut Wöllenstein

Nikolaus

(6. Dezember)

Der Weihnachtsmann stammt aus der heutigen Türkei. Er geht auf den gabenbringenden Nikolaus zurück, der früher in vielen Gegenden am Abend des 6. Dezember von Ort zu Ort zog, oft begleitet von einem Knecht Ruprecht mit der Rute. Der heilige Nikolaus hat von etwa 270 bis 342 im südwestlichen Anatolien gelebt und ist Bischof in Myra gewesen, das heute Demre heißt. Er stammte aus einer reichen Familie, kümmerte sich jedoch um die notleidenden und kranken Menschen in Myra, denen er meist heimlich, am späten Abend oder nachts half. Von den verschiedenen Legenden über ihn wird hier die folgende nacherzählt:

St. Nikolaus

Eines Tages starb der alte Bischof von Myra. Da es keinen Nachfolger für ihn gab, waren die Christen in der Stadt ratlos. In jenen Tagen hörte ein alter Mann im Traum Gottes Stimme, die ihm sagte, daß der erste Mann, der am nächsten Morgen vor dem Gottesdienst in die Kirche trete, ihr Bischof werden sollte. Ahnungslos ging Nikolaus am folgenden Morgen als erster in die Kirche und obwohl er nur ungern einwilligte, wählten die Menschen der Stadt ihn zu ihrem Bischof. Er sorgte für seine Gemeinde und liebte besonders die Kinder in seiner Stadt.

Dann kam ein schlimmes Jahr. Der heiße Wüstenwind fuhr über die Felder. Er ließ den Weizen verdorren, das Gras auf den Weiden verbrennen und die Früchte an den Bäumen verderben. In Myra brach eine große Hungersnot aus, die Menschen wollten verzweifeln. Bischof Nikolaus versuchte, sie zu trösten. Doch die brütende Hitze dauerte an. Da wütete eines Nachts ein heftiger Gewittersturm auf dem Meer, der trieb drei Schiffe in die Bucht von Myra. Sie waren bis oben mit Weizen beladen, und sogleich baten die hungernden Menschen die Kapitäne, ihnen von dem Korn zu geben. Die aber sagten: »Wir dürfen nichts von dem Weizen abgeben, er gehört dem Kaiser, und wir müssen alles in seinen Vorratshäusern abliefern. Wenn ein Pfund Korn fehlt, werden wir ins Gefängnis geworfen.«

Schließlich riefen die Leute von Myra nach ihrem Bischof. Der sagte zu den Kapitänen: »Ich bitte euch aus ganzem Herzen, tut was ich euch sage. Ich schwöre euch, daß bei der Ablieferung kein Körnchen Weizen fehlen wird, auch wenn ihr jetzt dem Volk zu essen gebt.« Da berieten die Kapitäne untereinander. Ihre Herzen wurden weich und ihr Mut wuchs. So wurde ein großer Berg Weizen ausgeladen und die glücklichen Bewohner der Stadt bezahlten den Kapitänen alles, was sie bekommen hatten. Als die Schiffe einige Zeit später in den kaiserlichen Hafen einliefen und die Kapitäne berichteten, wie es dazu gekommen war, daß etwas von ihrer Ladung fehlte, da sagten die zuständigen Beamten nur: »Gut, das ist so in Ordnung.«

Später erzählten die Menschen, in den Schiffen habe kein Pfund vom Getreide gefehlt. In Myra aber begab sich noch ein anderes Wunder. Das Mehl, das sie aus dem Weizen gemahlen hatten, wurde nicht weniger. Es reichte immer wieder für neues Brot, bis die Bewohner von Myra eigenen Weizen auf ihren Feldern ernten konnten. Da dankten sie Gott und ihrem Bischof Nikolaus.

Nikolaus war ein hochgeachteter Heiliger der Orthodoxen Kirche, der besonders in Konstantinopel (heute Istanbul) verehrt wurde. Aus dieser Stadt brachte Theophanu, die Frau Kaiser Ottos II., den Kult ihres Hausheiligen nach Deutschland. Sie ließ seine Gebeine um 1000 nach Bari in Süditalien überführen. Damit begann die Verehrung des Nikolaus im Abendland. Viele Kirchen sind ihm gewidmet. An seinem Todestag, dem 6. Dezember, wurden seit jener Zeit die Kinder beschenkt. Zunächst galt dies nur für die Knaben, denn die Mädchen bekamen damals ihre Gaben am 13. Dezember von der heiligen Lucia. Sie wird heute vor allem in Schweden als Lichterbraut verehrt. Martin Luther hat den Brauch, zu Nikolaus Geschenke zu verteilen, im Zuge des Zurückdrängens der allzu groß gewordenen Zahl von Heiligentagen abgeschafft. Später sagte er: »Mit den Geschenken aber wanderte doch der alte Gnadenbringer, der Nikolaus, nach Weihnachten, wurde dort zum Weihnachtsmann, nur noch an seiner Kleidung (roter Bischofsmantel, phrygische Mütze) als Nikolaus erkennbar.« Heute stellen die Kinder am Vorabend des 6. Dezember einen Schuh vor die Tür. Am nächsten Morgen finden sie ihn dann voller Süßigkeiten.

Es war der Weihnachtsmann

Wenn der Weihnachtsmann kommt, kann man ihm danken. Aber wenn der Weihnachtsmann weg ist, dann kann man ihm nicht danken. Ich habe ganz viele Geschenke bekommen und wollte ihm danken und habe ihn in ganz Kreuzberg gesucht. Ich habe ihn in der Naunynstraße gesucht und habe ihn in der Skalitzer Straße gesucht und in der Wrangelstraße. Aber da war er nicht und auf der Spree und auf dem Landwehrkanal und auf der Lohmühleninsel, da war er auch nicht.

Da war ich traurig und bin nach Hause gegangen. Da kam ich zum Lausitzer Platz. Da saßen viele Leute, die hatten kein Zuhause und einer von ihnen war der Weihnachtsmann. Der hatte auch kein Zuhause und es war ihm kalt. »Hallo, Weihnachtsmann, willst du mit mir nach Hause gehen?« »Oh ja, das ist ja toll.« Und ich nahm ihn an der Hand und er ist mitgekommen.

Dragana Radosaljevic, 8 Jahre, Berlin

Weihnachten

(24. bis 26. Dezember)

Weihnachten ist das Fest der Geburt von Jesus Christus, den die Christen als Gottes Sohn und Erlöser verehren. Etwa 300 Jahre nach seinem Leben begannen sie, seine Geburt zu feiern. Niemand kennt das genaue Datum. Eins der frühen Zeugnisse von Weihnachten stammt aus Ägypten, wo ein Papyrusstreifen gefunden wurde, eine Art Liedblatt, das auf einen Gottesdienst zu Christi Geburt hinweist. Zu einem allgemeinen kirchlichen Feiertag wurde das Gedenken an diese Geburt im Jahre 813 auf einer Synode (Kirchenversammlung) in Mainz erhoben.

Das Wort Weihnachten kommt von weihen = weich (mhd) = heilig. Es findet sich zum ersten Mal in einem mittelhochdeutschen Gedicht von 1190:

E r ist gewaltic unde starc,
der ze wîhen naht geborn wart:
daz ist der heilige krist.
jâ lobt ihn allez, das er ist.

Viele Christen gehen am Heiligen Abend in die Kirche und nehmen an einem feierlichen, mit Musik erfüllten Gottesdienst teil. Im Mittelpunkt steht die Weihnachtsgeschichte aus dem Lukasevangelium.[5] Es gibt sehr schöne, alte und neue Weihnachtslieder, die an diesem Abend und an den beiden nächsten Festtagen gesungen werden. Eins der bekanntesten hat Paul Gerhardt 1653 veröffentlicht und Johann Sebastian Bach 1736 vertont (siehe Seite 32).

In den Kirchen steht ein großer Tannenbaum mit brennenden Kerzen, darunter ist eine Krippe mit den Figuren der Weihnachtsgeschichte aufgebaut. Der Baum symbolisiert mit seinen im Winter grünen Zweigen das Leben. Auch in ihren Wohnungen stellen viele Menschen liebevoll geschmückte Bäume und Lichterpyramiden auf. Zum Christbaumschmuck gehören vor allem Sterne aus Stroh oder Gold- und Silberpapier. Sie erinnern an den Weihnachtsstern, der den »Weisen aus dem Morgenlande« den Weg nach Bethlehem wies, wo Jesus geboren wurde.[6]

1. Ich steh an dei - ner Krip - pen hier, o
ich kom-me, bring und schen - ke dir, was

Je - su, du mein Le - ben;
du mir hast ge - ge - ben. Nimm hin, es ist mein

Geist und Sinn, Herz, Seel und Mut, nimm al - les

hin und laß dir's wohl - ge - fal - len.

Da ich noch nicht geboren war, da bist du mir geboren
und hast mich dir zu eigen gar, eh ich dich kannt, erkoren.
Eh ich durch deine Hand gemacht,
da hast du schon bei dir bedacht,
wie du mein wolltest werden.

Ich lag in tiefer Todesnacht, du warest meine Sonne,
die Sonne, die mir zugebracht Licht, Leben, Freud und Wonne.
O Sonne, die das werte Licht
des Glaubens in mir zugericht',
wie schön sind deine Strahlen!

(Weitere 6 Strophen im Evangelischen Gesangbuch Nr. 37)

Zu Weihnachten versuchen viele Menschen, auch die, die keine Familie haben, gemeinsam mit anderen zu feiern. Es gibt ein festliches Essen und Geschenke für klein und groß. Diese Weihnachtsgaben sind ursprünglich ein Abbild des großen Geschenkes Gottes an die Menschen, indem er ihnen seinen Sohn gab. Zugleich erinnern sie an die Gaben, die die Weisen dem Christuskind zu seiner Geburt mitbrachten. Viele Kirchengemeinden öffnen am Heiligabend ihre Räume für Einsame.

Ein Teil der orthodoxen Christenheit, z.B. die Russen und Serben, feiert Weihnachten etwa eine Woche nach Neujahr. Der Zeitunterschied hängt damit zusammen, daß diese Christen ihre Feste traditionell nach dem Julianischen Kalender begehen, der in Rußland noch bis 1923 galt. Auch wird das ursprünglichere Epiphaniasfest (6.1.) besonders gefeiert. Epiphanie heißt Erscheinung (des Herrn). Vielerorts ist die Bezeichnung Heilige Drei Könige gebräuchlich.

Es war Weinachten

Es war Weinachten. Eine Junge, der traurig war, weil er nicht Fußball mit spielen dürfte. Die Jungs wollten ihn nicht mit spielen lassen, weil er immer daneben schoß und bekam ein Ball auf dem Kopf. Eines Tages war Weinachten, er bekam viele Geschenke und er hat sich bißchen gefreut. Er möchte aber gerne Fußball spielen – Der Junge ging spazieren, da sah er einige hübsche Mädchen und die einige Mädchen spielten auch Fußball. Er fragte die einige Mädchen: »Darf ich gerne mit euch Fußball spielen?« Da antworteten sie: »Aber gern darfst du mitspielen.« »Aber bitte seit mir nicht böse, ich kann nicht so gut spielen.« »Ach wir könn dir das doch beibringen«. Da freut er sich. Die andren Jungs lachten ihn aus. Er guckte nicht hin und spielte glücklich miteinander.

Mounila Madmouj, Schülerin in Berlin

Weihnachtsbräuche in Polen

Weihnachten ist in Polen, wie in vielen europäischen Ländern, das größte Fest im Jahr. Es beginnt am Heiligen Abend mit einem feierlichen Essen, zu dem sich die Familie versammelt, wenn der erste Stern am Himmel aufgeht. Der traditionelle Name für Weihnachten und für die Weihnachtsgeschenke ist Gwiazdka, Sternlein. Auf der Familientafel steht ein zusätzliches Gedeck, mit dem an die Toten und an die Angehörigen in der Fremde gedacht wird (etwa neun Millionen Polen leben im Ausland). Kommt ein unvorhergesehener Gast, so darf er vor diesem Gedeck Platz nehmen.

Vor dem Abendessen liest der Familienvater die Geschichte der Geburt Christi aus dem Lukasevangelium vor. Dann folgt ein Brauch, den es nur in Polen gibt. Von einem Teller, der mitten auf dem Tisch steht, nimmt sich jeder eine rechteckige, weiße Oblate, das ist ein geweihtes Gebäck, und tritt damit der Reihe nach vor jeden Anwesenden. Man bricht ein Stück Oblate ab, verzehrt es und wünscht sich alles Gute. Kränkungen werden verziehen, und die Versöhnung wird mit einem Kuß besiegelt. Auch auf den zusätzlichen Teller wird eine Oblate gelegt.

Das dann folgende Essen ist traditionsgemäß ein Fastenmahl, ohne Fleisch und tierische Fette, aber trotzdem besonders reichhaltig. Die Zahl der verschiedenen Speisen muß ungerade sein. In Polen gibt es fünf bis dreizehn Gänge. Pilze und Fischgerichte stehen im Mittelpunkt, wie zum Beispiel in Ungarn die Fischsuppe. Unter den vielen Nachspeisen darf der Mohnkuchen nicht feh-

Übersetzt lautet dieses Lied:

> Gott wird geboren, die Macht erzittert,
> der Herr der Himmel ist entblößt.
> Das Feuer erstarrt, der Glanz wird dunkel,
> der Unendliche hat Grenzen.
> Hochgelobt und nun verachtet,
> der König über die Ewigkeit ist sterblich.
> Denn das Wort ist Fleisch geworden
> und wohnt unter uns.

len. Weizenmehl wird mit Honig und Mohn vermischt, das bedeutet Sattheit, Süße und ruhigen Schlaf.

Nach dem Essen werden die Kerzen am Weihnachtsbaum angezündet und die unter ihm ausgebreiteten Geschenke verteilt. Auch unvorhergesehene Gäste werden beschenkt. In manchen polnischen Familien kommt der Nikolaus zu den Kindern.

Manche slawischen Bräuche sind in Polen noch lebendig. In ländlichen Gegenden gibt der Bauer seinen Haustieren Oblatenstückchen, damit sie gesund bleiben und sich reichlich vermehren. Selbst den wilden Tieren, den Wölfen, brachte man früher Reste des Festmahles auf die Felder, weil sie dann keinen Schaden anrichten würden. Nach einem anderen Weihnachtsbrauch, den man auch in den Städten findet, legen die jungen Leute Heu unter das Tischtuch der Festtafel. Dann zieht jeder einen Halm heraus. Ist er grün, so bedeutet das Glück in der Liebe und baldige Hochzeit. Ist er aber grau, so wird es Pech und keinen Ehepartner geben. Bevor der Weihnachtsbaum im 19. Jahrhundert in Polen üblich wurde, hängte man eine kleine Tanne oder Fichte mit der Spitze nach unten an einen Deckenbalken. Sie wurde geschmückt mit ausgeblasenen Eiern, dem Symbol des Lebens, mit Pfefferkuchenfiguren, die an Tier- und Menschenopfer erinnerten, und mit Äpfeln, die Gesundheit bedeuten.

Die Polen singen am Heiligabend gern ihre alten innigen Weihnachtslieder. Frederic Chopin liebte die Melodie des Krippenliedes »Lulajze Jesuniu« (Schlafe, Jesulein) so, daß er sie in sein Scherzo h-moll aufnahm. Der Festgottesdienst zur Mitternacht beginnt in fast allen Kirchen mit dem bekanntesten polnischen Weihnachtslied, dem »Bog sie rodzi ...«.

Weihnachtsbräuche in Italien

Für das italienische Weihnachtsfest ist die Krippe, il presepio, unverzichtbar. Vom ersten Advent bis zum sechsten Januar steht sie in allen Häusern und Kirchen. Ihr Ursprung liegt in den mittelalterlichen Mysterienspielen. Diese geistlichen Schauspiele regten die Künstler an, das Geschehen der Heiligen Nacht plastisch zu gestalten. Im 13. Jahrhundert baute Franziskus von Assisi zum ersten Mal eine Krippe auf. In den folgenden Jahrhunderten breiteten sich die Krippen durch die Mönche in ganz Italien aus. Zunächst stellte man große holzgeschnitzte Figuren vor ein bemaltes Blatt Papier. Im 16. Jahrhundert wurden die Gestalten kleiner und man setzte sie in eine Berggrotte. Hirten, Magier, Bauern und Tiere kamen zu Maria und Josef mit dem Kind hinzu. Seit dem 17. Jahrhundert haben die Krippenbauer richtige Gesamtkunstwerke geschaffen, an denen Bildhauer, Holzschnitzer und Dekorateure zusammen gearbeitet haben. Ihre Werke waren anfangs den Königen vorbehalten.

Gegen Ende des 19. Jahrhunderts begann die einfache Bevölkerung, die Krippen nachzubauen. Seitdem beleben auch zahlreiche Figuren die Weihnachtslandschaften, die die Menschen der jeweiligen Region in ihrer alltäglichen Kleidung bei der Arbeit und beim Spiel darstellen. Heute gibt es in vielen Orten Italiens einen eigenen Weihnachtskrippenmarkt, auf dem neben den traditionellen Gestalten auch kleine Pizzabäcker, Melonenverkäufer und Fischhändler zu finden sind. Die Stadt der Krippen aber ist Neapel. In der Via San Gregorio Armeno herrscht sozusagen das ganze Jahr über Weihnachten, denn hier leben und arbeiten besonders viele Krippenbauer. Berühmt ist das Museum San Martino, in dem sich kostbare und einzigartige neapolitanische Krippen befinden.

Neapolitanische Krippe, aufgebaut von Robert Hiltbrand, Basel

Man kann die Figuren auch einzeln kaufen und sich eine eigene Weihnachtslandschaft zusammenstellen. Jahr für Jahr kommen dann neue Teile hinzu. Stolz zeigen die Italiener »ihre Werke« den Verwandten und Nachbarn, sie wetteifern miteinander um die phantasievollsten Krippen und spielen sogar mit ihnen.

Für viele italienische Gläubige gehört es zum Weihnachtsfest, die antiken, mittelalterlichen oder modernen Krippen in den Kirchen zu besichtigen. Die älteste Krippe aus dem 13. Jahrhundert steht in Santa Maria Maggiore in Rom. Vor einer anderen römischen Kirche wird alljährlich eine große Krippe im Freien aufgestellt.

Ein besonderes Ereignis verdient erwähnt zu werden. Zu Weihnachten 1968 wurden in vielen Städten Italiens Zehntausende von Flugblättern verteilt, die die Passanten aufforderten, Weihnachten anders zu feiern als bisher. Viele Christen hatten das auf Geschenke reduzierte und von Werbung und Geschäftemacherei beherrschte Fest als unerträglich oberflächlich empfunden. Sie riefen die Menschen auf, sich wieder auf die Weihnachtsbotschaft und auf die Armut des Kindes in der Krippe zu besinnen. In Rom, Florenz und anderen Städten feierten viele gläubige Katholiken und Protestanten gemeinsam in den Kirchen.

Weihnachten in England

Christmas, das größte Fest in England, wird turbulenter und lustiger gefeiert als Weihnachten in Deutschland. Da die Engländer keine besinnliche Adventszeit, keinen Nikolaustag und keine Silvesterparty kennen, findet sich manches von diesen Bräuchen in ihrem Weihnachtsfest wieder.

Eines der beliebtesten Theaterstücke für Eltern mit Kindern in dieser Zeit ist »Christmas Carol« (Weihnachtsgesang) von Charles Dickens (1843). Diese Geschichte kennt jeder Engländer. Sie hat ihn von Kindheit an begleitet. Es geht um einen reichen, hartherzigen alten Mann, der sich am Weihnachtsabend frühzeitig ins Bett legt. Nach dem ersten Schlaf wird er von Geistern heimgesucht, die ihm auf drastische Weise seine Unmenschlichkeit vorwerfen. Der alte Mann erkennt seine Schuld, er steht auf, ruft seinen Diener, und mit ihm zusammen verschenkt er alle seine Ersparnisse, um anderen ein frohes Fest zu bereiten. Durch dieses Vorbild angespornt, ist Weihnachten in England in besonderem Maße ein Fest des Schenkens und der Großzügigkeit.

Eine wichtige Rolle spielen das Einkaufen und das möglichst kunstvolle Verpacken der Geschenke, aber auch das Versenden von gefalteten Grußpostkarten. Sie werden von den verschiedenen Wohlfahrtsverbänden gedruckt und dienen somit einem guten Zweck. Oft werden diese Karten sogar bei einem der vielen vorweihnachtlichen Treffen und in der Schule persönlich überreicht. Man zählt sie wie bei einem Wettbewerb und stellt sie auf den Kaminsims oder hängt sie an langen Bändern als Blickfang auf.

Eine weitere Möglichkeit, um Gaben für Notleidende zu bitten, ist das Singen vor den Häusern. Viele Musikantengruppen tragen, von Gitarre oder Akkordeon begleitet, die Christmas Carols vor: Das sind keine einfachen Volkslieder, sondern mehrstimmige Freudengesänge. Zur Weihnachtszeit gehört in England der »Messias« von G. F. Händel, 1742 komponiert, wie in Deutschland das Weihnachtsoratorium von Bach. Nach einer etwa 100jährigen Tradition erheben sich die Zuhörer beim »Halleluja« von ihren Plätzen.

Der 24. Dezember ist ein normaler Arbeitstag. Am Abend findet keine Bescherung statt. Der festlich geschmückte Weihnachtsbaum steht schon seit vielen Tagen im Zimmer, Luftschlangen und bunte Ballons kommen hinzu. Unter der Haus- oder Wohnungstür hängt ein Mistelzweig. Nach altem Brauch dürfen sich Menschen, die sich hier begegnen, küssen. Die letzten Päckchen werden unter den Baum gelegt und die Kinder ins Bett geschickt. Voller Erwartung haben sie ans Fußende oder vor den Kamin ihre Strümpfe oder kleine Kopfkissenbezüge gehängt. Father Christmas, der nachts mit seinem Rentierschlitten auf dem Dach landet und durch den Schornstein in den Kamin gleitet, wird – so hoffen sie – seine Gaben hineintun.

Um Mitternacht gehen die Erwachsenen in die Kirche. Das Weihnachtsfest beginnt für sie mit einer ruhigen, feierlichen Stunde. Am nächsten Morgen springen die Kinder früher als sonst aus dem Bett und gucken nach den Geschenken. Größeres Spielzeug, das später unter dem Weihnachtsbaum zu finden ist, wird hier manchmal schon angekündigt. Nach einem gemütlichen Frühstück gehen viele Familien um 11 Uhr zum kurzen Festgottesdienst, und dann endlich folgt die allgemeine Bescherung.

Das Weihnachtsessen hat zwei Höhepunkte: den Truthahn und den »Christmas pud«. Der Truthahn (oder ein größeres Huhn) wird mit einer bestimmten Wurstfleischmasse, mit Zwiebeln und Salbei gefüllt und dann stundenlang zusammen mit Kartoffeln und Rosenkohl gegart. Der Christmas Pudding ist die typische englische Weihnachtsnachspeise, mit deren Vorbereitung schon lange vor dem Fest begonnen wird. In den Familien und Kindergärten darf jeder einmal umrühren und sich etwas dabei wünschen. Zum Christmas Lunch wird der heiße Pudding mit Cognac übergossen und angezündet, ein Genuß für Augen und Magen.

REZEPT: CHRISTMAS PUDDING

Beginn der Vorbereitungen mindestens einen Monat vor Weihnachten. Die Angaben in den Klammern entsprechen dem von der Autorin ausprobierten Rezept.
(1 oz = 1 Unze = 28,35 g, 1 pint = 0,57 l)

Zutaten:
2 Pf. Korinthen, Sultaninen, Rosinen (330 g)
4 oz Sukkade (40 g)
2 Zitronen, Saft und geraspelte Schale (2/3)
4 oz Orangenmarmelade (40 g)
6 oz brauner Zucker (60 g)
8 oz Mehl (80 g)
6 oz Weißbrotkrümel (60 g)
6 oz geraspelter Talg (Palmin 60 g)
3 Eier (1)
½ pint Bier (80 g)
1 Teelöffel Salz (1/3)
1 Teelöffel Zimt (1/3)
1 Teelöffel Lebkuchengewürz (1/3)

Man braucht ein Rührgefäß, einen großen Kochtopf und einen lasierten Steingut- oder Tontopf. Das Drittel-Rezept paßt in einen 1-l-Tontopf, das Rührgefäß sollte größer sein. Mehl, Salz, Zimt und Lebkuchengewürz durchgesiebt in das Rührgefäß geben. Zitronensaft und -schale, Talg, Zucker, die feingeschnittene Sukkade und Brotkrümel hinzufügen. Die Eier aufschlagen und mit der Marmelade hineingeben. Schließlich die Trockenfrüchte und das Bier hineintun und alles gut umrühren. Das Rührgefäß mit einem Tuch bedecken und 12 Stunden ruhen lassen. Die Puddingmasse in den Tontopf umfüllen, den Topf mit 2 Schichten Butterbrotpapier bedecken, fest zubinden und in einem großen mit Wasser gefüllten Topf 9 Stunden kochen. An einem trockenen, kühlen Ort (Kühlschrank) bis Weihnachten aufbewahren.

Am Weihnachtstag wird der Pudding noch einmal 3 Std. im Wasserbad gekocht. Die Hausfrau serviert ihn, auf eine Platte gestürzt, mit Cognac übergossen und angezündet. (Lecker!)

Rezept von Gretchen S., Oxford, England

Weihnachten in Rumänien

In Rumänien feiert man ganz anders Weinachten als in Berlin den Weinachten in Rumänien feiert man am 25. Dezember und am 24. Dezember macht man essen und Backen und macht man Sauber und wecksselt man die Bettl und fegen die Ecken gründlich und Waschen die Sachen und den Fluhr und die Kuche und den Teppich und die Sesel. Und dann am 25. Dezember dann ist Weinachten eigentlich am 24. Dezember rufen alle Kinder morgen ist Weinachten und Sie geben den Leute Nachrichten und die Leute geben den Kinder nüße und Bonbongs und Schokolade und die Kinder Bedankten Sich sehr und dann am 25. Dezember Leuten die Glocken ganz laut und alle decken den Tisch und um 10 Uhr gehen All zur Kirche und wenn sie zurück kommen laden Sie die Leute ein. Und essen und Trinken dann wartes Schpannend. den Dann gehen ale nachaus und ziehen sich Schon an. und gehen Nach draußen und warten auf die Musikanten und wenn Sie kommen dan gehen sie hinter die Musikanten und dan Sammeln sie Ale Leute ein mit die Musik und jeder kommt schon angezogen und mit essen oder Kuchen oder Salat oder Hünschien oder eine Ganz oder Kartoffeln oder Brot un Dann gehen sie Hinter der Musik und ferteilen das an kinder und Dann Laden All Leute zum Hahn zum Resterant ein mit Musik und Tanzen sie und essen Sie und drinken und Sitzen gemudlich Das wars.

Tschüß

Sahaar Mohsin, 11 Jahre, Berlin

Fastnacht – Aschermittwoch

(Februar / März)

Fastnacht wird seit etwa 800 Jahren gefeiert. In seinen Anfängen war es ein Fest für die reichen Leute, die bei üppigen Gastmählern, Musik und Tanz für die kommende Fastenzeit vom sonstigen fröhlichen Leben Abschied nahmen. Für junge Adlige gab es Reiterspiele, auf die die heute in Westfalen stattfindenden Umzüge der »Rolandsreiter« und der »Gänsereiter« zurückgehen. Großer Beliebtheit erfreuten sich Stegreifspiele, bei denen Szenen aus dem alltäglichen Leben dargestellt wurden. Daraus entwickelte sich eine eigene Form, das Fastnachtsspiel. Fahrende Schauspieler führten es auf Märkten und öffentlichen Plätzen auf. Der Meistersinger Hans Sachs (1494-1576) schrieb 85 solcher Fastnachtsspiele für seine Vaterstadt Nürnberg.

Die ersten Maskenumzüge gab es im Spätmittelalter. Die Menschen wollten mit furchterregenden Fratzen die bösen Geister erschrecken und sie mit dem Lärm von Pfeifen und Rasseln vertreiben. Denn viele fürchteten sich auch nach der Christianisierung noch vor Dämonen, besonders in den langen Winternächten. Andere Fastnachtsbräuche erinnern an vorchristliche Feste zur Begrüßung des wiederkehrenden Frühlings. So gab es Wettkämpfe zwischen »Winterburschen« und »Sommerburschen«, bei denen schließlich der Winterkönig mit seinem Gefolge unterlag. Meist wurde die Strohkleidung der Winterburschen verbrannt. Große Freudenfeuer sollten endgültig alles Kalte und Dunkle vertreiben. An manchen Orten feierte man den Frühling mit regelrechten Begräbniszeremonien. Hexen- und Narrenpuppen wurden verbrannt, im Wasser versenkt, in der Erde oder in einem Misthaufen vergraben.

Viele, regional verschiedene Bräuche haben sich bis heute im Westen Deutschlands – beim Karneval im Rheinland – und im Südwesten und Süden – beim Fasching in Bayern – erhalten. In diesen Gebieten ist Fastnacht mit seinen Umzügen und Spielen jedes Jahr ein Höhepunkt im Gemeinschaftsleben der Städte und Dörfer. Bevor die Fastenzeit beginnt, feiern die Menschen noch einmal ausgiebig. Sie kleiden sich in phantasiereiche Kostüme und tauschen dabei oft die Rollen: Frauen spielen Männer und umgekehrt. Manch ein Reicher schlüpft in Lumpen, viele aber tragen glitzernde Gewänder und Masken. Die Politiker werden als Karikaturen auf die Straße geholt. Bei der Weiberfastnacht übernehmen Frauen das Regiment über die Männer und machen sich einen Spaß daraus, ihnen Streiche zu spielen.

In anderen Regionen gibt es kaum noch Fastnachtstraditionen. Nur die Kinder vergnügen sich überall beim Verkleiden, Schminken und Maskentragen.

Tränen an Fastnacht

Niko ist so böse auf seine Mutter, daß er mit den Tränen kämpft. »Warum darf ich nicht als Sheriff zur Fastnachtsfeier gehen?« »Kein Mensch hat etwas dagegen«, meint die Mutter. »Du nimmst deinen Sheriffhut und deinen Stern.« »Aber ohne Pistolen gehe ich nicht!« »Nein, Pistolen gibt es nicht. Auch nicht an Fastnacht!« Die Mutter ist unerbittlich. »Es sind doch nur Wasserpistolen«, bettelt Niko »und ich habe sie von meinem eigenen Taschengeld gekauft. Da kannst du sie mir nicht verbieten!« Die Mutter schweigt. »Wenn du Angst hast...«, versucht es Niko noch einmal, »fülle ich sie auch nicht mit Wasser. Ehrenwort! Ich spritze keinen!« Niko hält der Mutter seine ausgestreckte Hand hin. Aber seine Mutter schlägt nicht ein. »Krieg ist das Allerschlimmste, was es auf der Welt gibt«, sagt sie leise. »Und Pistolen gehören genauso dazu. Mit Pistolen werden Menschen getötet. Kinder, Erwachsene, alte Menschen...« »Aber doch nicht mit Spritzpistolen«, jammert Niko. »Nein, auch Spritzpistolen gehören dazu«, sagt die Mutter bestimmt. »Sie sind Kriegsspielzeug. Du richtest sie auf andere Menschen und spielst Krieg.« »Und was wird Gerd sagen?« fragt Niko lauernd. »Wir wollten beide als Sheriff gehen. Und seine Eltern erlauben es ihm. Die sind nicht so rückständig, wie...« Er verkneift sich den Rest. »Geh doch als Fastnachtsprinz!« meint die Mutter. »Ich suche dir schöne Sachen aus dem Schrank heraus. Ein Fastnachtsprinz ist etwas ganz Besonderes.« Weil Niko ihr nicht antwortet, geht sie schließlich aus dem Zimmer. »Du kannst es dir ja noch überlegen«, sagt sie beim Hinausgehen. »Ich lege dir jedenfalls die Sachen auf dein Bett. Wir haben sogar eine richtige Krone.« Sie sieht nicht, daß Niko beide Arme auf den Tisch stützt und schluckt und schluchzt. Er ist so enttäuscht. Da will er lieber überhaupt nicht zur Fastnachtsfeier. Als es an der Tür klingelt, geht er gar nicht hin. Soll Mutter doch Gerd sagen, daß er nicht mitkommt. Aber da stürmt Gerd schon ins Zimmer. Niko traut seinen Augen nicht, als er den Zwerg da vor sich stehen sieht. Mit roter Zipfelmütze und einem Wattebart sieht er wirklich nicht nach einem Sheriff aus. »Du wolltest doch als Sheriff gehen?« fragt er und läßt seinen Mund noch lange offen stehen. Gerd winkt ab. »Weißt du, ich habe so rückständige Eltern«, sagt er schlicht. »Die erlauben mir nicht die Pistolen!« Er seufzt. Dann fügt er hinzu: »Aber ich lasse mir doch von denen nicht den Spaß verderben. Und als Zwerg kommt bestimmt sonst niemand.« Er drängt Niko, der noch immer vor ihm steht und ihn anstarrt. »Nun los! Zieh du wenigstens dein Sheriffkostüm an!« »Wenn du keine Pistolen kriegst, gehe ich auch nicht als Sheriff«, sagt Niko. »Ich gehe als Fastnachtsprinz. Das ist schließlich auch etwas!« Er läuft in sein Zimmer. Und Gerd ist richtig froh, daß er einen so guten Freund hat.

Rolf Krenzer

Fastnacht wird vorwiegend in katholischen Regionen gefeiert, weil die katholischen Christen auch die anschließende Fastenzeit ernster nahmen als die evangelischen Christen. Am Tag nach Fastnacht, am »Ascher«-Mittwoch, nimmt der Priester in der Morgenmesse Asche und zeichnet mit dem Daumen den Gläubigen ein Aschenkreuz auf die Stirn. Dabei sagt er: »Mensch gedenke, daß du Staub bist und wieder zu Staub wirst.« Asche ist ein Symbol der Reinigung (Pottasche) und der Buße. Am Aschermittwoch beginnt die 40tägige Fastenzeit, mit der die Christen sich an Jesus erinnern, der vor seiner Versuchung durch den Satan in der Wüste 40 Tage betete und hungerte. In der Passionszeit (lat. pati = leiden) gedenken die Gläubigen des Leidens von Jesus bis hin zu seinem Tod am Karfreitag. Dieser Zeitraum umfaßt zwar 46 Tage, aber die Sonntage werden nicht mitgerechnet. An ihnen wird nicht gefastet, weil sie als »Tage des auferstandenen Herrn« gelten. In der »österlichen Bußzeit« verzichten praktizierende Katholiken auf üppige Speisen und besondere Genüsse. Sie enthalten sich freitags jeglicher Fleischgerichte und fasten am Aschermittwoch und Karfreitag, indem sie an diesen Tagen nur eine sättigende Mahlzeit zu sich nehmen. Es finden keine Festlichkeiten statt, auch keine Hochzeiten.

Auf evangelischer Seite gibt es seit zwölf Jahren in Deutschland die Fastenaktion »Sieben Wochen ohne«. Die Menschen versuchen, auf liebgewonnene Laster wie Alkohol, Tabak, Süßigkeiten und Computerspiele zu verzichten. Aber auch Vorurteile, Streß und Streitigkeiten werden bewußt vermieden. Mehr als zwei Millionen Menschen beteiligen sich jedes Jahr daran.

Uns kennt niemand

Die Schülerinnen und Schüler einer multinationalen Klasse in einer Nürnberger Hauptschule waren auf den Straßen der Stadt wiederholt »komisch angeschaut« worden. Sie sprachen lange mit ihrer Lehrerin darüber. Und schließlich hatten sie die Idee, »aus der Haut zu fahren«. Sie schminkten sich um. Die dunkelhäutigen Jugendlichen malten sich weiß an, die hellhäutigen schminkten sich schwarz. Und die bräunlichen unter ihnen zogen einen geraden Strich von der Stirn über die Nase bis unter das Kinn. Die eine Hälfte ihres Gesichts malten sie weiß, die andere schwarz. So stellten sie sich alle zusammen mit ihrer schwarzen Lehrerin unter die große Wandtafel und machten ein Gruppenfoto. Auf der Tafel stand in verschiedenen Sprachen, was sie empfanden: Uns kennt niemand.

Der Ausländerbeauftragte des Bayerischen Lehrer- und Lehrerinnenverbandes nahm diesen Gedanken auf und gab ihn als Anregung in einer Informationsschrift weiter: Kinder aus anderen Ländern und einheimische Kinder verkleiden und schminken sich so, daß tatsächlich keiner mehr den anderen erkennt. Dann stellen sie sich zu einem Gruppenfoto auf. Dieses Foto wird bei Eltern und Mitschülern für ein Quiz verwendet: Es soll geraten werden, wer in welchem Land geboren ist.

Multinationale Klasse in Nürnberg

Bei allen Christen folgt am Ende der Fastenzeit die Karwoche, die mit dem Palmsonntag beginnt. (kar, mhd. = Wehklage, Trauer). Dieser erinnert an den Einzug von Jesus Christus und seinen Jüngern in Jerusalem zum Pessachfest, bei dem seine Anhänger Palmen auf den Weg streuten. Der Gründonnerstag ist der Tag, an dem Jesus das letzte Mal mit seinen Jüngern aß und ihnen die Füße wusch.[7] Am Karfreitag denken die Christen in besonderen Gottesdiensten an den gewaltsamen Tod Jesu. Karsamstag ist der letzte Fastentag.

Die Passionszeit bei den orientalischen Christen

Im Orient, das heißt im weiteren Sinn im Gebiet der islamischen Kultur, gibt es neben einzelnen byzantinisch-orthodoxen, katholischen und evangelischen Gemeinden sechs eigene Christengemeinschaften. Zu ihnen zählen die Äthiopische Kirche, die Koptische Kirche in Ägypten, die Syrisch-Orthodoxe Kirche, die Armenisch-Apostolische Kirche und zwei kleinere Kirchen.

Diese mehr als 46 Millionen orientalischen Christen gehören zu den ersten missionierten Gläubigen außerhalb des Wirkungsbereichs von Jesus Christus. Ihre Kirchen, die auf eine Abspaltung von der Mehrheit der Christen auf den Konzilen von Ephesos und Chalkedon im 5. Jahrhundert zurückgehen, haben eigene Liturgien und Liturgiesprachen. Die sich auch altorientalisch nennenden Christen setzen bewußt die von den Aposteln gegründeten Kirchentraditionen fort. Die Spaltung der orthodoxen Kirchen ist inzwischen überwunden.

Die *Syrisch-Orthodoxe Kirche* gehört nicht – wie der Name vermuten ließe – zu den großen orthodoxen Glaubensgemeinschaften. Die Bezeichnung orthodox drückt den eigenen Anspruch auf »Rechtgläubigkeit« aus.

Die frühen Christen brachten das Evangelium, die Botschaft von Jesus Christus, den Arabern, Persern, Afghanen, Indern und Chinesen. Nach der Ausbreitung des Islam wechselten bei den Arabern und später bei den türkischen Osmanen Phasen der Toleranz mit Phasen harter Unterdrückung der Andersgläubigen. Daraufhin ging zwischen dem 12. und dem 17. Jahrhundert die Zahl der orientalischen Christen deutlich zurück. Im 20. Jahrhundert verursachten die Christenverfolgungen 1915 und Ende der sechziger Jahre große Auswanderungswellen. Heute gibt es nur noch wenige syrisch-orthodoxe und armenische Gemeinden im Orient.

In Deutschland bilden die etwa 40 000 Syrisch-Orthodoxen die größte Gruppe innerhalb der orientalischen Kirchen. Die meisten von ihnen kommen aus dem Gebiet »Turabdin« im Südosten der Türkei. In den Ländern des Nahen Ostens, Syrien, Libanon, Irak und Palästina, stellen sie mit ihrer Muttersprache aramäisch eine ethnische Minderheit dar. Diese Sprache war bis zum 7. Jahrhundert im Nahen Osten vorherrschend, auch Jesus hat sie gesprochen. Damals begann man, alle »Aramäer«, die Christen wurden, Syrer zu nennen.

Die Syrisch-Orthodoxe Kirche beruft sich auf den Apostel Petrus, der in Antiochia (dem heutigen Antakia, Türkei) den ersten Bischofssitz gründete und als ihr erster Patriarch gilt. Der jetzige Patriarch ist Mor (= seine Heiligkeit) Ignatius Zakka I. Ivas; er residiert in Damaskus.

Die Syrisch-Orthodoxe Kirche feiert Ostern zur gleichen Zeit wie die anderen orientalischen und die byzantinisch-orthodoxen Christen, nämlich nach dem Julianischen Kalender. Vor dem Osterfest begeben sich die syrisch-orthodoxen Gläubigen in besonderer Weise in die Nachfolge von Jesus Christus, dessen Leiden bis zu seinem Tod sie in vielgestaltigen Riten nachvollziehen.
Zu Beginn der Passionszeit wird in allen Gemeinden der »Apostolische Fastenhirtenbrief« feierlich vorgelesen, in dem die Daten der Fastenzeit und der Ostertage verkündet werden und zu einem ernsten Wahrnehmen des Fastens aufgerufen wird. Dieses geht auf Jesus Christus zurück, der vor seiner Versuchung durch den Satan in der Wüste 40 Tage betete und hungerte.[8] Die syrischen Gläubigen fasten bis zum Sonntag vor Ostern sechs Wochen lang von Montag bis Freitag. Je nach körperlicher Konstitution und aufgrund freier Entscheidung, nehmen sie bis zum Spätnachmittag nichts und danach nur vegetarische Kost zu sich. Auch die größeren Kinder können sich daran beteiligen. An den sogenannten Herrentagen, Samstag und Sonntag, muß wegen der Abendmahlsgottesdienste gegessen werden, aber wiederum nur vegetarisch.

Hosanna-Sonntag in der syrisch-orthodoxen Gemeinde, Berlin 1995. Erzpriester Hanno Teber segnet den Olivenstrauß, in dem das mit einem roten Tuch verhüllte Kreuz steckt.

Während der Fastenzeit ist jeden Tag morgens, mittags und abends Gottesdienst. Die Gläubigen bemühen sich, in ihrer freien Zeit daran teilzunehmen. Am ersten Fastenmontag versöhnen sich alle Christen miteinander in der Kirche. Nachdem der Priester die Gemeinde um Vergebung gebeten hat, treten die Menschen einzeln neben ihn und jeder gibt jedem die Hand. Die Sonntagsgottesdienste haben die Wundertaten Jesu zum Thema.

Die 40tägige Fastenzeit geht am Samstag vor dem Palmsonntag zu Ende. Die syrisch-orthodoxen Christen nennen ihn Hosanna-Sonntag. Im Morgengottesdienst halten die Gläubigen Kerzen in den Händen und werfen während des singend vorgetragenen Evangeliums Olivenzweige (oder, wo sie nicht zu bekommen sind, Tannenzweige) auf den Weg vor dem Priester. Nach einem Dokument von 834 nahmen die Menschen bei Jesu Einzug in Jerusalem nicht Palmen-, sondern Olivenzweige. Dann wird ein mit einem roten Tuch umhülltes Kreuz, das in einem großen Strauß aus Olivenzweigen steckt, durch die Kirche getragen. Hohe Würdenträger, Diakone und Kirchenchor begleiten es mit dem Evangelienbuch und anderen liturgischen Gegenständen in den Händen. Nach dem Gottesdienst werden die grünen Zweige von den Gläubigen mit nach Hause genommen. Bei einer Hosannafeier in Berlin wurden Texte auf syrisch-aramäisch, syrisch-arabisch, kurdisch, türkisch und deutsch gesprochen.

Anschließend folgt die Karwoche, die später von den Kirchenvätern hinzugefügt wurde. In dieser Zeit des Gedenkens an Jesu Leiden wird besonders gefastet und gebetet, so daß erst am Ostersonntag die Fastenzeit endet. Während der Karwoche sind die nächtlichen Gebetsgottesdienste von 3.00 bis 6.00 Uhr von besonderer Bedeutung (in Deutschland von 18.00 bis 21.00 Uhr). Am »Donnerstag der Geheimnisse« nehmen alle Besucher des Mittagsgottesdienstes an der Kommunion teil und gedenken dabei des letzten gemeinsamen Mahles Jesu mit seinen Jüngern. Spät am Nachmittag wird die Zeremonie der Fußwaschung gefeiert. Zwölf Priester und Diakone wurden ausgewählt, unter ihnen ein Unverheirateter, der den Jünger Johannes darstellt. Während der Verlesung des Evangeliumstextes[9] und Gesängen vom Diakonenchor wäscht der älteste oder ranghöchste Würdenträger der Gemeinde den Zwölfen die Füße.

Der Karfreitagsgottesdienst ist von einer besonderen Bestattungsfeier geprägt, die es so nur in der Syrisch-Orthodoxen Kirche gibt. In einer ernsten, langsamen Prozession wird ein großes Holzkreuz vom Eingang der Kirche bis zum Altarraum getragen. Auf der Spitze des Kreuzes befindet sich ein kleineres silbernes oder goldenes Kreuz, und auf den Querbalken steckt je eine Kerze, die die mit Jesus gekreuzigten Verbrecher symbolisiert. Nach einem besonderen Gebet wird das kleine Kreuz abgenommen und mit Rosenwasser gewaschen, dem ein Bittermittel beigemischt ist, im Gedenken an den Essigschwamm, den die Soldaten Jesus reichten. Dann wird es zusammen mit Watte und Weihrauch in ein Leinentuch gewickelt und in einen Sarg gelegt. Anschließend bedeckt man diesen mit einem schwarzen Tuch und schmückt ihn mit Blumen. Vier Diakone tragen den Sarg durch den Kirchenraum. Alle Gläubigen gehen unter ihm hindurch und küssen ihn. In der syrischen Heimat wurde der Sarg durch die Stadt oder das Dorf getragen und dann in der Kirche hinter dem Altar in ein Grab mit Steindeckel gelegt. Beim Verlassen des Trauergottesdienstes trinken die Menschen von dem Rosenwasser, mit dem das Kreuz Christi gewaschen wurde.

Der Karsamstag ist seit den ersten Jahrhunderten der höchste Tauftag im Jahr, an dem alle neugeborenen Kinder in die Gemeinde aufgenommen werden.

Auch die Syrisch-Orthodoxen kennen gefärbte Ostereier. Diese symbolisieren für sie das Grab. Wie das Grab Christi, bergen die Schalen das in ihnen pulsierende und aus ihnen hervorbrechende Leben.

Zur größten der altorientalischen Kirchen, der *Äthiopischen Kirche,* gehören etwa 25 Millionen Gläubige; von ihnen leben ungefähr 15 000 Äthiopier in der Bundesrepublik Deutschland. Der Hauptsitz der Kirche ist Köln, weitere Gemeinden gibt es in München und Frankfurt. Die Äthiopische Kirche feiert die Karwoche nach einem »Buch der Passion«, das vor dem 14. Jahrhundert entstanden ist. Viele Riten, besonders am Karfreitag, unterscheiden sich von denen in der Syrisch-Orthodoxen Kirche.

Die meisten der etwa acht Millionen *koptischen Christen* leben in Ägypten. Ungefähr 3000 Gläubige wohnen in der Bundesrepublik Deutschland. Die Koptische Kirche feiert die Passionszeit auf ähnliche Weise wie die syrisch-orthodoxen Gemeinden.

Das Vaterunser auf aramäisch

Ostern

(März / April)

Ostern ist das älteste und wichtigste Fest der Christen, auch wenn Weihnachten sich in der Öffentlichkeit als das größere Fest darstellt. Ostern wird bei Katholiken, Protestanten und Orthodoxen unterschiedlich gefeiert. Aber der Grund bleibt bei allen gleich: das Zeugnis der Auferstehung Christi von den Toten. Den Aposteln, Frauen und Männern, ist Jesus als Lebendiger erschienen.

Die Herkunft des Wortes Ostern ist nicht geklärt. Der englische Kirchenlehrer Beda (8. Jahrhundert) nimmt an, daß es vor der Christianisierung der Name eines Frühlingsfestes für die Göttin Ostara gewesen ist. Sie wird in altenglischen Texten als Eostrae überliefert (vgl. eos, griech. = Morgenröte).

Das christliche Osterfest ist in engem Bezug zur jüdischen Pessachfeier entstanden. Die ersten Christen haben dieses große Fest, das mit dem ersten Vollmond im Frühling beginnt, nach alter Tradition weitergefeiert. Erst in der Mitte des 2. Jahrhunderts gibt es Hinweise auf eine eigene Passafeier, aus der sich im 3. Jahrhundert Ostern entwickelte. Auf dem Konzil von Nicäa (325 n. Chr.) wurde als Termin der Sonntag nach Pessach bestimmt. Außer noch in England (Easter) weisen alle Osternamen in Europa, zum Beispiel Pasqua in Italien, auf seinen Ursprung, das jüdische Fest, hin.

Eine schöne alte Ostertradition war das Osterlachen. Die Christen haben sich am Ostermorgen vor dem Gottesdienst in der Kirche versammelt und alle gemeinsam den Tod ausgelacht. Mit diesem »risus paschalis« wurde zugleich der besiegte Satan verhöhnt. Viele andere Osterbräuche sind heidnischen Ursprungs oder einfach weltlicher Natur. Im Mittelpunkt stehen bei uns die Ostereier. Das Ei ist ein Symbol der Fruchtbarkeit, der Wiedergeburt und des Universums. Oft werden Hühnereier ausgeblasen und die bemalten Schalen an Frühlingszweige gehängt. Archäologen fanden in der Nähe von Worms ein aus dem 4. Jahrhundert n.Chr. stammendes, mit Blumen verziertes Gänseei. Es lag mit anderen Grabbeigaben in einem römisch-germanischen Steinsarg.

Ursprünglich färbte man die Eier nur rot. Der christliche Brauch, Eier anzumalen, beruht auf der heidnischen Vorstellung, wonach Weiß Trauer und Tod bedeutete; Rot dagegen stand für Leben, Geburt, Freude, Feier, Sieg und Königswürde.

In den vom orthodoxen Christentum geprägten Ländern ist auch heute noch nur das rote Ei ein echtes Osterei. In Griechenland heißt der Gründonnerstag »Roter Donnerstag«, es ist der Tag des Eierfärbens. In Ungarn heißt das Osterei Kokonya, rotes Ei; in Rumänien gibt es den Spruch: »Wenn die Christen keine roten Eier mehr malen, naht das Ende der Welt.«

Günes und die Ostereier

Ich war sechs, als wir nach Deutschland kamen. Jetzt gehe ich schon fünf Jahre in die deutsche Schule; aber zu Hause sprechen wir immer türkisch. Deutsch war zuerst furchtbar schwer für mich. Ich habe die Leute immer angeschaut und kein Wort verstanden. Aber jetzt spreche ich deutsch fast so gut wie türkisch.

Damals, als wir hier ankamen, war gerade Ostern. Das ist für uns ein fremdes Fest, weil wir eine andere Religion haben. Wir sind Moslems. Aber die bunten Ostereier haben mir gleich gefallen.

Die Frau, die nebenan wohnt, war von Anfang an nett zu uns. Ihre Tochter ist ungefähr genauso alt wie ich. Sie heißt Marietta. Am Ostertag brachte mir Marietta ein Körbchen mit bunten Eiern, und sie hat mir auf deutsch die Farben beigebracht. Ich habe Marietta dann gesagt, wie sie auf türkisch heißen: rot = kirmizi, blau = mavi, gelb = sari, grün = yesil. Da hat Marietta gemerkt, wie schwer eine fremde Sprache ist.«

Tilde Michels

Auch der Hase ist seit alter Zeit ein Fruchtbarkeitssymbol. Er galt als Inbegriff der gehetzten Kreatur, die sich nur durch große Vermehrung erhalten konnte. Unsere Vorfahren glaubten, er ginge Lichter tragend vor der Frau Holle her, wenn sie im Frühjahr zu nächtlicher Stunde über die Felder schritt, um sie fruchtbar zu machen. Andere nahmen an, der Hase sei das heilige Tier der germanischen Frühlingsgöttin Ostara gewesen. Im chinesischen Mondkalender beginnt mit dem Monatstier Hase der Frühling. Die erste schriftliche Erwähnung des Osterhasenbrauchs in Deutschland stammt von 1682. Aber nicht überall gab es Osterhasen. Vor noch nicht 100 Jahren brachte in Hannover der Fuchs die Eier, in anderen Gegenden war es der Storch oder der Kuckuck.

Viele Menschen unternehmen an diesem Feiertag wie Goethes Faust einen Osterspaziergang.

Der Osterspaziergang

Vom Eise befreit sind Strom und Bäche
Durch des Frühlings holden, belebenden Blick,
Im Tale grünet Hoffnungs-Glück;
Der alte Winter in seiner Schwäche
Zog sich in rauhe Berge zurück.
Von dorther sendet er, fliehend, nur
Ohnmächtige Schauer körnigen Eises
In Streifen über die grünende Flur;
Aber die Sonne duldet kein Weißes,
Überall regt sich Bildung und Streben,
Alles will sie mit Farben beleben;
Doch an Blumen fehlt's im Revier,
Sie nimmt geputzte Menschen dafür.
Kehre dich um, von diesen Höhen
Nach der Stadt zurück zu sehen.
Aus dem hohlen, finstern Tor
Dringt ein buntes Gewimmel hervor.
Jeder sonnt sich heute so gern.
Sie feiern die Auferstehung des Herrn,
Denn sie sind selber auferstanden,
Aus niedriger Häuser dumpfen Gemächern,
Aus Handwerks- und Gewerbes-Banden,
Aus dem Druck von Giebeln und Dächern.
Aus der Straßen quetschender Enge,
Aus der Kirchen ehrwürdiger Nacht
Sind sie alle ans Licht gebracht.

Johann Wolfgang v. Goethe

Ostern bei den Katholiken

Die Feier der Auferstehung findet bei den gläubigen Katholiken in der Nacht oder am frühen Morgen statt. Auf dem Kirchvorplatz wird ein Feuer angezündet, die Kirche selbst bleibt dunkel. An diesem Feuer entzündet der Priester eine große Osterkerze. Mit der brennenden Kerze betritt er die Kirche und ruft dreimal: »Lumen Christi« – Licht Christi. Die Gemeinde antwortet: »Deo gratias« – Dank sei Gott. Meßdiener entzünden ihre Kerzen am Osterlicht und geben das Licht an die Gemeinde weiter, bis jeder eine brennende Kerze hat. Schriftlesungen aus dem Alten Testament wechseln mit Gesängen und Gebeten. In diesem Nachtgottesdienst werden das Taufwasser und das Weihwasser, das es nahe dem Eingang in jeder katholischen Kirche gibt, geweiht. Oft taufen die Priester in der Osternacht neue Gemeindeglieder, Erwachsene und Säuglinge.

Ostern in Bosnien

Im April 1994 saß ich in einem Berliner Flüchtlingswohnheim mit bosnischen Frauen zusammen. Einige von ihnen überlegten, wann sie das letzte Mal Ostern wirklich gefeiert haben und wie das gewesen ist.
Maria, die Katholikin aus Derventa, erinnert sich: Sieben Wochen vor Ostern beginnt bei uns die Fastenzeit mit der Sauberen Woche. Der Fastnachtsdienstag wird nicht besonders gefeiert. Jeden Mittwoch und Freitag nehmen die Gläubigen so wenig Nahrung wie möglich zu sich. Freitags findet in der Kirche eine Messe statt, in der jeweils vor einer der sieben Kreuzwegstationen – das sind Bilder, die den Leidensweg Jesu darstellen – gebetet wird. Die vorletzte Woche vor Ostern wird Blumenwoche genannt. In dieser Zeit schmücken die Menschen die Kirchen mit blühenden Sträuchern und grünen Zweigen. Am Blumensonntag (in Deutschland der Palmsonntag) tragen die Christen die vom Priester in einer Messe gesegneten Zweige nach Hause, um sie für den Osterschmuck aufzubewahren. Es beginnt die Große Woche. Von Donnerstag um 14 Uhr an bis zur Ostermesse schweigen alle Glocken im Land. Am Abend setzen sich die Familien zur letzten Mahlzeit vor Ostern zusammen. Maria erzählt, daß sie – wie Jesus – nur Grünes, vor allem junges Brennesselgemüse gegessen hätten. Am Veliki Petak, dem Großen Freitag, sind sie früh vor Sonnenaufgang an ein fließendes Gewässer gegangen. Sie haben sich bekreuzigt und dann – wenn möglich – den ganzen Körper gewaschen. Das hatte eine besondere Heilkraft für Leib und Seele. Danach steckten sie einen grünen Zweig in die Erde, um dem nächsten mitzuteilen: Ich war schon hier. An diesem Tag gingen alle, auch die Nichtgläubigen, in die Kirche.

Der Samstag dient dem Eierfärben und dem Kochen und Backen. Am Nachmittag oder in der Osterfrühmesse bringen die Katholiken in schön geschmückten Körben ihre Osterspeisen in die Kirche, um sie segnen zu lassen. Das sind in Bosnien Suppe, Schinken, Würstchen, Brot, Käse, Eier, Salz, der erste Maiskolben aus dem Garten – und Streichhölzer für das Feuer.

Am Ostertag gehen alle Kinder in der Nachbarschaft von Tür zu Tür, und jedes bekommt ein buntes Ei, ganz gleich, ob es katholisch ist oder nicht. Maria sagt, daß sie jedes Jahr mindestens 100 Eier brauchte. Berufstätige brachten für die Kinder der Kolleginnen und Kollegen Eier mit an ihren Arbeitsplatz.

Auch viele muslimische Frauen färbten Eier und beschenkten die Kinder.

Sora kommt aus der Provinz Woiwodina, wo Kroaten, Serben, Juden, Ungarn, Rumänen und Deutsche zusammen lebten. Sie ist orthodox, ihr Mann muslimisch. Sora erzählt, daß sie alle großen Feste gemeinsam gefeiert haben. Maria, Mirsada aus Sarajewo und die anderen Frauen bestätigen es: Zu Ostern kamen alle zu den Katholiken und Orthodoxen um zu feiern, beim Opferfest waren die Muslime Gastgeber für die anderen und zum Pessachfest die Juden. In den Zentren der Städte standen (stehen?) die Gotteshäuser nahe beieinander, die beiden Kirchen, die Moschee und die Synagoge.

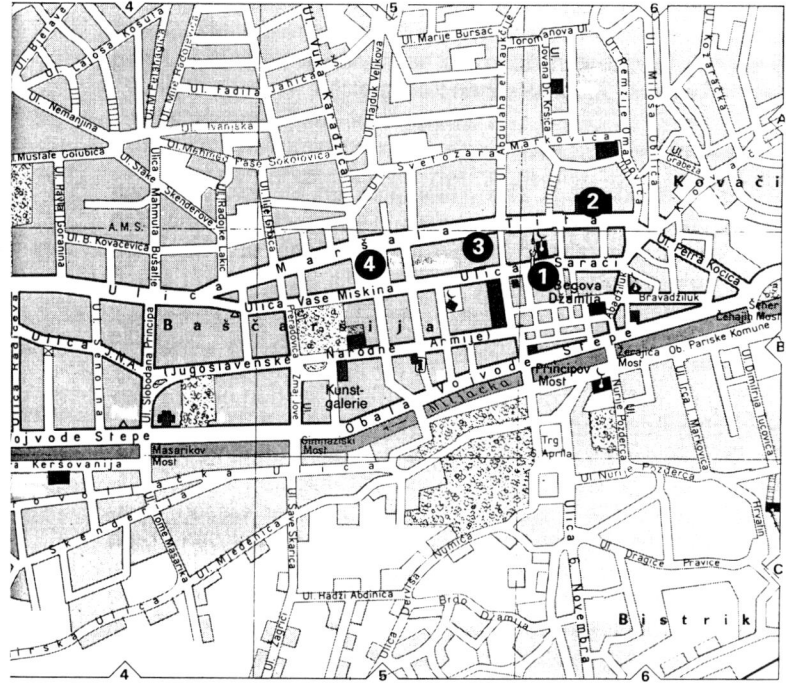

Stadtplan
von Sarajewo, 1990,
Zentrum
❶ Große Moschee
❷ Orthodoxe Kirche
❸ Ehemalige Synagoge,
jüdisches Museum
❹ Katholische Kirche

Ostern bei den Protestanten

Die Protestanten feiern die Auferstehung Jesu Christi in einem besonders fröhlichen Gottesdienst am Ostersonntag. Die Kirche ist mit vielen Frühlingsblumen geschmückt. An manchen Orten gibt es schon am frühen Morgen Andachten, die oft auf dem Friedhof gehalten werden, um gerade am Ort des Todes das Leben zu verkünden. Schon die frühen Christen haben bei ihren Zusammenkünften viel gesungen. Psalmen und Lobgesänge aus der Bibel dienten ihnen als Vorlage. Das folgende Kirchenlied wird nach einer niederländischen Melodie aus dem 17. Jahrhundert gesungen.

1. Der schöne O-ster-tag! Ihr Menschen,
Christ, der be-graben lag, brach heut aus

kommt ins Hel - - - - le!
sei - ner Zel - - - le.

Wär vorm Ge-fäng-nis noch der schwe-re

Stein vor - han - den, so glaub-ten

wir um - sonst. Doch nun ist er er -

stan - den, er - stan - den, er - stan - den,

er - stan - - - - - den!

2. Was euch auch niederwirft, Schuld, Krankheit, Flut und Beben
   er, den ihr lieben dürft, trug euer Kreuz ins Leben.
   Läg er noch immer, wo die Frauen ihn nicht fanden,
   so kämpften wir umsonst. Doch nun ist er erstanden.

3. Muß ich von hier nach dort – er hat den Weg erlitten.
   Der Fluß reißt mich nicht fort, seit Jesus ihn durchschritten.
   Wär er geblieben, wo des Todes Wellen branden,
   so hofften wir umsonst. Doch nun ist er erstanden.

Text: Jürgen Henkys 1983, frei nach einem englischen Osterlied von 1902
und dessen niederländischer Vorlage, © Strube Verlag, München/Berlin.
Melodie: Amsterdam 1624.

Ostern bei den Orthodoxen

In der Bundesrepublik Deutschland leben etwa 350 000 griechisch und 150 000 serbisch orthodoxe Christen. Die größte Orthodoxe Kirche ist die russische. Fürst Wladimir I. aus Kiew führte 989 das Christentum ein. Es wird berichtet, daß die römische und die griechische Kirche sowie die Juden um den Fürsten geworben hatten. Da schickte dieser Gesandte aus, die die verschiedenen Gottesdienste miterleben sollten. Nachdem Wladimir ihre Schilderungen angehört hatte, entschied er sich für den orthodoxen Gottesdienst. Dieser sei der prächtigste und glanzvollste von allen gewesen. Ein solcher Glanz konnte nicht irdisch sein. Dort mußte Gott unter den Menschen wohnen.

Das Datum des orthodoxen Osterfestes wird nach dem Julianischen Kalender berechnet, der in der Sowjetunion bis 1923 galt. So fällt es entweder mit dem Osterfest der Katholiken und Protestanten zusammen, oder es findet ein bis vier Wochen später statt.

Dem Ostersonntag gehen 48 Fastentage voraus, an denen man weder Fleisch noch Fisch oder Milchprodukte zu sich nehmen darf, mittwochs und freitags auch nicht Wein und Öl.

Der Ostergottesdienst beginnt um Mitternacht, aber die Gläubigen gehen schon viel früher in die Kirche. Der Innenraum ist durch feinziselierte, goldene oder silberne Öllampen, die vor den Ikonen brennen, schwach erleuchtet. Ikone (griech.) bedeutet Bild. Sie wurde zu dem Kultbild der orthodoxen Gläubigen mit Darstellungen von Christus, Maria, von Heiligen oder bestimmten Ereignissen. Oft bestehen sie aus gehämmertem Edelmetall mit Öffnungen, hinter denen die eigentlichen Bilder sichtbar werden. Kurz vor Mitternacht entzündet der Priester zwei große Kerzen am ewigen Licht auf dem Altar, er reicht die Flamme weiter bis jeder eine brennende Kerze in der Hand hält. Die Gemeinde zieht nach draußen auf den Kirchvorplatz.

Der Priester steht auf einem Podium und liest das Auferstehungsevangelium vor.[10] Genau um Mitternacht, beim Ausruf des Priesters »Christus ist auferstanden«, bricht der Ostertag an. Die Menschen umarmen sich und rufen »Christus ist auferstanden«, andere antworten »Er ist wahrhaftig auferstanden«. Es werden Böllerschüsse abgefeuert, die Kinder laufen hinter Knallfröschen her. Rote Ostereier werden zusammengestoßen, und man wünscht sich ein »frohes Osterfest«. Danach zieht die Gemeinde in die hell erleuchtete Kirche, und es beginnt die dreistündige Osterliturgie.

In Ramallah im Westjordanland haben 1995 zum ersten Mal Lutheraner, Anglikaner, römische und griechische Katholiken am gleichen Tag Ostern gefeiert, wie die orthodoxen Gläubigen. Bisher wurde in der Region traditionsgemäß immer an zwei verschiedenen Terminen Ostern begangen. Einige orthodoxe Familien haben daraufhin vorgeschlagen, Weihnachten mit den anderen Christen zusammen am 25. Dezember zu feiern.

Ostern in Griechenland

In Griechenland ist Ostern das größte Fest im Jahr. Die Kinder werden beschenkt wie in anderen Ländern zu Weihnachten. Man trifft sich nach dem Mitternachtsgottesdienst, privat oder in der Taverne zur Magiritsa, der typischen Ostersuppe, die aus Zwiebeln, Gemüse und den Innereien der Osterlämmer gekocht wird. Wenn man als Fremder dazu eingeladen wird, darf man nicht ablehnen. Überall werden dunkelrot gefärbte, gekochte Ostereier angeboten, sie bilden auch die Mitte des runden Osterbrotes.

Während das Essen in der Osternacht eher eine Familienangelegenheit ist, wird der Ostersonntag öffentlich gefeiert. Schon am frühen Morgen sind überall auf dem Lande Holzkohlenfeuer zu sehen. Die Osterlämmer werden mit Öl, Oregano und Salz bestrichen und dann stundenlang am Spieß über dem Feuer geröstet.

Jeder Grieche, der die Stadt verlassen kann, feiert Ostern bei Verwandten auf dem Lande. Auch der fremde Gast wird selbstverständlich zum Mahl eingeladen. Am frühen Nachmittag trifft sich dann das ganze Dorf in der Kirche, wo die »Vesper der Liebe« stattfindet und noch einmal das Auferstehungsevangelium in verschiedenen Sprachen vorgelesen wird. Danach finden sich alle Dorfbewohner auf dem Kirchplatz ein. Manche haben ihre alten, farbenprächtigen Trachten angezogen. Traditionelle Reigentänze sind immer noch Brauch. Man steht nebeneinander und legt sich die Arme auf die Schultern. Meistens tanzen Männer mit Männern und Frauen mit Frauen. Der erste in der Reihe variiert frei die Figuren. Fast alle Griechen beherrschen diese rhythmisch komplizierten Tänze, die sie schon in der Grundschule gelernt haben.

Russisch-Orthodoxe Kirche auf dem Kapellenberg bei Potsdam

Ostern in Moskau 1986

Ostern stehen Moskaus Kirchen unter Polizeischutz. Metallgitter, Postenketten, Streifenwagen, Umleitungen. Zu groß ist der Andrang, als daß alle Platz fänden in einem der zwei Dutzend offenen Gotteshäuser. Den Gläubigen und den Neugierigen aus der Achtmillionenstadt werden Geduld, Stehvermögen und Ellenbogenarbeit abverlangt. Dabei hat niemand Werbung gemacht. Kein lockendes Glockengeläut, kein Wort zum Sonntag, kein Hirtenbrief in der Zeitung. In der »Prawda« kommt das Osterfest nicht vor. Sie berichtet statt dessen über »neue Siege an der Produktionsfront« und die Vorbereitungen zu Lenins Geburtstag. (...)*

Die Menschen wollen frühzeitig zur Stelle sein, wenn es gilt, gute Plätze für den langen Gottesdienst zu sichern, der um Mitternacht beginnt. (...) Ausländer passieren die Absperrungen mit Einladungskarten. An Nebeneingängen werden Gemeindemitglieder eingelassen, unbekannte angebliche Christen skeptisch gemustert, Jugendliche, die nach Ahnung der Posten nichts oder Unfug im Sinn haben, abgewiesen. Von drei Emporen singen die Chöre im Wechsel. Die Litaneien der Geistlichen, deren goldgewirkte Gewänder und juwelenbesetzte Kronen zahllosen Kerzenlichtern Widerschein geben, brechen kurz vor Mitternacht ab. Dreimal zieht die Prozession der Popen um die Kirche. Um zwölf Uhr ruft Patriarch Pimen »Christos woskresje«. Die Gemeinde antwortet »Wo istinu woskres« – er ist wahrhaft auferstanden. Untereinander tauschen die Geistlichen den Osterkuß. (...)

Ostersonntag auf dem Dorf am Moskauer Stadtrand. Der Morgen riecht nach schlechtem Benzin und abgestandenem Weihrauch. Die Kirche wird gelüftet. Eine Autoschlange windet sich um den Friedhofszaun. (...) Familien besuchen ihre verstorbenen Angehörigen. Das ist nicht unbedingt eine traurige Angelegenheit. Ein Familiengrab ist ein Privatissimum, eingefaßtes Geviert mit Gittern und Türchen. (...) Das Picknick kann beginnen: Kulitsch (der österliche Gugelhupf), Thermosflasche, Apfelsinen, Kekse und Nüsse. Die, zu deren Erinnerung man sich eingefunden hat, bekommen einen Anteil. Auf einem kleinen Extratisch neben dem Grabstein oder direkt auf dem Erdhügel sammeln sich Kuchenstücke, bemalte Ostereier, Mandeln und Brotkrumen. (...) Bisweilen wischt sich jemand Tränen aus dem Gesicht. Bisweilen kommt fröhliches Lachen auf. Eine Flasche macht die Runde. Ein Toast und ein gutes Wort auf die Toten, ein Schluck für die Lebenden.«

Leo Wieland

REZEPT: OSTER-NACHSPEISE PASSHA

Im alten Rußland verwendete man zur Herstellung der Paßcha pyramidenartige Holzformen, an deren Unterseite kleine Löcher waren, damit die Flüssigkeit ablaufen konnte. Da wir solche Formen nicht haben, empfiehlt es sich, als Ersatz einen neuen Blumentopf zu nehmen und diesen mit Baumwollstoff auszukleiden. Der Quark oder Schichtkäse zur Herstellung der Paßcha muß frisch und möglichst trocken sein.

Zutaten für 6 – 10 Personen:
500 g Speisequark
100 g Butter
100 g Zucker
¼ l Sahne
3 Eigelb
50 g Rosinen
50 g gehackte Mandeln
100 g kandierte Früchte
bunte Zuckerperlen

Nach dem Öffnen der Quarkpackung Molke abgießen. Rosinen mit heißem Wasser übergießen. Butter mit Eigelb und Zucker schaumig rühren, Quark, Sahne, Rosinen und Mandeln untermischen. Die Masse in den ausgekleideten Blumentopf füllen und 24 Stunden trocknen lassen: Man stellt den Blumentopf in eine Schüssel – denn es tritt Flüssigkeit aus –, bedeckt die Masse mit dem Tuch und legt eine mit einem Stein beschwerte Untertasse darauf, um den Trockenvorgang zu beschleunigen. Die fertige Paßcha auf eine Platte stürzen und mit kandierten Früchten und Mandeln verzieren. Man kann mit den Zuckerperlen die Buchstaben: X B in die Paßcha drücken. X = C, B = w, das bedeutet Christos woskresje, Christus ist auferstanden.

St. Georgstag bei den Roma
(6. Mai)

Das Fest des Heiligen Georg ist für die Roma der größte religiöse Feiertag im Jahr.

Die Roma leben in vielen Ländern der Erde, vor allem aber in Europa. Sie fühlen sich miteinander verbunden durch ihre Herkunft und Geschichte, durch ihre Sprache, das Romani, und in dem Stolz, Roma zu sein. »Rom« heißt in Romani Mensch oder Mann. In den deutschsprachigen Gebieten bezeichnen sich viele Menschen dieser Volksgruppe als Sinti, als Menschen vom sindhu, dem Indus. Cigani ist der Name für Roma in den slawischen Sprachen. Er stammt vom griechischen atcinganoi und bedeutet Unberührbare.

Seit dem 9. Jahrhundert sind die Roma aus dem Nordwesten Indiens nach Kleinasien und Europa eingewandert. Zunächst geduldet, wurden sie seit dem 16. Jahrhundert durch immer neue Erlasse aus Städten und Dörfern vertrieben. Bis zum 18. Jahrhundert waren sie in vielen europäischen Ländern für vogelfrei erklärt gewesen – jeder durfte sie töten. Da sich die Roma nirgends auf Dauer niederlassen konnten, haben sie die reisende Lebensform zu ihrer Überlebensstrategie gemacht.

Einen schrecklichen Höhepunkt in der Verfolgung der Sinti und Roma bildete der Mord an 500 000 Menschen während der Zeit des Nationalsozialismus. Eine Wiedergutmachung haben die Überlebenden bis heute nicht bekommen. Die Minderheitenrechte werden den Sinti und Roma vorenthalten.

Die relativ günstigsten Lebensbedingungen fanden sie in Jugoslawien und Rumänien. Aber auch dort werden sie jetzt als Folge des Bürgerkrieges, des zunehmenden Nationalismus und des wirtschaftlichen Niedergangs ausgegrenzt und diskriminiert. Diejenigen, die die Chance bekommen hatten, eine Ausbildung und Arbeit zu erhalten, sind in ihren Heimatländern seßhaft geworden. Die anderen reisen – oft notgedrungen in Abhängigkeit von Aufenthaltserlaubnis und klimatischen Bedingungen – und leben in Zelten oder Wohnwagen.

In der Bundesrepublik Deutschland wohnen schätzungsweise 100 000 Sinti und Roma, von denen die Mehrzahl seßhaft ist. Die meisten sind Christen, und zwar – je nach ihrer Herkunft – Orthodoxe, Katholiken oder Protestanten.

Der Heilige Georg, als Drachentöter überliefert, stammte aus Kleinasien und soll im 4. Jahrhundert als Christ den Märtyrertod gestorben sein. Er ist der Schutzheilige der Sinti und Roma. Das Fest zu seinen Ehren wird auch von arabischen und türkischen Roma gefeiert, obwohl viele von ihnen Muslime sind.

Im Mittelpunkt des Festes steht das Lamm. Die Roma erinnern damit an Abraham, der auf Gottes Geheiß seinen Sohn Isaak opfern sollte. Gott rettete Isaak im letzten Moment und schickte an seiner Stelle einen Widder als Opfer.[11]

Vor dem 6. Mai darf kein Roma das Fleisch eines Lammes essen, das weniger als ein Jahr alt ist. Wo es den Menschen möglich ist, wird vor Sonnenaufgang ein Lamm geschlachtet. Das Familienoberhaupt dankt Gott dafür, daß er sie alle im Winter beschützt hat. Dann wird das Tier der aufgehenden Sonne entgegengehalten. Man besprengt es mit reinem Wasser, damit es den Menschen die Sünde vergibt, daß sie es geschlachtet haben. Danach streicht der Vater jedem Familienmitglied etwas Blut auf die Stirn. Das Lamm wird mit Weidenzweigen besteckt, wie auch die Kirchen und Wohnungen zu diesem Fest mit Weidengrün geschmückt werden.

Wo die Roma Zugang zu einer Kandjiri, Kirche, haben, findet ein Festgottesdienst statt, bei dem besondere Brote vom Raschai, dem Popen, gesegnet werden. Diese Brote sind rund und flach. Ein Kreuz und andere Zeichen sind auf ihnen eingeritzt, und sie sind mit kleinen Blumen aus Teig geschmückt. Eins der Heiligen Brote und eine geweihte Kerze nehmen die Menschen für das abendliche Festessen mit nach Hause.

Tagsüber wird das Lamm am Spieß gebraten. Gegen Abend trifft sich die Großfamilie. Gäste und Fremde sind willkommen, ja, es muß bei jedem Fest wenigstens ein Fremder mitfeiern. Das Familienoberhaupt nimmt das Heilige Brot, spricht ein Gebet und gießt aus einem Glas etwas Rotwein darauf. Dann läßt er den Wein in das Glas zurücklaufen. »Das Brot wird von dem Wein geküßt«, sagen die

Fest bei einer Roma-Familie. Der Vater und sein Neffe brechen das Brot.

Roma. Danach wird das Brot in Kreuzform eingeritzt. Der Familienälteste und sein Sohn fassen den Laib und brechen ihn in zwei Teile; mit je einem anderen Mann werden sie nochmals gebrochen. Von diesen vier Brotstücken und diesem Glas Wein essen und trinken alle ein wenig, dabei wird das Glas immer wieder aufgefüllt. Auf dem Tisch steht die geweihte Kerze mit einem Bild des Heiligen Georg. Solange die Kerze brennt, muß einer aus der Familie, meistens der Vater, in Ehrerbietung stehen.

Danach wird die ganze Nacht hindurch fröhlich gegessen, getrunken und getanzt.

Die Roma feiern das Fest des Heiligen Georg wo immer sie sind. Auch auf der Flucht und in großer Armut. Sie brauchen nur etwas Brot, etwas Rotwein und eine Kerze.

Roma-Mädchen

*E*inmal in der Weihnachtszeit beschlossen wir, den kleinen Mädchen eine Freude zu machen. Alle meine nadelkundigen Freundinnen machten sich mit Eifer daran, für die angehenden Zigeunerdamen Kleider zu nähen. Es entstand nun ein Wettbewerb der Laune und Phantasie in entzückenden Rüschen, Schleifen, Volants und kühnen Faltenwürfen, in Seide, Musselin und Samt. Eine große Pracht war es, was sich da in meiner Werkstelle aufstapelte, wohlverborgen unter einer Decke, deren Berührung verboten war. Der Heilige Abend kam, wie oft ein grauer, blinder Tag, und der Regen klopfte an die Scheiben. Alle mußten sie kommen aus ihren Wagen und Hütten, Pamelitz, Sitta, Hoto, Nuna, alle kleinen Mädchen, alle, alle herbei! Und dann wurde beschert. Herunter die Lumpen und Fetzen und hinein in die Strümpfe, Schuhe und Kleiderpracht. Was für ein Freudengeheul! Und welche freudenvolle Genugtuung bei uns Zuschauern, als die feinen Dämchen einhertanzten. Ja, ja, meine Lieben, schön verlief das Fest, gewiß, aber nun kam die Fortsetzung, die wir uns ganz anders ausgemalt hatten.*

Die Rotznasen stürmten jetzt mit lautem Geschrei heraus aus der Bude, um den anderen in den Wagen ihren Putz zu zeigen. Der kurze Weg dorthin war morastig, voller Pfützen. Aber diese große Freude, mußte man die nicht austoben? Mußte man etwa nicht radschlagen? Ja, und auf einmal lag die Hoto in der Schlammpampe drin, und da mußten die Ehra und Blume so laut lachen, daß sie auch das Gleichgewicht verloren und in die Brühe fielen. Kurz, vom Fenster aus sahen wir bald einen Knäuel von kleinen quiekenden Dreckspatzen, die durcheinander kugelten, die, nun doch einmal naß, immer wieder in die Pfützen hineinsprangen. Weder Nässe noch Kälte aber vermochten den Funken zu löschen, den schönen Götterfunken aus Elysium.

Otto Pankok

Wir, eine Arbeitsgruppe einer Kirchengemeinde in Berlin, haben bei den Roma noch andere, ganz besondere Heiligenfeste kennengelernt. In den Kirchenkalendern der katholischen und der orthodoxen Christen ist jeder Tag einem Heiligen zugeordnet. Wenn einem Roma ein großes Unglück zustößt und er wider Erwarten daraus errettet wird, so ist der Heilige dieses Tages sein Schutzengel gewesen. Von nun an wird jedes Jahr am gleichen Datum ein großes Familienfest gefeiert, in dessen Mittelpunkt die Heiligengestalt und der gerettete Mensch stehen.

So feiert eine serbische Roma-Familie am 27. 10. »Sweta Petka«, weil an diesem Tag im Oktober 1987 mehrere Familienangehörige bei einem schweren Verkehrsunfall unverletzt blieben.

Wie der Herrgott die Roma geschaffen hat

D*er Herrgott war allein auf der Welt und er fühlte sich einsam, denn er hatte keinen, mit dem er sich ein wenig unterhalten, ein wenig trinken konnte. Es lebt sich schwer allein, und so sagte der liebe Herrgott: »Ich werde den Menschen schaffen, damit ich für jemanden zu sorgen habe. Und auch, damit jemand für mich da ist. Damit ich jemanden habe, mit dem ich mich streiten und wieder versöhnen kann.« Und so knetete er Teig, und aus diesem Teig formte er den Menschen. Er steckte ihn zum Backen in die Ofenröhre. Aber unterdessen überkam den Herrgott der Schlaf. Er schlief ein und dachte nicht an den Menschen. Auf einmal spürte er, daß etwas anbrennt. Ach ja, der Mensch in dem Ofen! Der Herrgott sah nach – sein Produkt war verbrannt, ganz schwarz! »Was läßt sich da machen«, sagte der Herrgott, »du wirst dort leben, wo Hitze und Sonne sind, denn du hast dich in der Röhre schon an die Hitze gewöhnt.« So entstanden die Schwarzen. Und sogleich ging er an einen neuen Menschen. »Vielleicht wird es mir diesmal besser gelingen.« Er knetete wieder Teig und steckte den Menschen in den Ofen. Nur fürchtete er diesmal, der Mensch könnte wieder verbrennen, und zog ihn vorzeitig heraus. Dieses Gottesgeschöpf war nun noch nicht fertiggebacken, es war weiß wie Quark. »Was läßt sich machen«, sagte der Herrgott, »dich schicke ich in Länder, wo Schnee und Kälte sind.« So entstanden die Gádzos, die Weißen.*

Der Herrgott gab nicht auf und probierte den Menschen noch ein drittes Mal. Diesmal gab er acht, daß er ihn nicht verbrennen ließ und auch nicht zu zeitig aus dem Ofen zog. Er guckte – und sieh da! Der Mensch war da. Schön braungebacken! Weder schwarz noch weiß, sondern genau so, wie er sein soll, und der Herrgott sagte: »Du kannst überall leben, in der Hitze wie in der Kälte.« Und so entstanden die Roma.

Ruda Dzurko

Pfingsten
(Mai / Juni)

Der auferstandene Jesus Christus ist der biblischen Überlieferung nach für kurze Zeit seinen Freunden und Anhängern erschienen und danach vor ihren Augen »emporgehoben« worden. An dieses Ereignis erinnern sich die Gläubigen an »Christi Himmelfahrt«. Bevor er ging, versprach er, einen »Tröster« zu schicken.[12] Um diese Zeit feierten die Juden in Jerusalem Schawuot. Viele Menschen waren gekommen, auch aus Anatolien, Rom, Mesopotamien, Kreta, Arabien, Ägypten, Libyen und Syrien. Es war der fünfzigste Tag nach dem Pessachfest (Pfingsten, griech. = der fünfzigste). Jesu Jünger saßen beieinander, als der Raum von einem »gewaltigen Brausen« erfüllt wurde. Sie wurden »voll des Heiligen Geistes«, gingen auf die Straße und predigten den Menschen von ihrem Gott.[13] Nicht nur die Juden, auch die Ausländer in der Stadt hörten die Botschaft – jeder in seiner Sprache. Das ist das Pfingstwunder. Im Alten Testament der Bibel wird in der Geschichte des Turmbaus zu Babel erzählt, wie die Menschen ihre gemeinsame Sprache verloren haben.[14] Im Pfingstevangelium wird berichtet, wie sie einander wieder verstehen. Hier beginnt die Ausbreitung des Christentums. Deshalb heißt das Pfingstfest auch »Geburtstag der Kirche«. Die Christen feiern diesen Tag zusammen mit den Gläubigen der weltweiten Ökumene (Ökumene, griech. = der bewohnte Teil der Erde, bedeutet hier die Gemeinschaft christlicher Kirchen).

Die Gabe des Heiligen Geistes begründet den Glauben der Christen an die Dreifaltigkeit Gottes als Vater, Sohn und Heiliger Geist. Diese Glaubensaussage steht im Mittelpunkt der Gottesdienstfeier am Sonntag nach Pfingsten, der Dreifaltigkeitssonntag oder Sonntag Trinitatis genannt wird.

Die besondere Sprache

In einem Hof spielten einmal zwei Kinder ein äußerst lustiges Spiel. Sie dachten sich eine ganz besondere Sprache aus, in der sie miteinander reden konnten, ohne daß andere Leute eine Silbe davon verstanden. »Brif, braf«, sagte der erste. »Braf, brof«, antwortete der zweite. Und dann lachten alle beide ganz toll. Im oberen Stock des Hauses saß ein alter Herr auf dem Balkon und las seine Zeitung. Im Haus gegenüber *lehnte eine alte Frau zum Fenster hinaus. »Was sind das für dumme Kinder, die zwei da unten«, sagte die Frau. Aber der alte Herr war nicht ihrer Meinung: »Das finde ich nicht.« »Sagen Sie mir nur nicht, daß Sie verstanden hätten, was sie eben gesagt haben.« »Doch. Ich habe alles vestanden. Der erste sagte: ›Was für ein herrlicher Tag heute.‹ Und der zweite antwortete: ›Morgen wird's noch viel schöner.‹« Die alte Frau rümpfte die Nase, schwieg aber still, weil die Kinder unten im Hof wieder angefangen hatten, sich in ihrer Geheimsprache zu unterhalten. »Maraschi, baraschi, pfiffirimoschi«, sagte der erste. »Bruf«, antwortete der zweite. Und wieder brach ihr tolles Gelächter los. »Wollen Sie das auch wieder verstanden haben?« rief die alte Frau erbost ihrem Nachbarn zu. »Sicher«, antwortete der alte Herr. »Der erste hat gesagt«: ›Wie sind wir doch froh, daß wir auf der Welt sind.‹ Und der zweite hat geantwortet: ›Die Welt ist ganz wunderbar.‹ »Aber ist sie wirklich wunderbar, die Welt?« bohrte die alte Frau weiter. »Brif, bruf, braf«, antwortete der alte Herr.*

Gianni Rodari

Lehrerinnen

Im Sommer 1991 veranstaltete die Regionale Arbeitsstelle für Ausländerfragen eine Projektwoche in einer Grundschule in Berlin-Pankow. Die Schule hatte um Unterstützung gebeten, weil sich ihre Lehrerinnen im Umgang mit den Kindern aus einem nahegelegenen Asylbewerberheim oft ratlos fühlten. Eine von ihnen drückte es so aus: »Diese Kinder, die verstehen überhaupt nichts, die folgen dem Unterricht nicht oder kommen überhaupt nicht in die Schule.« Das brachte die ProjektleiterInnen auf eine Idee: Während die fremden und die einheimischen Kinder in mehreren Gruppen gemeinsam malten, Theater spielten, dichteten und Musik machten, gab es auch ein Treffen mit den Lehrerinnen.

Eine Pädagogin aus Kreuzberg begrüßte sie auf türkisch und redete türkisch mit ihnen. Eine Viertelstunde lang, ganz langsam und sehr eindringlich.

Wie reagierten die Lehrerinnen? Eine von ihnen sagte, daß sie »irgendwann nach einer Weile überhaupt nicht mehr zugehört hat. Und dann wurden andere Sachen interessant. Da wurde interessant, was draußen passiert, welche Geräusche zu hören sind. Vor dem Fenster zwitscherten die Vögel. Im Treppenhaus hat sie die Kinder gehört. Sie wollte nicht unhöflich sein, aber am liebsten wäre sie nach draußen gegangen und hätte geguckt, was da los ist.« Eine andere Lehrerin, die viele türkische Kinder in ihrer Klasse hat, erzählte, daß ihr diese Situation, nichts zu verstehen, schon vertraut ist. »Dann fühlt man sich langsam als ein bißchen dumm. Denn dumm ist jemand, der nichts versteht. Noch schlimmer ist es aber, wenn man ein bißchen die Sprache kann und immer etwas ausdrücken will, und es geht nicht. Da kommt man sich am allerdümmsten vor.«

Bei einem späteren Gespräch nahm die Pädagogin diese Gedanken noch einmal auf: Mit einer für andere Menschen unverständlichen Sprache bin ich die Überlegene. Ich mache sie damit erst zu Dummen, um ihnen dann Nach-Hilfe-Unterricht zu geben. – Wir brauchen Sensibilität und Phantasie zum gleichberechtigten Umgang mit Anderssprechenden.

Fronleichnam

(1. Donnerstag nach dem Dreifaltigkeitssonntag)

Fronleichnam ist ein großes Fest der katholischen Kirche, das besonders in Süddeutschland durch seine Prozessionen auch von der nichtkirchlichen Öffentlichkeit wahrgenommen wird. Das Fest erinnert an das letzte Abendmahl Christi, das er vor seiner Kreuzigung mit den zwölf Aposteln einnahm. In einem Brief an die Gemeinde in Korinth (um 55 n.Chr.) beschrieb der Apostel Paulus dieses ihm überlieferte Geschehen auf eindringliche Weise, damit die Gemeinde bei ihren Zusammenkünften ein Vorbild habe: »Jesus, der Herr, nahm in der Nacht, in der er ausgeliefert wurde, Brot, sprach das Dankgebet, brach das Brot und sagte: Das ist mein Leib für euch. Tut dies zu meinem Gedächtnis!«[15] Das gleiche geschah nach Paulus mit dem Wein, den Jesus den Aposteln als sein Blut reichte.

Im Gedenken daran werden die Abendmahlsgottesdienste in allen Kirchen der Welt gefeiert, besonders am Gründonnerstag vor Ostern. Da diese Gedächtnishandlung aber von dem nahen Tod Christi überschattet ist, wünschte sich die Kirche im Mittelalter ein freudiges Fest, bei dem das Opfer Christi mit seiner Auferstehung verknüpft und die frohe Botschaft vor aller Welt sichtbar werden könnte. Es hatte sich zu dieser Zeit auch das Verständnis der Christen von der Eucharistie (griech. = Danksagung, hier: Leib und Blut Christi in der Gestalt von Brot und Wein) verändert. An die Stelle des gemeinsamen Mahles trat immer mehr das verehrungsvolle Anschauen des geweihten Brotes, der Hostie, und des Weinkelches.

Zur Einführung des neuen Kultes bedurfte es nur noch eines besonderen Anlasses: Im Jahre 1209 hatte die Augustinernonne Juliana in Lüttich die Vision von einer Vollmondscheibe mit einem dunklen Fleck. Dies wurde als Fehlen eines Festes in der hell scheinenden Ganzheit der Kirche gedeutet. Auf Anregung Julianas führte Bischof Robert von Lüttich 1246 in seinem Bistum ein Fest zur Verehrung der Eucharistie ein, und 1264 bestimmte Papst Urban IV., der in Lüttich Archidiakon gewesen war, daß dieses Fest in der ganzen Christenheit gefeiert werden sollte. Als Datum wurde bewußt ein Donnerstag gewählt, und zwar der erste Donnerstag nach dem Osterzyklus, also nach dem Dreifaltigkeitssonntag. Im Laufe der Zeit bekam das Fest in Italien den Namen Corpusdomini, in Spanien und England Corpus Christi, in Frankreich Fête-Dieu und in Deutschland Fronleichnam. »Frô« bedeutete im Althochdeutschen Herr, Gott, »lih« war Leib, Körper und »hamo« Hülle, Hemd. Ein lebendiger Leib bedeutet Gegenwart, Nähe. So empfinden es die Menschen, die einander umarmen. Fronleichnam ist das Fest des lebendigen, gegenwärtigen Gottes.

Im Mittelpunkt des Fronleichnamfestes steht die Feier der Heiligen Messe, an die sich eine Prozession anschließt. An der Spitze des feierlichen Umzuges der Geistlichkeit und der Gemeinde wird die Hostie in einem kostbaren Schaugefäß, der Monstranz, getragen. Diese Fest kann man im wahrsten Sinne des Wortes »begehen«.

Der Brauch solcher Umzüge stammt aus dem 13. Jahrhundert. Er beruht auf der besonders bei den Germanen beliebten Sitte, bei Prozessionen bestimmte »Heiltümer«, zum Beispiel Reliquien, herumzutragen. Eine weitere Wurzel sind alte »Flurumgänge«, auf denen die Dorfbewohner Fruchtbarkeit für die Felder erflehten. Aus diesen Riten entwickelten sich die prunkvollen Fronleichnamsumzüge, in denen auch Fahnen, Reliquien und von Gruppen dargestellte »lebende Bilder« mitgeführt wurden. Aus den lebenden Bildern entstanden mit erläuternden Dialogen die mittelalterlichen Fronleichnamsspiele.

Der frohen Bedeutung des Festes entsprechend wurden besonders in Süddeutschland nach dem Umzug große Essen veranstaltet, bei denen sich ganze Gemeinden »ohne Unterschied der Stände« auf geschmückten Plätzen versammelten. In Bayern hieß Fronleichnam auch Prangtag oder Kränzeltag. Die Mädchen bekamen neue, weiße Kleider zum »Prangen« in der Prozession. Sie drehten sich mit Zuckerwasser Locken und setzten sich Kränze aus segenbringenden Kräutern auf das Haar. Heute tragen in vielen Gegenden die Erstkommunionkinder des laufenden Jahres noch einmal ihre weißen Kleider und Festtagsanzüge.

In unserer Zeit geht der Prozessionszug mit der Monstranz zu vier Stationsaltären. Hier werden verschiedene Bibeltexte, unter ihnen besonders die Anfänge der vier Evangelien, gelesen. Auf die Bedeutung der Gabe göttlichen Brotes an die Menschen weisen auch der Bericht über die »Speisung der Fünftausend«[16] und jener über die »Speisung Israels durch das Manna in der Wüste«[17] hin. Nach den Lesungen folgen Fürbitte und Segen. Dann kehrt der Zug zur Kirche zurück, wo der Priester die Versammelten mit einem besonderen Segen entläßt.

Nicht überall reicht der Platz um die Kirche oder im Ort für die Entfaltung einer Prozession aus. *Hallstatt in Österreich* zum Beispiel lehnt sich eng an den Felsen über dem Hallstätter See. Hier haben die Bewohner im Jahre 1623 zum ersten Mal eine Seeprozession durchgeführt. Heute beginnt der Umzug auf dem Marktplatz. Die zweite Station ist der See, wo die Menge in zahllose geschmückte Boote steigt. Priester, Ministranten und Sänger betreten ein prächtig ausgestattetes Schiff, in dessen Mitte die Monstranz unter einem Baldachin steht. Der Zug bewegt sich langsam am Ufer entlang und fährt dann auf die Mitte des Sees zu. Hier versammeln sich die Boote um das Kirchenschiff, und die Menschen lauschen auf die herübertönenden Gesänge und Gebete. Wenn der höchste Geistliche die goldglänzende Monstranz erhebt und den Segen spendet, krachen von den Ufern Böllerschüsse, deren Echo von den Bergen ringsum widerhallt.

Der letzte Fronleichnamstag

D*er Fronleichnamstag bot eigentlich, wie in jedem Jahr, alle Voraussetzungen für eine gelungene Demonstration in den Straßen unseres kleinen Städtchens. Wie immer würde die Monstranz unter einem Baldachin getragen werden; auf ihm war der Kelch mit der Hostie kunstvoll eingestickt, in Blau, Weiß und Gold das Symbol der Taube über dem Wasser abgebildet und jenes Geheimzeichen der ersten Christen, der Fisch, zu finden, der jetzt einen Korb voller Brote trug als Erinnerung an die Wundertaten des Herrn vor langer Zeit. Wunder aber erhoffte man sich nicht mehr; vielleicht waren die Verhältnisse dazu nicht angetan, oder die Zeit war nicht reif dazu.*

Wie gewöhnlich hatten sich die Bewohner unserer Stadt schon zu früher Stunde am Morgen darangemacht, ihre Fenster mit Blumen zu schmücken, Fahnenstangen mit violett-weißem oder rot-weißem Tuch zu versehen, Kruzifixe auf die Fensterbänke zu stellen, Wimpel an den Fassaden zu befestigen oder gar kunstvolle Blumenteppiche vor der Haustür zu legen. Einige hatten auch am Vortag junge Maien im Wald geschlagen und sie in das Pflaster entlang ihrer Häuser eingesetzt. Andere hatten einen Altar vor ihrer Wohnung aufgebaut, um den Herrn, der im Zeichen des eucharistischen Brotes durch die Straßen getragen wurde, willkommen zu heißen. Die Bürgersteige waren gefegt, die Straßenrinnen waren mitten in der Woche gesäubert worden. Alles war vorbereitet für den Tag unseres Herrn.

Sicher gab es auch Fenster, die nicht geschmückt waren, Wohnstätten eines anderen Glaubens, von denen aus hinter der Scheibe die Prozession diskret verfolgt wurde; aber selbst manche protestantischen Familien hatten in diesem Jahr einen Blumenstock hinter die Scheibe gestellt, zwar nicht als offensichtliche Unterstützung, sondern eher in stiller Solidarität.

Noch vor Wochen hatte man davon gesprochen, ob man in diesem Jahr die Prozession nicht ausfallen oder lediglich um die Kirche ziehen lassen sollte. Die Frage nach dem Sinn der alten Tradition war gestellt worden; ob es nicht eine allzu penetrante Demonstration des Glaubens sei, unpassend in der neuen Zeit, da man seinen Glauben sicher auch im Gotteshaus oder in seiner Wohnung verwirklichen könne. Manche sahen sehr praktische Gründe, weil die Stadtverwaltung gerade in der Woche vor dem Fronleichnamstag das Pflaster um die Kirche aufgerissen hatte, um die Straße zu erneuern.

Aber der Umzug zu Ehren des Herrn fand dennoch statt in diesem Jahr, wenn auch nicht in der üblichen Größe und Länge und mit etwas Verspätung, weil man gehofft hatte, es würden noch mehr Gläubige eintreffen, die sich möglicherweise beim

Schmücken der Häuser verspätet hatten. Die Kirche war nur zum Teil besetzt, manche Bankreihe blieb völlig leer, wo doch in früheren Zeiten kein Platz mehr zu finden war.

Der Fronleichnamszug setzte sich also nicht nur um die Kirche in Bewegung, sondern die Prozession schritt die geschmückten Straßen unserer Stadt ab, ein letztes Mal für lange Zeit – wie sich später herausstellte. Die Gesichter der Beteiligten schienen würdevoller, ja ernster als sonst. Die Träger des Baldachins umgriffen die Haltestangen fester, fast so, als würden sie sich daran festklammern, um nicht zu wanken und sich hin und her zu bewegen wie jene Fahnen des Unheils, auf die sich alsbald der Zug hinbewegte.

Passanten standen auf der Straße und bekreuzigten sich verstohlen, als der Herr in der Brotgestalt an ihnen vorüberzog und unweigerlich jener Gruppe vor dem Haus des Ortsgruppenführers zustrebte, dessen Besitzer mit mehreren Mitgliedern der Partei in brauner Uniform die Prozession erwartete. Viele Male wurden die Auslöser der Fotoapparate betätigt, um alle Teilnehmer abzulichten; die Gläubigen wußten, daß sie nunmehr aktenkundig erfaßt waren. Sie umgriffen trotziger die Stangen des Baldachins, die Gebetbücher, die Kreuze, hielten sich fest an ihrem Glauben, der jetzt in den Akten der SA dokumentiert war. Ihr Tun würde von nun an argwöhnisch verfolgt und beobachtet werden – in eine schlimme Zeit hinein; denn das Haus des Parteivorsitzenden war mit den Fahnen des Unheils geschmückt, schwarze Kreuze auf der stechenden Farbe des Blutes wiegten sich im Winde hin und her, und nur, als der Priester geradezu beschwörend die Monstranz zu den Fahnen hinwandte, senkten sich diese, von keinem Windstoß bewegt, und hingen einen Moment lang schlaff am Mast.

Georg Fox

Viele katholische Gemeinden bemühen sich heute um eine Rückbesinnung auf den religiösen Gehalt von Fronleichnam. Für sie ist neben dem Schauen wieder der Empfang der eucharistischen Gaben wichtiger Bestandteil des Festes. Gott soll den Menschen so notwendig werden wie das tägliche Brot. Sie wollen lernen, zu teilen und ihren Besitz nicht krampfhaft festzuhalten.

Brot in deiner Hand

An der Rue Jacob, der Jakobstraße in Paris, liegt ein Bäckerladen; da kaufen viele hundert Menschen ihr Brot. Der Besitzer ist ein guter Bäcker. Aber nicht nur deshalb kaufen die Leute des Viertels dort gern ihr Brot. Noch mehr zieht sie der alte Bäcker an: der Vater des jungen Bäckers. Meistens ist nämlich der alte Bäcker im Laden und verkauft.

Der alte Bäcker weiß, daß man Brot nicht nur zum Sattessen brauchen kann, und gerade das gefällt den Leuten. Manche erfahren das erst beim Bäcker an der Jakobstraße, zum Beispiel der Omnibusfahrer Gerard, der einmal zufällig in den Laden kam. »Sie sehen sehr bedrückt aus«, sagte der alte Bäcker zum Omnibusfahrer. »Ich habe Angst um meine kleine Tochter«, antwortete der Busfahrer Gerard. »Sie ist gestern aus dem Fenster gefallen, vom zweiten Stock.« »Wie alt?« fragte der Bäcker. »Vier Jahre«, antwortete Gerard.

Da nahm der alte Bäcker ein Stück vom Baguette, das auf dem Ladentisch lag, brach zwei Bissen ab und gab das eine Stück dem Busfahrer. »Essen Sie mit mir«, sagte der alte Bäcker zu Gerard, »ich will an Sie und Ihre kleine Tochter denken.« Der Busfahrer hatte so etwas noch nie erlebt, aber er verstand sofort, was der Bäcker meinte. Und sie aßen beide ihr Brotstück und schwiegen und dachten an das Kind im Krankenhaus.

Zuerst war der Busfahrer Gerard mit dem alten Bäcker allein. Dann kam eine Frau herein. Sie hatte auf dem nahen Markt zwei Tüten Milch geholt und wollte nun eben noch Brot kaufen. Bevor sie ihren Wunsch sagen konnte, gab ihr der Bäcker ein kleines Stück Weißbrot in die Hand und sagte: »Kommen Sie, essen Sie mit uns: Die Tochter dieses Herrn liegt schwer verletzt im Krankenhaus – sie ist aus dem Fenster gestürzt. Vier Jahre ist das Kind. Der Vater soll wissen, daß wir ihn nicht allein lassen.« Und die Frau nahm das Stück Brot und aß mit den beiden.

Das Johannisreiten bei den Sorben

(24. Juni)

Mit dem höchsten Stand der Sonne am 21. Juni entfaltet der Sommer seine schönste Pracht. Auf dem Lande duftet es nach Gras und Heu, nach Rosen und Wicken. Seit uralter Zeit wird besonders in den Ländern mit kalten Wintern die Mitsommernacht ausgiebig gefeiert.

Wie bei manchen anderen vorchristlichen Festen hat die Kirche im Zuge der Missionierung versucht, auch dem Sonnenwendfest einen religiösen Inhalt zuzuordnen. Sie legte den Tag Johannes des Täufers auf das Datum des Sonnenhöchststandes. Das war im alten römischen Kalender der 24. Juni. Nach Darstellungen in der Bibel[18] soll nämlich Johannes ein halbes Jahr vor Christus geboren sein, dessen Geburt seit dem 4. Jahrhundert in der Nacht des 24. Dezember gefeiert wird. Als im 16. Jahrhundert der Gregorianische Kalender eingeführt wurde, blieb der Johannistag auf dem alten Datum. Johannes, der von Gott auserwählt war, Christus zu verkündigen und zu taufen, wird seither in der Christenheit besonders verehrt.

Die 60 000 Sorben gehören zu den Volksgruppen in der Bundesrepublik, die wie die Dänen, Friesen und Roma keine Deutschen sind. Sie besitzen die deutsche Staatsangehörigkeit, aber sie leben zweisprachig wie zum Beispiel die etwa zwei Millionen Türken und viele andere Einwanderer.

Die slawischen Vorfahren der Sorben siedelten in dem Gebiet der Lausitz zwischen Bautzen und Lübben. Im 6. Jahrhundert kamen etwa 20 slawische Stämme, die gemeinsam Wenden genannt wurden, aus dem nördlichen Karpatenvorland in das fast menschenleere Gebiet zwischen Ostsee und Adriatischem Meer. Die Sorben gehören mit den Polen, Tschechen, Slowaken und Kaschuben zur großen Völkergruppe der Westslawen.

Nach 300 friedlichen Jahren wurden die Sorben von fränkischen und sächsischen Stämmen unterworfen. Bäuerliche Siedler aus dem Westen folgten den Eroberern. Trotz der Gründung mehrerer Bistümer, galt das sorbische Gebiet bis in das frühe Mittelalter als heidnisch. Städte wie Leipzig / Lipsk – abgeleitet von der Linde (sorbisch Lipa), Dresden, (von Drezdene, Bewohner des Waldes), Bautzen und Cottbus gehen auf slawische Siedlungen zurück, in denen die Sorben über wirtschaftliche Macht und gesellschaftliches Ansehen verfügten.

Im Zuge der Reformation wurden etwa 90% der Sorben protestantisch, die Benutzung der Muttersprache im Gottesdienst konnte sich durchsetzen, eine eigene Predigerausbildung wurde ins Leben gerufen. Heute sind etwa ein Viertel der Sorben katholisch, die anderen sind protestantisch oder nicht mehr religiös. Die Geschichte der Sorben ist geprägt vom Wechsel zwischen Blütezeiten sorbischer Kulturentwicklung und Zeiten der Unterdrükkung. Die nationalsozialistische Diktatur war die dunkelste Periode. Lehrer und Pfarrer wurden verhaftet, der sorbische Unterricht in den Schulen eingestellt, Vereine und Zeitungen verboten. Die Sorben wurden zu einem germanischen Volksstamm erklärt. Trotz der Gefahren, die damit verbunden waren, nutzten sie die sprachlichen Verständigungsmöglichkeiten mit den Kriegsgefangenen und Zwangsarbeitern aus den slawischen Nachbarvölkern und halfen ihnen, wo sie konnten.

Heute gehören die Sorben zu zwei Bundesländern, zu Sachsen und Brandenburg. In den Verfassungen beider Länder wird ihnen der Schutz ihrer nationalen Identität und ihres Siedlungsgebietes sowie die Gleichberechtigung ihrer Sprache und Kultur garantiert. Im Mai 1995 hat die Bundesrepublik Deutschland die Rahmenkonvention des Europarates über den Schutz nationaler Minderheiten unterzeichnet. Eine Verankerung ihrer Rechte im Grundgesetz, wie sie die Verfassungskommission bereits beschlossen hat, scheiterte bisher.

Titelseite der handschriftlichen Bibelübersetzung von Jurij Hawstyn Swetlik, um 1700

Die Linde

Einmal waren Eheleute, die kriegten ein Söhnlein, und desselbigen Morgens, wie es geboren war, fand der Vater unterm Bett ein Lindenpflänzchen aufgegangen. Das nahm er behutsam heraus und pflanzte es mitten auf dem Hofe wieder ein. Und die Linde (lipa) wuchs mit dem jungen Sohn um die Wette. Und wie er nun in das Alter kam, daß er heiraten konnte, da blühte die Linde im Jahre vorher zum erstenmal. Und jedesmal, wenn eine Kindtaufe im Hause war, blühte sie das Jahr vorher. Wie jedoch die Leute keine Kinder mehr bekamen, blühte auch die Linde nicht mehr.

Im Dorfe aber waren niederträchtige Buben, die wurden alles dessen gewahr, und wollten eines Nachts die Linde wegschneiden, schnitten auch den Stamm etwas an, aber der große Hofhund verjagte sie dabei. Und von selbiger Stunde erkrankte der junge Wirt und war so lange krank, bis der Stamm der Linde wieder zuheilte. Nach langen Jahren nun, als der Mann graue Haare kriegte, kriegte auch die Linde trockene Äste. Und im letzten Lebensjahr des Mannes war nur ein Ast noch grün von der Linde, und wie er gestorben war, vertrocknete sie gänzlich. Und von der Linde hat der Hof nachher seinen Namen Lipoj bekommen und später vom Hof das ganze Dorf. (Leippe bei Hoyerswerda)

Sage aus dem Spreewald, um 1880

Die Sorben feiern alle christlichen Feste mit eigenen Bräuchen. Ein Höhepunkt im Jahr ist das Osterreiten, bei dem an die tausend Reiter in Gehrock und Zylinder auf geschmückten Pferden die Kirchenfahnen und ein Kreuz von Ort zu Ort tragen und die Auferstehungsbotschaft in Gesängen verkündigen.

Im Johannisreiten kommt die Naturverbundenheit der Sorben besonders zum Ausdruck. Es findet an einem Sonntag um den 24. Juni nur noch in einem einzigen Dorf in der Lausitz, in Casel, statt. Am Tag vor dem Fest pflücken Frauen und Mädchen Arme voll Kornblumen. Die jungen Männer machen sich früh am nächsten Morgen mit dem Pferdewagen auf den weiten Weg zum Buchwäldchenteich, um Schilfrohr für die »Kronen« zu holen. Früher gab es auch in der Nähe von Casel noch viele Teiche. Die meisten sind aber wegen des Braunkohlen-Tagebaus ausgetrocknet. Vormittags binden dann die Frauen mehr als zwanzig Kornblumengirlanden und stecken nach überliefertem Muster zwei Kronen.

Der geschickteste Reiter des Dorfes stellt den »Johann« dar. Die Mädchen wickeln ihn von den Schultern bis zu den Knien in die blauen Ranken und nähen sie an seiner Kleidung fest. Die Reitstiefel werden mit Wickengrün umwunden. Der Kopf des Johann verschwindet unter einer großen Blumenmaske, der

Johannisreiten in Casel, Niederlausitz

»Krone«. Sie wird gebildet aus einem Kranz von Binsen, Rosen, Seerosen und anderen leuchtenden Blüten, der auf den Schultern liegt. Aus diesem Kranz erheben sich Schilfrohrstangen, die in einer blumengeschmückten Spitze enden. Beim Anblick dieser Pflanzengestalt meint man, einen Wachstumsgeist vor sich zu sehen.

Um 14 Uhr 30 reitet der Johann, begleitet von jungen Männern und Frauen auf geschmückten Pferden zu einer nahegelegenen Waldlichtung. Ihnen folgen die Dorfbewohner und Zuschauer. Angeführt wird der Zug von weißgekleideten Frauen, die die zweite Krone vor sich hertragen. Auf den Saum ihrer Röcke sind blaue und rote Bänder genäht, denn blau, rot und weiß sind die sor-

bischen Farben. Um die Schultern tragen sie eine Girlande aus Kornblumen.

Nachdem alle auf dem langgestreckten Platz eingetroffen sind, fängt die Musikkapelle an zu spielen, und ein Wettreiten beginnt. Der Johann jagt mit seinen Begleitern mehrmals im Galopp von einem Ende der Wiese bis zum anderen. Jedesmal muß der Reiter, der zuletzt ankommt, ausscheiden. So reitet am Ende der schnelle Johann als einziger an den Zuschauern vorbei. Nun finden sich junge Leute auf dem Platz ein, die versuchen, sein Pferd aufzuhalten und ihn herunterzuziehen. Mit Mut und Geschicklichkeit gelingt es schließlich. Einer holt ihn vom Pferd und legt ihn wie ein müde gejagtes Wild zu Boden. Alle, auch viele Dorfbewohner, umringen ihn und versuchen, einige Blüten zu erhaschen, um sie mit nach Hause zu nehmen. Nach uraltem Glauben sind die in der Johannisnacht gepflückten Kräuter und Blumen besonders heilkräftig. Die segenbringenden Pflanzen werden über die Wohnzimmertür gehängt und bis zum Johannisreiten im nächsten Jahr aufbewahrt, oder es wird ein besonderer Tee aus ihnen bereitet.

Die ganze Festgesellschaft kehrt schließlich zum Dorfkrug zurück, wo der Johann den Tanz eröffnet. Nach diesem Tanz wird ihm die zweite Krone als Geschenk überreicht, da sich die erste beim Wettkampf völlig aufgelöst hatte.

Gedanken über meine sorbische Herkunft und meine Identität als Sorbe

Ich bekenne mich zu meiner sorbischen Herkunft und bin stolz darauf. Aber wie alles auf der Welt, bringt es auch Probleme mit sich. Ich weiß z.B., daß mir die sorbische Sprache im Beruf keinen Nutzen bringen wird. Zwar kann ich mich mit den Arbeitskollegen soweit es möglich ist, in sorbischer Sprache verständigen, aber am Arbeitsplatz komme ich mit ihr nicht weit. In unseren Gebieten kommt allmählich die deutsche Sprache zur Geltung, und im Beruf setzt sich dann auch das »Englische« durch.

Trotz alledem ist mir immer wieder nach längerem Fortbleiben wohler ums Herz, wenn ich ein sorbisches Wort höre oder zumindest eine ähnliche slawische Silbe. Das ist es nämlich auch, was mir z.B. das Lernen der russischen Sprache erleichtert, meine Muttersprache, denn sie ist verwandt mit anderen slawischen Sprachen. Es ist schon bewundernswert, wie sich das sorbische Volk gegen Faschismus und Sozialismus gewehrt und anschließend durchgesetzt hat. Wichtige Grundlagen waren dabei die Bräuche, die wiederum vom Glauben abhängen. Ein Brauch von wenigen, die noch übrigblieben, ist das Osterreiten. Es wird eigentlich bloß noch als eine Attraktion gesehen (Touristen). Das ist schade, denn der eigentliche Zweck darin ist das Verkünden von Christi Auferstehung, ein Höhepunkt jedes Christen.

Das sorbische Volk ist wie eine winzige Maus inmitten von einer Schar von Katzen. Aber trotzdem hat es sich durchgesetzt. Und ich will nicht, daß die sorbische Sprache einmal verloren geht. Dazu kann jeder beitragen, und er wird es auch, wenn er das Gleiche fühlt wie ich.

Aufsatz, 8. Klasse, 1991

Virgen del Carmen in Peru
(16. / 17. Juli)

In der Bundesrepublik Deutschland leben vergleichsweise wenige Menschen aus Peru (2001: 8 200). Das Fest der Virgen del Carmen soll hier als Beispiel für den »christlichen Kontinent« Mittel- und Südamerika beschrieben werden.

Das heutige Peru ist das Kernland des mächtigen Inkareiches gewesen. Nach der Eroberung dieses Reiches durch die Spanier im 16. Jahrhundert wurden die indianischen Bewohner des Landes unterdrückt und viele von ihnen getötet. Später brachten die Er-

oberer Schwarze aus Afrika als Sklaven in das Gebiet. Die Spanier versuchten, die Religionen der Indianer und der Schwarzen zu verbieten und den Katholizismus zur einzig gültigen Religion zu erheben. Heute sind offiziell 96% der Peruaner katholisch. Trotz dieser Entwicklung haben sich Kultvorstellungen der ursprünglichen Bevölkerung als (über-)lebensnotwendig erhalten. Dieses Neben- und Miteinander verschiedener Religionen und Riten nennt man Synkretismus.

Die Geschichte des respektlosen Güegüense

Diese Geschichte spielte vor vielen hundert Jahren in Amerika. Dort lebten friedliche Menschen, die wir heute Indianer nennen. Eines Tages bekamen sie Besuch, den sie nicht eingeladen hatten. Aus Europa kamen die Spanier mit Schiffen, Waffen und Soldaten über den großen Atlantik gesegelt und eroberten das Land. Sie raubten Gold und andere wertvolle Sachen und wollten die Indianer für sich arbeiten lassen. Die waren aber gar nicht damit einverstanden und wehrten sich.

Don Gregorio war Statthalter des spanischen Königs in einem kleinen amerikanischen Land. Er sollte mit seinen Soldaten aufpassen, daß die Indianer gehorchten. Er war sehr unzufrieden, weil die Indianer ihm kein Gold oder Geld abliefern konnten, weil sie schon alles hergegeben hatten. Einer, ein ganz schlauer, der Güegüense hieß, ärgerte den Statthalter am meisten.

Als Don Gregorio bestimmt hatte, daß Tanzen und Singen verboten ist, fingen Güegüense und seine Söhne an, nur noch wilder zu tanzen und ihn auszulachen.

Und – noch schlimmer – er hatte dem Statthalter eine Schaufel Ziegenmist angeboten, damit er seinen dicken Hintern wärmen kann! Aber die Soldaten wollten doch wertvolle Dinge haben! Also wurde Güegüense mit seinen Söhnen zu Don Gregorio gebracht, der sie bestrafen wollte. Der Güegüense aber fing mit seinen Söhnen an, direkt vor der Nase des fetten Statthalters zu tanzen!

»Nur eine Frau erkennt, was ein Mann wirklich kann«, hörte man auf einmal eine Stimme. Das war Malinche, die Tochter des Statthalters, die mit ihren Freundinnen in den Saal gekommen war (Aussprache: Malinsche). Sie war ganz anders als ihr Vater, schlau, schlank, hübsch und gar nicht bösartig. Eine Weile lang hatte sie schon gelauscht und sich insgeheim gefreut, wie der Güegüense ihren Vater überlistete. Sie sah ihn und seine Söhne von oben bis unten an. Besonders Forcico gefiel ihr. Und Forcico tanzte so schön, wie er noch nie getanzt hatte. Der Statthalter ist widerlich, dachte er. Dafür kann seine Tochter aber nichts. Und die gefällt mir.

»Tanzen ist verboten!« wollte Don Gregorio brüllen. Aber weil er den ganzen Tag schon so viel geschrien hatte, war er ganz heiser. Und deshalb konnte er nur noch flüstern. Keiner hörte ihn. Güegüense und seine Söhne sangen und tanzten weiter, und mit jedem Tanz wurde Forcico mutiger. Bis er am Ende ganz nahe zur Tochter des Statthalters ging. Er hatte ein wenig Angst. Aber dann nahm er sie bei der Hand, und die beiden tanzten zusammen.

Malinche gefiel das sehr. Der Tanz mit Forcico war viel schöner als die Langeweile, die sonst im Palast des Statthalters herrschte.

»Ich heirate Forcico auf der Stelle!« erklärte Malinche ihrem verdutzten Vater. Don Gregorio konnte immer noch nicht wieder sprechen. Und ehe er sich versah, hatte seine Tochter schon den alten Schreiber, der damals auch für das Heiraten zuständig war, herbeigerufen. Güegüense und Forcicos Bruder Ambrosio hatten die Leute von der Straße geholt. Und die klatschten Beifall und jubelten, als sich Malinche und Forcico nach der Hochzeit ganz lange und ganz verliebt umarmten und küßten.

Don Gregorio stand mit seinem Polizeihauptmann daneben und wußte nicht, was er machen sollte. »Tanzen, Singen und Feiern ist verboten«, brüllte der Statthalter, der inzwischen wieder schreien konnte. Aber keiner hörte auf ihn. Und je länger und schöner die Indianer tanzten, um so leiser wurde Don Gregorio. Und auf einmal mußte auch er tanzen, singen und fröhlich sein. Obwohl er es nicht wollte.

»Hast du nicht befohlen, daß jeder, der tanzt, singt und fröhlich ist, ins Gefängnis kommt, Vater?« hörte er auf einmal seine Tochter sagen. »Willst du dich jetzt etwa selbst einsperren?« Nun ist sie erst einen Tag mit dem Sohn des Güegüense verheiratet und schon überlistet sie mich wie der Alte, dachte der Statthalter. Doch er tanzte trotzdem weiter.

Maria López Vigil

Die großen Jahresfeste, Weihnachten, Karneval, Ostern und Totengedenken, werden ähnlich wie in den anderen christlich geprägten Ländern begangen. Daneben aber gibt es besondere, nur in Lateinamerika gefeierte Feste. Typische Beispiele sind die Patronatsfeste, in denen die Gestalten der Gottesmutter Maria oder anderer Heiliger mit der eigenen Geschichte und Tradition verbunden werden.

Der Name der Virgen del Carmen geht auf die Jungfrau vom Berge Karmel zurück, zu deren Andenken im 13. Jahrhundert in Palästina der Bettelorden der Karmeliter gegründet wurde. Ihr Namensfest wird in mehreren katholisch geprägten Ländern gefeiert, besonders in Lateinamerika und in Italien.

In Peru ist sie die Schutzheilige der Bewohner von Paucartambo, einer kleinen Stadt am Osthang der Anden. Seit 1667 wird dort ihr Bildnis verehrt, das ein Maler nach einer wundersamen Erscheinung der Maria in einem Felsen schuf. Nach verschiedenen Überlieferungen ist es zwischen den Hochlandbewohnern, den handeltreibenden Qollas, und den Urwaldbewohnern, den Chunchos, immer wieder zu Streitigkeiten gekommen, auch um die Figur der »Mamacha Carmen«. Heute bildet ein fröhlicher Schaukampf dieser beiden Gruppen den Höhepunkt des Virgen del Carmen-Festes.

Am Tag vor dem Fest ziehen vom Morgen an mehrere Musikkapellen aus der Umgebung spielend in Paucartambo ein. Auf ihren Trommeln, Flöten, Geigen, Harfen, Ziehharmonikas und Trompeten begleiten sie später die Tanzgruppen.

In der Kirche wird die Statue der Jungfrau von ihrem Platz genommen, gereinigt und neu gekleidet und geschmückt auf einer Sänfte vor dem Hauptaltar aufgebaut. Inzwischen versammeln sich die Kleinstadtbewohner und viele Besucher von nah und fern. Unter Böllerschüssen findet die erste Messe statt. Anschließend ziehen Tanzgruppen mit ihren besonderen Kostümen und Masken zur Kirche. Einige von ihnen repräsentieren auf ironische Weise Vertreter verschiedener Berufsgruppen. Andere stellen die Qollas und Chunchos dar, wieder andere die Negros, die daran erinnern sollen, daß die spanischen Eroberer schwarze Menschen aus Afrika als Sklaven nach Peru gebracht hatten. Viele der Kostüme gehen auf vorspanische Traditionen zurück. Die Qollas zum Beispiel tragen Wollmasken, wie sie als Kälteschutz im Gebirge üblich sind. Aufgestickte Münzen bedeuten Reichtum, bunte Bänder symbolisieren den Regenbogen mit den Farben des Inkareiches und Glasperlen den Schnee. So entsteht ein lebendiges Bild der Geschichte und Gegenwart dieser Andenregion.

In der Kirche nehmen die Tänzer ihre Hüte und Mützen ab und singen der Mamacha Carmen ein ihr geweihtes Lied. Ihnen folgt ein Zug der vornehmen Bürger von Paucartambo: Die Männer tragen riesige Kerzen, die Frauen Flaschen mit gefärbtem Wasser und Blumensträuße. Jeder legt seine Opfergabe auf einen der verschiedenen Altäre. Nach der Abendmesse werden Strohbündel auf dem Festplatz vor der Kirche abgeladen und angezündet. Qollas und Chunchos mit ihren Gehilfen beim späteren Schaukampf, den Majtas und Saqras, springen über die Feuer und versuchen, sich gegenseitig umzurennen. Wenn die Flammen verlöscht sind, verlassen die Maskenträger den Platz und geben ihn frei für das allgemeine Publikum zum Tanz. Bei diesem Vergnügen wird, wie überall bei den Festen in Peru, die beliebte Chicha, ein Maisbier, getrunken.

Der Festtag selbst beginnt frühmorgens mit Salutschüssen und einer Messe. Die Musikkapellen ziehen den ganzen Tag über durch die Straßen. Bei einem Festessen zur Mittagszeit bleiben die Honoratioren von Paucartambo unter sich. Am Nachmittag findet eine feierliche Prozession aller Tanzgruppen statt. Die Chunchos reiten an der Spitze des Zuges. Ihnen folgen die Qollas mit der Sänfte der Virgen del Carmen. Die Saqras in ihren grotesken Tier- und Teufelsmasken dürfen nicht mitziehen. Dennoch begleiten sie die Prozession, indem sie von Dach zu Dach springen und mit akrobatischen Kunststücken auf sich aufmerksam machen. Wenn die Heilige Jungfrau erscheint, wenden sie sich ab.

Auch am zweiten großen Festtag gibt es Messen, Tanzvorführungen und einen Umzug mit Mamacha Carmen. Der langerwartete symbolische Kampf zwischen den Qollas und Chunchos beginnt am späten Nachmittag. Zunächst schwenken die Majtas Tontöpfe mit Feuer, so daß den Zuschauern der Rauch in die Nase steigt. Diese versuchen dagegen, die Töpfe zu zertrümmern. Dann kommen die Qollas, rennen um den Platz und bespritzen das Publikum mit Maisbier. Die Saqras treten mit einem brennenden Kar-

Virgen del Carmen in Paucartambo, Peru 1990. Einzug der Mitglieder einer (männlichen) Tanzgruppe

ren auf, der später die »Toten« der »Schlacht« in die »Unterwelt« befördern soll. Vier Quollas setzen sich mitten auf den Platz, um mit Hilfe von Kerzen, Cocablättern und Spielkarten eine Art Orakel für den Ausgang des Kampfes zu ermitteln.

Bei der Schlacht selbst helfen die Majtas den Qollas und die Saqras den Chunchos. Die Qollas sind mit Schleudern und Spiegeln bewaffnet, die Chunchos mit Lanzen. Unter den Qollas ist eine »Frau«, die von einem Mann gespielt wird. Sie wird – in Vertretung der Virgen – von den Chunchos geraubt, dann aber wieder befreit. »Tote« Qollas können mit einem Spiegel angeblinkt und wieder zum Leben erweckt werden. Trotzdem triumphieren schließlich die Chunchos. Eine große Siegesfeier für alle mit viel Maisbier beendet den Tag.

Zubereitung der Chicha

Daß ein Fest bevorsteht, kann der Besucher daran erkennen, daß Chicha (Ausspra-che: Tschitscha) gebraut wird. Unauslöschlich wird uns das Erlebnis eines der ersten Abende in Quico bleiben, an dem zur Zubereitung der Chicha in den Hütten der für ein Jahr neu gewählten Amtsträger Mais gemahlen wurde.

Bevor der Mais gemahlen wird, bringt man ihn künstlich zum Keimen. In Säcken eingenäht, wird er einen Tag lang gewässert. Danach wird er »in sein Bett« gelegt, d.h. auf Qaratu Blätter (einheimische Pflanze) geschüttet, die über einer Schicht von Ichhu (Hartgras) ausgebreitet wurden. Auf seinem Bett wird der Mais dann mit heißem, mit Salbei aromatisiertem Wasser übergossen und mit den feuchten leeren Säcken und mit groben Decken zugedeckt. So läßt man ihn knapp vierzehn Tage liegen. Die Bewohner der Hütte schlafen nachts auf dem Maisbett. Sie laden auch andere ein, mit ihnen dort ihr Nachtlager einzurichten. Auf diese Weise wird der Mais zum Keimen gebracht.

Vierzehn Tage vor Karneval wurde der Mais aus seinem Bett geholt und gemahlen. Zeitlich war alles so abgestimmt, daß wir mit anderen aus der Comunidad nacheinander die Hütten der drei neuen Amtsträger besuchen konnten, um beim Mahlen zu helfen. In jedem Hause gab es zwei Mühlsteine, und die Leute wechselten einander ab. Wenn man den wiegenartigen schweren Mühlstein schaukelnd hin und her bewegte, um den feuchten Mais zu zerquetschen, konnte man sich gut warmarbeiten. Zwischendurch wurde den Helfern Coca, Schnaps oder auch Tee mit geröstetem Mais gereicht. Einmal beobachteten wir, wie zu Beginn ein Gebet über die kleinen Tücher mit Cocablättern gesprochen und dazu ein Segen mit einem dreifachen Kreuzzeichen gegeben wurde. Die Atmosphäre war sehr gesammelt. Nur der schwache Lichtschein des Flämmchens einer Petroleumlampe ohne Spiegel erleuchtete die Hütte. Die Lampe brannte am Hausaltar. Die Hausaltäre der Hütten bestanden aus zwei oder drei Kreuzen, die mit trockenen Blättern der samtartigen, graugrünen Phuna (einheimische Pflanze) ge-schmückt waren. Am anderen Morgen hatten die neuen Amtsträger, in deren Hütten der Mais gemahlen wurde, zum Essen eingeladen. Wir kamen verspätet zu Marcelino, dem neuen Regidor (Veranstalter des Festes im nächsten Jahr), und erhielten ein für die Verhältnisse üppiges Mahl aus Kartoffeln, Suppe und Fleisch.

Bruno Schlegelberger

Erntedank bei den Rußlanddeutschen

(September / Oktober)

Erntedankfeste gab es in allen Kulturen schon in vorchristlicher Zeit. Die Juden feierten zum Beispiel im Frühsommer das Wochenfest und im Herbst das Laubhüttenfest, die Römer ehrten zu bestimmten Jahreszeiten Ceres, die Göttin des Ackerbaus und Pomona, die Göttin der Baumfrüchte.

Die mittelalterliche Kirche feierte Erntedankmessen mit der Segnung von Früchten. Um 1700 waren in ländlichen Gemeinden besondere Erntepredigten weit verbreitet. In Preußen wurde das Erntedankfest 1773 offiziell eingeführt und auf den Sonntag nach Michaelis (29.9.) gelegt.

Heute findet der Erntedankgottesdienst in katholischen und manchen anderen Gemeinden an verschiedenen Herbstsonntagen statt, in der protestantischen Kirche fast immer am ersten Sonntag im Oktober.

Durch die Industrialisierung ist die Verbindung breiter Bevölkerungsschichten zur Herstellung der Nahrungsmittel für den eigenen Bedarf verlorengegangen. Sie kaufen alle Eßwaren in Geschäften ein. In unserer Zeit und in unserem Land gibt es ein großes Angebot an preiswerten Lebensmitteln. Mißernten können sofort ausgeglichen werden. So beschleicht uns am Erntedanktag eher das Gefühl der Scham, daß wir immer satt werden, während irgendwo andere Menschen hungern.

Dort, wo man den Hunger kennt, hat das Erntefest noch seine ganz elementare, tief empfundene Bedeutung des Dankens für das »tägliche Brot«, zum Beispiel bei den Deutschen in der ehemaligen Sowjetunion.

Im Jahre 1763 hatte die Zarin Katharina II., geborene Prinzessin von Anhalt-Zerbst, ein Edikt erlassen, in dem es hieß: »Wir verstatten allen Ausländern in Unser Reich zu kommen, um sich in allen Gouvernements, wo es einem jeden gefällig, häuslich niederzulassen ...« So waren Bauern, Handwerker und Kaufleute aus den vom Siebenjährigen und späteren Kriegen heimgesuchten deutschen Territorien an die Wolga, nach St. Petersburg, ins Schwarzmeergebiet und in den Kaukasus gekommen. Nach schweren Anfangsjahren waren dort bis 1914 etwa 600 Siedlungen entstanden. Unter Stalin war den Deutschen wie anderen Minderheiten auch das Leben schwergemacht worden. Ihre Leidenszeit aber begann mit dem Überfall Hitlers auf die Sowjetunion im Juni 1941. Stalin erließ ein Gesetz, nachdem alle Wolgadeutschen der Kollaboration mit dem Nazireich beschuldigt wurden. In der Folgezeit sind aus allen deutschbesiedelten Gebieten mehr als 800 000 Menschen nach Sibirien und Mittelasien deportiert worden. Dort lebten sie oft jahrelang in Erdhöhlen. Die meisten von ihnen mußten in den berüchtigten Trud-Armeen Zwangsarbeit leisten. Familien wurden auseinandergerissen, viele Kinder sind verhungert oder erfroren. In der neuen Umgebung wurden die Deutschen als »Fritzen« oder »Faschisten« beschimpft. Der Gebrauch ihrer Muttersprache war bis in die fünfziger Jahre verboten.

Musik in der Erdhöhle

Die in Kasachstan angekommenen Deutschen mußten in Erdhütten leben. Die Fenster in diesen Hütten waren in gleicher Höhe mit der Erde, die Türen öffneten sich nach innen, damit man nach dem Schneegestöber aus der Hütte hinausgehen und den Schnee wegschaufeln konnte. Im Oktober 1941 begann Rudolf Richter, Pianist aus Moskau, als Klub- und Lesehallenleiter im Kolchos »Edasi« zu arbeiten. Er schrieb Musik auf Bestellung und gab Konzerte in den naheliegenden Dörfern. Dafür belohnte man ihn oft mit Naturalien. Eines Abends erwarteten ihn seine Frau und seine Tochter mit Ungeduld, denn er hatte sich sehr verspätet. Es dämmerte schon. In der Steppe trieb der Wind den Schnee über den Boden. Plötzlich sahen sie aus dem niedrigen Fensterlein die Beine eines sich würdevoll bewegenden Kamels, auf dem Richter mit einem Sack auf den Schultern saß. Nach einigen Minuten stürzte er in die Hütte mit einem Schafpelz und in Filzstiefeln. Nach seinem erstarrten Gesicht konnte man sehen, daß er von weitem kam. Als er sich am Ofen aufgewärmt hatte, begann er den Sack auszupacken. Im Sack lagen völlig durcheinander verschiedene Teile der Klaviermechanik: verwickelte, verrostete Saiten, Hämmer, Dämpfer, Fänger, Stößer. Alles war alt und beschädigt.

Die Richters beschlossen aber, daraus selbständig ein Klavier zu bauen. Sie beschafften irgendwo die fehlenden Teile. Die Mutter rieb die verrosteten Saiten tagelang mit Schmirgelpapier, der Vater schnitt Filz für die Hämmer zu. Zuerst wurde eine Oktave fertiggemacht, und die Tochter versuchte als erste auf dem Instrument zu spielen.

Guldana Sholymbetowa

In den siebziger Jahren gab es die ersten kleinen Erleichterungen für die Rußlanddeutschen. So konnten sich christliche Gemeinden registrieren lassen und galten nicht mehr als illegal. Seit der Perestroika-Politik Gorbatschows ging es ihnen deutlich besser. Dann aber hat der Zusammenbruch des Regimes das sowjetische Reich auseinanderfallen lassen, die ökonomischen Strukturen zerbrachen und die Not nahm wieder zu.

Seit es von 1950 an Ausreisemöglichkeiten für Deutschstämmige gibt, konnten etwa 1,6 Millionen Menschen die ehemaligen sowjetischen Gebiete verlassen. Die meisten von ihnen hatten seit Jahren einen Ausreiseantrag gestellt.

Jetzt wollten sie endlich als Deutsche unter Deutschen leben.

Das folgende Gedicht stammt von einem Rußlanddeutschen, der 1940 in der Ukraine geboren wurde und nach mehreren Ortswechseln aus Kasachstan in die Bundesrepublik kam.

Neue Sprache

Neu denken,
aber ohne Sprache.
Denn das Feld
der Sprache
ist schon längst
von anderen
abgemäht
und
plattgetreten.

Wendelin Mangold

Zur Zeit sind noch etwa zwei Millionen Deutschstämmige in den GUS-Republiken. Für diese Zurückbleibenden wird das Leben durch den Exodus der anderen nicht leichter. Die Situation der oft weit voneinander entfernt liegenden christlichen Gemeinden ist sehr verschieden. Die einen haben ein eigenes Bethaus mit mehreren Hundert Besuchern zum Gottesdienst, die anderen treffen sich in kleinen Hausgemeinden. Fast nirgends gibt es Kirchen oder ausgebildete Geistliche.

Wenn Pfarrer aus Deutschland auf Bitten der dortigen Gemeinden zu Besuch kommen, müssen sie in wenigen Wochen weit herumfahren, hunderte von Erwachsenen taufen, konfirmieren und Laienprediger unterweisen. Einer dieser Pfarrer hat berichtet, daß zu einem Gottesdienst in Riga 1975 zwei Männer aus Kasachstan 4000 km gereist sind, um einmal einen Gottesdienst in einer richtigen Kirche mit einem richtigen Pfarrer zu erleben. Der eine von beiden war Tischler und ehrenamtlich Prediger. Er schrieb sich den Gottesdienstablauf für seine Hausgemeinde in ein Heft und hat 15 Jahre lang damit gearbeitet.

Jetzt haben es diese Christen in der ehemaligen Sowjetunion etwas leichter. Neue Bethäuser werden gebaut, Kinos oder Kulturhäuser zur Verfügung gestellt. Aber die Räume können im Winter nicht mehr geheizt werden und die Saalmieten sind enorm gestiegen. Alle Staatsgüter sind hoch verschuldet, Arbeitnehmer und Rentner haben monatelang kein Geld mehr bekommen. In den südöstlichen Republiken breitet sich die islamische Religion immer stärker aus, vom Westen dringen Sekten ein.

So verschieden die Lebensumstände der Rußlanddeutschen sind, so verschieden sind auch ihre Möglichkeiten zu feiern. Aussiedler aus Kasachstan haben erzählt, daß sie vor den Festen jeden Tag eine Handvoll von dem für das Brot zugeteilten Mehl beiseite gelegt haben, um zu Weihnachten, Ostern oder Erntedank einen Kuchen backen zu können. Wenn sie keine Marmelade für die Füllung hatten, nahmen sie Mus aus Möhren oder roter Beete. Andere Aussiedler haben berichtet, daß sie – sobald die strikte Beschränkung auf einen Wohnort aufgehoben war – aus dem kalten Sibirien in die warmen, fruchtbaren Gebiete Kirgisistans gezogen sind. Für sie war das Erntedankfest das größte Fest im Jahr. Weihnachten konnten sie witterungsbedingt nur in ihren kleinen Gemeinden feiern und Ostern, das ja bei den russisch-orthodoxen Christen an einem anderen Datum begangen wird, mußten sie arbeiten. Nach der Ernte aber war die wichtigste Jahresarbeit geschafft. Da haben sie reihum auf den Dörfern an vier Sonntagen von Ende August bis Ende September Erntedankfest gefeiert.

Im Mittelpunkt des Tages steht der Gottesdienst. Er findet im Bethaus oder auf dem größten Hof des Dorfes in einem eigens dafür errichteten »Festzelt« aus Stangen und Planen statt. Es gibt keinen Altar, sondern meistens nur einen Tisch mit einem kleinen Lesepult darauf. Der ganze Raum ist mit Blumen und Weinranken geschmückt. Das Zelt, so haben die Gläubigen erzählt, erinnert sie an das Laubhüttenfest der Israeliten aus dem Alten Testament.[19]

Schon eine halbe Stunde vor Beginn des Gottesdienstes um zehn Uhr treffen die Menschen ein und singen aus ihren alten Gesangbüchern oder handgeschriebenen Liederbüchern. Sie singen langsam und getragen, oft acht bis zehn Strophen. Viele dieser Gesangbücher stammen noch aus zaristischen Zeiten, sie waren sorgfältig aufbewahrt und von Generation zu Generation weitergegeben worden. Männer und Frauen sitzen manchmal getrennt, die Frauen tragen oft Kopftücher oder Mützen, entsprechend den Anord-

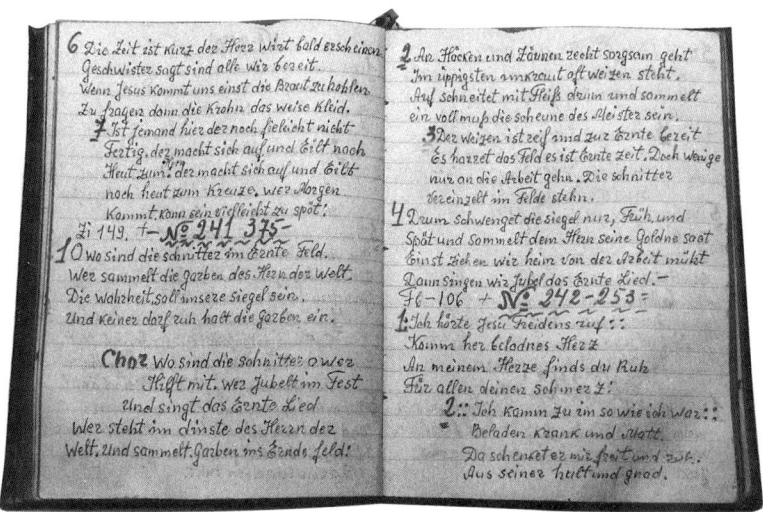

Erntedanklied aus einem von sechs Gesangbüchern, die Lea Rusch 1985 in Sossnowka, Kirgisistan, abgeschrieben hat.

nungen des Apostels Paulus.[20] Die Predigt wird von Laienbrüdern aus Predigtbüchern vorgelesen, zwischen den einzelnen Abschnitten wird wieder gesungen. Manchmal schließt sich ein spontaner Predigtteil an. Später ist Zeit für das persönliche Gebet, bei dem die meisten knien. Sie sprechen halblaut, einige schluchzen. Alles geschieht mit großer innerer Beteiligung. Solch ein Gottesdienst kann mehrere Stunden dauern.

Danach wird alles aufgetischt, was die gastgebende Gemeinde vorbereitet hat: Die beliebte Hühnersuppe mit Nudeln, danach Wurst und Käse, Gebäck und Kuchen, Äpfel und Trauben. Die Menschen sind glücklich miteinander, oftmals fließen Freudentränen. Nach dem Kaffeetrinken machen sich alle gegen vier Uhr wieder auf den Heimweg. Ein Pastor aus Schwerin, der im Sommer 1992 in Kasachstan 35 Gemeinden besucht hat, berichtete von einem Erntedankgottesdienst in Karaganda. Unter den mitgebrachten Früchten waren ihm Kürbisse aufgefallen. In ihre Schale hatte man auf dem Feld, als sie noch klein waren, Bibelsprüche eingeritzt. Die Worte waren mitgewachsen und nun für jeden sichtbar: »Lobe den Herrn, meine Seele, und vergiß nicht, was er dir Gutes getan hat« und »Danket dem Herrn, denn er ist freundlich, und seine Güte währet ewig«.

Ausruhen in Deutschland

Babuschka erzählt: Wie mar un Friedland ausm Zugg gschtiega sin, do hätt ich mich 'm liebschda naakniet un hätt da Bodda gakißt. Wie da Heilicha Vaddar un Pola. Ich hab's awar nit gmacht, weil ich no nimmi ufkumma wehr wäja meim Rematismus, dena ich mit riwar gabrocht hab.

Gleich 'm zwäta Dag, do bin ich uf so a Komisija kumma, do wu sa ahna alles gfrogt hän. Do isch a Harr ghuckt, un der hat mich gfrogt: »Beruf«? Blachia, hab ich gsagt, ruft mar mich. Da Harr meint: »Was für eine Proffesia Sie daheim hatten? Was Sie für eine Arbeit gelernt haben?«

Aani? Zehna kann ich eich ufzähla, hab ich gsagt! Un lehra hab ich die nit erscht missa, die hab ich afach kennt. Also: Bis 32 bin ich Chosaika gwäst, un no Kolchosarbeitera, no Brigadirschtschitza bei da Gabitza ufsetza, un no bin ich Mälkara bei da klaana Kälwla gwäst, un 'm Windar Köchi erscht un da schwarza un no un da weißa Kicha.

»Waren bei Ihnen so viele Neger?« hat dar Harr wissa wella. Die schwarz Kich, die isch nit far die Nejar gwäst, sonnar far die prosta Arbeitar, un die weißa far die Harrschafda. Die Buchhaldar, die Sowetischtschi un far da Direkdar. Un da schwarza Kicha, do isch die Lapschasupp mit 'm schwarza Mähl, wu noch die ganza Klaja *dringwäst sin, gakocht wara, un un da weißa isch mit weißa Mähl gakocht wara. Die hän awar ka Lapscha kriegt, sonnar Blini oddar Darrakichla um Kannaröl rausgabacka.*

Awar um 1935 rum, do ischs grächdar wora mit dena Kicha, do hats nar noch aani gäwa – a schwarzi! Ja, no bin ich widdar wu anarscht na kumma, Schtäll baua. Schtukaturschtschitza bin ich jez gwäst un no hab ich sechs Joar bei da Olga Andrejewna gadient un no bin ich Uborschtschitza um Krankahaus gwäst. Amol, do hab ich äbbes lehra sella, Traktoristka, awar des hab ich no widdar gschmissa. Un sletscht, do bin ich Storosch gwäst un da Mewl-Fabrik. »Nachtwächter!« hat do die Dolmetschera widdar iwarsetscht. Do hat da Harr lacha missa un hat gfrogt: »Wie alt waren Sie da?« »73«, hab ich gsagt. »Haben die Diebe vor solch einer alten Frau wie Ihnen überhaupt Angst gehabt?« hat da Harr widdar wissa wella. »Die hän's doch nit gwißt, aß ich a alti Fra bin. Un da Nacht sin alli Katza gro, un ich hab a dickar Wattakittl un Wattahossa aagazoga un meim Soh sei Pfuttlskappa ufgsetscht.«

»Hatten sie auch eine Waffe dabei?« hat da Harr widdar gfrogt. »Sie manen a Flint? Na, des hätt a ka Wert ghat, weil ich nit schießa kann, awar a dickar, starkar Bengl, den hab ich dabei ghat. Wann no anar kumma isch, die hän jo ka Mewl stähla wella. Brennzeig hänsa gwellt, des wu do iwaral rum gläja isch. Ja, un do hab ich mei Bengl zwischa mei Händ gnumma un hab: Stoj, oddar ich strelaj! grufa un no sin sa durich.

Un seit ich jez do bin, do hab ich da allarschensta Beruf, un dena bhalt ich a jez, bis ich schtarb!« »Was?« hat do da Harr wunnarfizich gfrogt, »in Ihrem hohen Alter haben Sie auch hier wieder einen Beruf?« »Rentnerin.«

Maria Schumm

Chosaika = Hausfrau
Brigadirschtschitza = Vorarbeiterin
Gabitza = Heuhaufen
prosta = einfache
Sowetischtschi = Büroangestellte
Lapschasupp = Nudelsuppe
Blini = kleiner Pfannkuchen
Darrakichla = Schmalzgebackenes
Kannaröl = Sonnenblumenöl
Schtukaturschtschitza = Gipserin
Uborschtschitza = Putzfrau
Pfuttlskappa = Pelzmütze
Bengl = Stock
strelaj = schieße
wunnarfizich = neugierig

Halloween
(31. Oktober)

Der Name Halloween ist entstanden aus »All Hallows Eve« – Aller Heiligen Abend. Er bezeichnet das Fest, das in Irland und Schottland, vor allem aber in den USA am Vorabend des weltweit begangenen Allerheiligentages gefeiert wird.

Irische und schottische Einwanderer haben Halloween nach Amerika gebracht. Für die Kelten, ihre Vorfahren, war der 1. November der Beginn des neuen Jahres und zugleich das Fest zu Ehren des Sonnengottes und des Herrschers über das Totenreich. Wie bei vielen Völkern waren besonders der Altjahrsabend und der Neujahrstag die Zeit, in der sich die Seelen der Toten unter die Lebenden mischten. Die Kelten glaubten, daß die Seelen böser Menschen in Tierkörper gebannt werden. Durch Opfergaben konnten sie diesen Seelen die ewige Ruhe bringen. Ebenso wichtig war das Anzünden großer Feuer zu Ehren des Sonnengottes und zur Abschreckung böser Hexen und Zauberer. Am Abend vor Neujahr verkleideten sich die Kelten selbst als Geister, um die Seelen ihrer toten Verwandten zu empfangen. Sie boten ihnen vor ihren Häusern Speisen an und geleiteten sie dann aus den Dörfern hinaus, damit sie den Weg ins Totenreich zurückfänden.

Dieses Totengedenken wurde nach und nach von christlichen Bräuchen überlagert. Im 9. Jahrhundert bestimmte die Kirche den 1. November zum Tag für alle Heiligen.

Halloween ist heute kein christlicher Feiertag mehr. Im Mittelpunkt des amerikanischen Festes steht der »trick or treat«-Brauch. Die Kinder verkleiden sich als Gespenster und Zauberer, wohl auch als Cowboys und Prinzessinnen. Sie laufen von Haus zu Haus, klingeln und rufen: »Trick or treat!«, das bedeutet etwa: Wir spielen euch einen Streich, wenn ihr uns nichts gebt! Natürlich bekommen die kleinen Geister Süßigkeiten und Münzen geschenkt. Trotzdem passiert allerhand Schabernack in dieser Nacht. Türen werden ausgehängt und verschwinden, kaum sichtbare Seile spannen sich über die Straße, kleine Schuppen stürzen um.

Ein beliebtes Spiel in Kindergärten und Schulen ist das »Apfeltauchen«. In einer großen Schüssel schwimmen Äpfel. Die Kinder halten die Hände auf dem Rücken und versuchen, die Früchte mit den Zähnen zu packen. Auch die Erwachsenen feiern Halloween mit Kostüm-Parties und lustigen Spielen. Die vorherrschenden Farben sind schwarz und orange, schwarz wie die Hexen und orange wie die Kürbisse. Überall werden auf Fensterbänken und an Hauseingängen leuchtende Gruselgesichter aufgestellt. Es sind ausgehöhlte, geschnitzte Kürbisse mit einer Kerze darin. Diese bekannten »Jack-o'-Lanterns« gehen auf ein irisches Märchen zurück (s. unten).

An die Tradition des keltischen Neujahrsfestes erinnert das Zukunft-Vorhersagen. Verliebte legen zwei Nüsse dicht nebeneinander an ein Gartenfeuer. Die Art, wie sie verbrennen, wild oder sanft, verrät die Zuneigung der beiden zueinander. Oder eine junge Frau schält einen Apfel so, daß die Schale ein fortlaufendes Band bildet. Dann läßt sie sie dreimal über ihrem Kopf kreisen und wirft sie über ihre linke Schulter. Auf der Erde bildet die Schale die Form eines Buchstabens. Das ist der Anfangsbuchstabe des Namens ihres Zukünftigen.

In den Kindergärten holen die Kleinen ihre geschnitzten Kürbisse und zünden Kerzen darin an. Wenn der Raum verdunkelt ist, singen sie ihr Kürbislied (S. 89).

Jacks Laterne

*E*s war einmal ein geiziger Ire, ein Trunkenbold mit Namen Jack. Dieser verleitete den Teufel dazu, auf einen Apfelbaum zu klettern, um sich eine von den saftigen Früchten zu holen. Dann schnitt er schnell ein Kreuzeszeichen in den Stamm, so daß der Teufel nicht hinabsteigen konnte. Jack ließ den Teufel schwören, er wolle niemals kommen, um seine Seele zu verlangen und sie auch sonst nicht einfordern.

Dies hinderte Jack jedoch nicht am Sterben. Als er an die Himmeltür kam, wurde er zurückgeschickt, weil er sein Leben lang knauserig, bösartig und unmäßig durstig war. Da gab es nur noch einen Ort, zu dem er sich wenden konnte. So ging Jack hinab in die Behausung des Teufels. Doch sogar in der Hölle nahm man ihn nicht auf, weil der Teufel versprochen hatte, ihn niemals zu holen. »Aber wo soll ich hingehen?« fragte Jack. »Dahin, wo du hergekommen bist«, antwortete der Teufel.

Der Rückweg war windig und dunkel. Zum Abschied warf der Teufel Jack ein Stück glühender Kohle nach, das er direkt aus dem Höllenfeuer genommen hatte.

Jack aß das Innere einer Rübe und legte die Kohle hinein. Seit dieser Zeit wandert er über das Antlitz der Erde mit seiner »jack-o'-lantern« und sucht einen Platz zum Ausruhen.

Kleine Kürbisse

Five little pumpkins sitting on a gate.
The first one said: »My it's getting late.«
The second one said: »There are witches in the air.«
The third one said: »We don't care.«
The fourth one said: »Let's run, let's run.«
The fifth one said: »Isn't Halloween fun?«
Ooh! Went the wind, out went the light.
Those five little pumpkins ran fast out of the sight.

Melodie: Morgen kommt der Weihnachtsmann

Dieses Lied kann man auch spielen: Jedes Kind bekommt eine Nummer von eins bis fünf. Wenn seine Nummer gesungen wird, macht es das gleiche wie der kleine Kürbis, am Schluß rennen alle schnell weg.

Allerheiligen / Allerseelen

(1. / 2. November)

Allerheiligen und Allerseelen sind zwei vorwiegend katholische Feste, die nach alter Tradition in enger Beziehung zueinander stehen. Sie werden an zwei aufeinanderfolgenden Tagen begangen und haben beide etwas mit dem Tod zu tun. Die inhaltliche Nähe beider Feiertage wird im christlichen Glaubensbekenntnis deutlich, wo es im letzten Absatz heißt: »Ich glaube an die Gemeinschaft der Heiligen, Vergebung der Sünden, Auferstehung der Toten und das ewige Leben.« Das Gedenken an die Verstorbenen wird zwar am zweiten November gefeiert, aber die Vorbereitungen dazu finden oft schon am Abend vorher statt. In manchen katholisch geprägten Ländern der Welt ist der erste November der große Totengedenktag, wie zum Beispiel der »Dia de los Muertes« in Mexiko und der »Araw ng mga Patay« (Tag der Toten) auf den Philippinen. Allerheiligen dagegen ist in seiner Bedeutung eher ein Fest der frohen Zuversicht und Geborgenheit, das nur durch die Nähe zu Allerseelen seinen ernsten Charakter bekommt.

Allerheiligen

In der ersten Christenheit wurden alle Gläubigen, Männer, Frauen und Kinder, die sich zur Gemeinde zählten, *Heilige* genannt. Davon berichten viele Stellen im Neuen Testament der Bibel.[21]
Die Verehrung besonderer Heiliger hat ihren Ursprung im Märtyrerkult. Er begann in der frühchristlichen Ostkirche im 2. Jahrhundert mit Abendmahlsfeiern an den Gräbern berühmter Märtyrer (griech. martys = Zeuge, Blutzeuge, später: der wegen seiner Überzeugung Verfolgte). Die Gläubigen gedachten zugleich des Lebens, Sterbens und der Auferstehung von Jesus Christus. Wie nun der Märtyrer durch seinen Tod Christi Tod nachvollzog, so durfte er nach ihrem Glauben auch an seiner Auferstehung teilhaben.
Bei diesen Märtyrerfeiern schwang auch die Erinnerung an antike Totenbräuche mit: Die Familien der Verstorbenen hatten sich zu deren Geburstagen an den Gräbern zu gemeinsamen Mahlzeiten versammelt.
Durch »Märtyrerakten«, die von Gemeinde zu Gemeinde weitergegeben wurden, verbreiteten sich die Gedächtnisfeiern auch außerhalb der Begräbnisorte. Reliquien und Bilder ersetzten die letzte Ruhestätte; Kapellen und besondere Altäre in den Kirchen

wurden gebaut. Bald kamen auch andere herausragende Gestalten der ersten Christenheit in den Kreis der Verehrungswürdigen: die von Jesus berufenen Apostel, seine Mutter Maria, Bekenner, die verfolgt worden waren, bedeutende Bischöfe und Kirchenlehrer sowie Männer und Jungfrauen, die asketisch gelebt hatten. Im 9. Jahrhundert wurde unter Papst Gregor IV. ein Fest für alle diese Heiligen angeordnet, das am ersten November stattfinden sollte.

Langsam veränderte sich das Verhältnis der Menschen in den Gemeinden zu ihren Heiligen. An die Stelle der Nachahmung ihres vorbildlichen Lebens trat immer mehr der Wunsch, sie als Fürsprecher und Helfer anzurufen. Im Mittelalter begannen Künstler, die Heiligen mit einem goldenen Schein über ihrem Haupt darzustellen, um ihre Zugehörigkeit zum göttlichen Bereich und ihre Ausstrahlung zu betonen. Ihre Zahl nahm so zu, daß schließlich mehr Heiligenfeste gefeiert wurden als Christusfeste. Für jede Lebenssituation, für alle Berufsgruppen, für jede Art von Katastrophen gab es besondere Heilige. Die Reformation hat diese Fülle eingeschränkt und die wuchernde Legendenbildung zurückgedrängt. Auch die katholische Kirche selbst reduzierte, in unserer Zeit vor allem mit der neuen Grundordnung des Kirchenjahres (1969), die Zahl der Heiligenfeste. Sie band sie wieder mehr an die Ortskirchen und ließ nur Heilige zu, die historisch bezeugt sind. Das kirchliche Lehramt legt

fest: »Die Heiligen dürfen verehrt« und »zu unserem Nutzen angerufen werden«.

Heute ist Allerheiligen das Fest, an dem auch jener vorbildlichen Menschen gedacht wird, die nicht offiziell zum Kreis der Heiligen gehören. Ja, wie die erste Christenheit, so sehen sich die getauften Gläubigen selbst als Heilige, als Kinder Gottes. So ist Allerheiligen gleichsam das »Familienfest« der Katholiken. An diesem Tag fühlen sie sich – wie die Protestanten zu Pfingsten – mit der Gesamtheit aller Christen in der Welt verbunden.

Zum Fest nähern sich die frommen Menschen den Heiligen in Ehrerbietung – aber auch vertrauensvoll. Sie schmücken ihre Bildnisse, berühren und küssen sie, opfern Geld und Kerzen und nehmen in manchen Gegenden gern nach der Messe kleine Heiligenbilder mit nach Hause.

Bei vielen Jugendlichen nimmt das Bedürfnis zu, etwas aus dem Leben vorbildlicher Heiliger in der Sprache unserer Zeit zu erfahren. Sie entdecken Martin von Tours als den Kriegsdienstverweigerer, in Franz von Assisi den Mann, der seine Liebe zur Umwelt konsequent in die Tat umsetzte, und in Elisabeth von Thüringen die engagierte Sozialarbeiterin, die, bevor sie mit 24 Jahren starb, u.a. ein Krankenhaus gegründet hatte.

Das folgende Gedicht hat *Franz Theodor Csokor*, 1885-1969, ein österreichischer Dichter und Dramatiker, geschrieben:

Berufung des Matthäus

Du da – steh auf!
Du hast mitzugehen!
Man braucht dich!

Du häufst deine Habe?
Sie war niemals dein
Du rühmst deine Werke?
Vergiß sie!

Dein Weib umhalst dich?
Es wird dich verschmerzen.
Dein Kind schreit?
Dort, wo du not tust, schreit mehr.

Fällt dich Schlaf an?
Wachen sollst du!
Freut dich Friede?
Streiten mußt du!
Glück begehrst du?
Elend wirst du!

Frag nicht, wofür?
Die Erwählten gehorchen.
Du bist gemeint!
Nicht der neben dir.
Komm!

In Bayern ißt man am Fest die Allerheiligenstriezel, Hefebackwerk, das wie ein geflochtener, breiter Zopf aussieht. Früher erfreute man damit vor allem die Kinder und die Armen der Gemeinde. Im westlichen Süddeutschland und in der Alpenregion ist es auch heute noch üblich, daß die Paten ihren »Kindern« zu Allerheiligen einen Striezel schenken. Im Osten Österreichs gab es den Brauch, einen geizigen Nachbarn oder eine zänkische Nachbarin damit bloßzustellen, daß man ihnen einen großen Striezel aus Stroh vor die Tür stellte. Sie selbst sahen ihn dann meistens erst, wenn schon der halbe Ort über sie lachte.

Allerseelen

Allerseelen ist in der katholischen Kirche der Tag, an dem die Menschen aller Verstorbenen und auch des eigenen Todes gedenken. Im Namen dieses Festes schwingt die alte Vorstellung von den »Armen Seelen« im Fegefeuer mit, für die früher an diesem Tag besonders gebetet wurde. Wahrscheinlich ist das Totengedenken, das (wie zum Beispiel bei den Kelten) ursprünglich am ersten November gefeiert wurde, durch Allerheiligen verschoben worden, um alte heidnische Bräuche zu verdrängen. Das Datum des zweiten November geht auf den Abt des Klosters Cluny in Frankreich zurück. Er ordnete im Jahre 998 an diesem Tag eine Gedächtnisfeier für alle Verstorbenen an, die in den ihm unterstellten Klöstern gelebt hatten.

Zu Allerseelen werden die Grabstätten gepflegt und mit grünen Zweigen, Kränzen und frischen Blumen geschmückt. Windgeschützte Lichter erhellen den ernsten Ort. Nach dem Glauben der frommen Katholiken weisen sie auf das Wort Christi: »Ich bin das Licht der Welt«[22] und auf die Auferstehung aller Toten hin.

Die Lichter auf den Gräbern erinnern auch an den alten Volksglauben, daß in diesen dunklen Tagen die Seelen der Verstorbenen auf die Erde zurückkehren, umherwandern und mit Hilfe der Lichter den Weg in ihre Ruhestätte wiederfinden sollen. Früher brachten die Angehörigen ihnen auch Speisen und Getränke zu den Gräbern. Aus dem gleichen Grund war es mancherorts Sitte, für die Toten des vergangenen Jahres ein Gedeck zu den anderen auf den Eßtisch zu legen. Auch wenn die Menschen dabei nicht an die Wiederkehr der Seelen glaubten, waren diese Bräuche doch ein sinnlicher Ausdruck der Erinnerung, ja des Lebendigwerdenlassens. »Seelenbrote« mit Speck oder mit Butter und Zucker sowie »Seelenzöpfe« aus Hefeteig mit Rosinen werden zu Allerseelen gebacken, die ähnlich wie die Allerheiligenstriezel früher für die Waisenkinder und Armen gedacht waren. Dieses besondere Gebäck oder auch ein Geldgeschenk bekommen in Bayern die

Patenkinder nicht an Allerheiligen, sondern an Allerseelen.

In vielen Gemeinden versammeln sich die Gläubigen mit ihrem Priester in der Kapelle des Friedhofs, um eine Totenmesse zu feiern. Anschließend ziehen sie in einer Lichterprozession die Wege entlang und stellen die brennenden, kleinen Lampen auf die Gräber. Der Priester besprengt die Grabstätten mit Weihwasser und segnet sie.

Der Allerseelentag ist ein guter Anlaß, die Familien zusammenzuführen. Nach der Morgenmesse fahren viele Menschen, die aus ihrer Heimat fortgezogen sind, zurück an den Ort, wo ihre Angehörigen begraben liegen und gedenken gemeinsam der Verstorbenen. Bei den protestantischen Christen ist der letzte Sonntag im Kirchenjahr, der Totensonntag, diesem Gedächtnis gewidmet

Lichter auf den Gräbern

Spät am Nachmittag von Allerheiligen geht Anna mit ihrer Großmutter zum Friedhof. Sie trägt die Tasche mit den beiden kleinen Laternen und den roten Lichtern, die Großmutter an diesem Tag immer auf den Friedhof bringt. Nach dem Besuch bei Großvaters Grab gehen sie noch zu einer anderen Stelle. »Hans Gräb«. Anna liest laut den Namen auf dem Grabstein. »Oma, wer ist das?« fragt sie dann. »Er ist schon lange tot«, sagt Oma und zündet das Licht in der kleinen Laterne an, bevor sie sie auf das Grab stellt. »Es gibt keinen mehr, der den Hans noch kennt.« »Nicht mal Papa?« fragt Anna. Oma schüttelt den Kopf. »Aber Opa hat ihn doch gekannt!« »Nein, Opa auch nicht«, sagt Oma. »Aber damals, als er gestorben ist, da haben viele um ihn geweint.« Die Großmutter legt ganz behutsam ihren Arm um ihr Enkelkind. »Der Hans war mein großer Bruder«, erzählt sie dann. »Er war über zehn Jahre älter als ich, aber ich kann mich heute noch gut an ihn erinnern. Ich habe ihn sehr lieb gehabt. Er war immer lustig, und ich durfte auf seinen Schultern reiten, damals, als ich noch ein ganz kleines Mädchen war.« »Das weißt du noch?« fragt Anna. Die Großmutter nickt. »Ja, und dann mußte er plötzlich fort. Fort in den Krieg. Soldat mußte er werden. Dabei war er noch so jung. Noch nicht einmal achtzehn Jahre alt.« »Und dann?« fragt Anna und ahnt bereits die Antwort. »Er mußte in den Krieg ziehen. Einmal hat er noch geschrieben. Dann kam bereits die Nachricht, daß er im Krieg gefallen ist. Von einer feindlichen Kugel getroffen.« Die Großmutter schweigt lange. Dann sagt sie: »Damals haben wir sehr um ihn geweint. Meine Mutter und meine Geschwister. Er ist in Rußland begraben worden, aber nach dem Krieg haben wir ihn dort wieder ausgraben lassen und hier bei uns beerdigt.« »Ist das schon lange her?« fragt Anna. »Sehr lange«. Oma streicht *mit der Hand über den Namen auf dem Grabstein.* »*Meine Mutter ist längst tot. Und von meinen Geschwistern lebt auch keines mehr.*« »*Nur Gott weiß, wer er ist*«, *sagt Anna ernst.* »*Gott und ich.*« *Oma lächelt ein bißchen.* »*Und wenn ich nicht mehr da bin, dann wird nur Gott allein noch von ihm wissen.*« »*Und ich*«, *sagt Anna. Als sie langsam über den Friedhof zum Ausgang gehen, brennen auf vielen Gräbern die Ewigkeitslichter. Richtig schön sieht das aus.*

Rolf Krenzer

Im folgenden Text gibt eine Pfarrerin aus Greifswald persönliche Eindrücke und Gedanken wieder, die sie bei der Beerdigung einer Roma-Frau bewegt haben, die an Krebs gestorben war.

Vater unser in der Fremde

Mit 42 war sie gestorben: Roma-Frau, Asylbewerberin. Ihr Ehemann und sieben Kinder blieben zurück.

»*Mama kaputt*«, *sagten sie zu mir. 6000 DM hätte eine Überführung nach Rumänien, in die Erde der Vorfahren, gekostet. Zu teuer. Eine Feuerbestattung kam nicht in Frage. Da blieb nur der (auch nicht ganz billige) Friedhof in Greifswald, in der Fremde. Ob es denn wenigstens einen Priester aus der Heimat gäbe – rumänisch und orthodox – mit gültigem Segen und vertrauter Sprache? Ja, es gab ihn wirklich, in Berlin; und er versprach zu kommen. Noch für denselben Tag organisierten Heimleitung und Friedhofsverwaltung einen Termin.*

Lange vor der Zeit waren viele Roma, alte und junge, auf dem Friedhof versammelt. Doch es fehlte der Priester! Er kam und kam nicht, und die Zeit drängte. Ich selbst hatte das Ganze mitorganisiert; nun war die Reihe wohl an mir?! Im Talar betrat ich den Friedhof. Fast schämte ich mich, daß nur ich es war. Die Roma-Familie fühlte sich betrogen: »*Wir nix Geld – nix Priester.*« *Ich versuchte zu erklären, lange. Dann verstand der Ehemann der Verstorbenen und nickte. Zur Not – ich. Und wie?* »*Ganz normal*«, *sagten sie. Doch was heißt das? Geweihtes Wasser, Kreuzschlagen, Kerzen, Bibel und Reden – soviel erfuhr ich noch. Doch wer würde mich fremdsprachige Ausländerin verstehen, mit unserer Armut an Gesten, Zeichen und Riten? Vier Sargträger warteten geduldig mit uns. Einer zog schließlich die weißen Handschuhe über. Die anderen guckten nur. Aber er meinte:* »*Na klar, die soll es auch würdig haben, oder?*« *Ja, sie auch: Stela Dumitars. Stela – der Stern...*

Buchstäblich in letzter Sekunde kam er dann doch, der Priester. Da wurde es endlich »ganz normal« – »wie in Rumänien«. Viele Kerzen erstrahlten rings um den Sarg; ein Fotoapparat hielt den Augenblick fest, während das Kyrie durch die Halle klang. Die Roma sangen und beteten mit und fielen auf ihre Knie, als sie das Evangelium von der Auferstehung hörten. Laut ertönten ihre Klagemelodien auf dem Weg zum Grab. Dort goß der Priester Öl und Wein auf den Sarg und betete mit uns allen das Vaterunser. So waren die Menschen um mich wohl meine Schwestern und Brüder...

Vom Friedhof aus fuhren wir zurück ins Heim. Dort reinigte der Priester das Sterbezimmer und weihte es neu mit heiligem Wasser. Aberglaube? Gottes Name war dabei. In der Küche standen Getränke und Speisen bereit. Vor dem gemeinsamen Familienmahl sprach der Priester die Weihegebete und segnete den Kuchen. Nur aus Korn war er gebacken, mit Kreuz und Kerze geschmückt: wie ein Weizenkorn in die Erde gesenkt ... Alle, die um den Tisch standen, berührten diesen Kuchen, und die Weiterstehenden faßten die Näherstehenden. Auch ich war mittendrin. Plötzlich ergriff dann eine schwingende Bewegung, von Gesang getragen, den ganzen überfüllten Raum. Wir waren darin verbunden. Später fragte ich danach und verstand: So wie die Wellen der Generationen uns Lebende tragen, so verbinden sie uns auch im Tod. Wir werden vergehen und bleiben doch auf ewig in der Gottesfamilie aufgehoben.

Christa Göbel

St. Martinstag

(11. November)

Der heilige Martin war in mehreren Ländern zu Hause. Er ist in Ungarn geboren, in Italien aufgewachsen und hat in Frankreich gelebt. Er wurde Bischof und später der Schutzpatron der Reiter, Bettler, Schneider, Hirten und Soldaten. Wir möchten hinzufügen: Heute beschützt er die Kinder. Denn die Kinder sind es, die katholischen und die evangelischen und wohl auch alle anderen in den Kindergärten und Spielgruppen, die den Tag des heiligen Martin feiern.

Zu seinem Gedächtnis werden abends, wenn es dunkel wird, Laternenumzüge veranstaltet. Während die Kinder früher Kürbisse aushöhlten und Mond und Sterne in ihre Schalen schnitzten, basteln sie heute Lampions aus Pappe und buntem, durchscheinendem Papier. Die Betreuerinnen und Eltern erzählen ihnen die Legende vom Reitersmann, der in alter Zeit seinen warmen Mantel mit einem frierenden Bettler teilte, indem er den Umhang mit seinem Schwert in zwei Hälften schnitt.

Gegen Abend ziehen dann die Kinder und Erwachsenen durch die Wohnstraßen, die Kleinen halten behutsam ihre leuchtenden Lampions und singen: »Laterne, Laterne, Sonne, Mond und Sterne. Brenne auf mein Licht, brenne auf mein Licht, aber nur meine liebe Laterne nicht.« Dieser Brauch geht auf eine Bibelstelle zurück, die in früherer Zeit als Lesung für den 11.11. vorgesehen war: »Niemand zündet ein Licht an und setzt es an einen heimlichen Ort, sondern auf den Leuchter, auf daß, wer hineingeht, das Licht sehe.«[23] Die Laternenumzüge werden oft mit Sammelaktionen für soziale Zwecke verbunden.

Die Kinder bekommen »Weckenmännlein« geschenkt. Dieses Gebäck soll an den heiligen Martin erinnern. Die Tonpfeife, die er manchmal trägt, ist sein – mißverstandener – Bischofsstab.

In vielen Orten wird auch die Legende nachgespielt. Der Mann, von dem sie handelt, Martinus, wurde 316 n. Chr. als Sohn eines römischen Tribuns in Ungarn geboren. Die Familie zog nach Italien, wo Martinus mit 15 Jahren in die römische Armee eintrat. Als Reitersoldat kam er nach Gallien, in das heutige Frankreich. Hier lernte er das Christentum kennen. Er ließ sich taufen, trat aus der Armee aus und zog als Prediger durch die Dörfer. Martin gründete das erste Kloster Galliens. Im Jahre 371 wurde er zum Bischof von Tours gewählt. Er starb während einer Reise und wurde am 11.11. 397 in Tours begraben.

REZEPT: MARTINSHÖRNCHEN

Zutaten:

1 kg Weizenmehl
50 g Hefe
¼ l lauwarme Milch
1 gestrichener Teelöffel Salz
2 Eßlöffel Zucker
200 g weiche Butter
3 – 4 Eier
etwas Zitronensaft
125 g Rosinen
100 g Korinthen
50 g grob gemahlene Mandeln
etwas Butter, Zucker und Zimt

Das Mehl in eine Backschüssel geben. In der Mitte eine Vertiefung machen, die zerbrökkelte Hefe mit etwas Zucker hineingeben und mit etwas lauwarmer Milch zu einem dick-lichen Vorteig verrühren. Dieser Teig muß 20 Minuten zugedeckt an einem warmen Ort aufgehen. Dann nach und nach die übrigen, leicht erwärmten Zutaten hinzufügen und den Teig tüchtig schlagen und kneten, bis er Blasen wirft und sich vom Schüsselrand löst. Die Masse auf eine mit Mehl bestäubte Fläche legen und zu mehreren Rollen mit sich verjüngenden Enden formen. Diese Rollen zu Hörnchen biegen und auf dem gebutterten Backblech aufgehen lassen, dann mit Butter bestreichen und mit Zucker und Zimt bestreuen. Die Hörnchen im vorgeheizten Ofen bei 180 Grad ca. 20 Minuten backen, bis sie hellbraun und knusprig sind.

Die folgende Geschichte handelt von einem Jungen, der wie der heilige Martin etwas von seinem Besitz abgegeben hat:

Ein Teddy zuviel

Christian hatte zu Weihnachten zwei genau gleiche Teddybären geschenkt bekommen, einen von der Großmutter und einen von Onkel Michael.
»Du kannst ja einen umtauschen«, sagte die Mutter.

»Nein!« gab Christian zur Antwort, »einen werde ich verschenken. Und zwar an einen Jungen, der so alt ist wie ich.« »Und wie heißt der Junge, wo wohnt er denn?«

»Wie er heißt, weiß ich nicht. Und er wohnt... er wohnt... in Indien.«

Da lachte der Vater: »Wie soll der Teddybär nach Indien kommen?«

Christian dachte nach. Und weil er in Hamburg wohnte, und Hamburg eine Stadt ist, die einen großen Hafen hat mit vielen Schiffen, fiel ihm etwas ein: »Gibt es nicht Schiffe, die nach Indien fahren?« »Die gibt es«, sagte der Vater.

»Dann bitten wir einen Kapitän, der nach Indien fährt. Er soll den Teddy mitnehmen.«

»Das machen wir«, sagte der Vater, »und verpacke den Teddy gut, denn bis Indien hat er eine weite Reise.«

Christian ging mit seinem Vater zum Hafen. »Liegt hier ein Schiff, das bald nach Indien fährt?« fragten sie. Ein Matrose zeigte auf ein Schiff, und so kletterten sie den Laufsteg hoch.

»Guten Tag, Herr Kapitän«, sagte Christians Vater, als sie den Kapitän gefunden hatten, »mein Junge möchte einem kleinen Jungen in Indien seinen Teddybär schicken. Können Sie ihn mitnehmen?«

»Den Teddy oder den Jungen?« lachte der Kapitän. Er hatte weiße Zähne im braunen Gesicht. »Den Teddy natürlich«, gab der Vater lächelnd zurück, »den Jungen möchten wir behalten.«

Der indische Kapitän sagte, er wolle den Teddy gern mitnehmen. Und dann erzählte er, daß er zu Hause selbst einen kleinen Jungen habe, und ob der den Teddy bekommen könnte. Christian überlegte. Dann fragte er: »Ist das dein Schiff?«

»Ja, das ist mein Schiff.«

»Dann bist du reich«, sagte Christian, »dann kannst du deinem Kind selbst einen Teddy kaufen. Mein Junge ist nicht reich, der kriegt keinen Teddy, wenn ich ihm nicht einen schicke.« »Gut«, sagte der Kapitän, »es gibt genug arme Jungen in Indien.«

Er ließ sich Christians Namen und Adresse sagen, und dann gingen Christian und sein Vater nach Hause.

Sie dachten, der Junge in Indien würde einen Brief schreiben, daß der Teddy gut angekommen sei. Aber es kam kein Brief. Auch keine Karte. Es verging viel Zeit, und Christian dachte nicht mehr an den Jungen in Indien.

Es wurde wieder Weihnachten. Ein ganzes Jahr war vergangen. Und es war eine Stunde vor der Bescherung. Da klingelte es. Die Mutter ging und öffnete. Draußen stand der indische Kapitän und brachte ein kleines Paket für Christian und einen Brief. Den mußte er übersetzen, denn er war indisch geschrieben:

Lieber Christian

Ich habe Dein Geschenk bekommen und danke Dir sehr dafür. Ich schicke Dir ein Tongefäß mit Reis. Laß ihn Dir gut schmecken. Das Gefäß hat mein Vater gemacht. Er ist Töpfer. Außerdem schicke ich Dir noch eine Kette aus bunten Federn. Diese Kette habe ich selbst gemacht. Bei uns gibt es viele Vögel mit solchen Federn.

Es grüßt Dich Dein Freund Sadhu

Christian bekam viele schöne Geschenke an diesem Weihnachtsabend. Am meisten freute er sich aber über das Tontöpfchen mit Reis und über die Vogelfederkette. Er trug sie den ganzen Abend und war sehr glücklich, daß er einen Freund in Indien hatte.

Mira Lobe

Islamische
und türkische Festtage

Feierliche Einweihung der 1995 erbauten Moschee in Mannheim

Zum Islam bekennt sich fast eine Milliarde Menschen. Sie leben – wie die Christen auch – in unterschiedlichen Glaubensgemeinschaften. Die größte dieser Gemeinschaften stellen die Sunniten dar, die besonders in allen Staaten Nordafrikas, auf der arabischen Halbinsel und in Pakistan leben. Die Schiiten wohnen vor allem im Iran und Irak. In der Ausübung ihres Glaubens sind Sunniten und Schiiten nicht getrennt. Beide Gemeinschaften bezeugen Allah, den Gott der Juden und Christen, als einzigen Gott und Muhammad als seinen Propheten. Für beide ist der Koran mit den Offenbarungen Allahs das heilige Buch. Die Sunniten halten sich außerdem an die Sunna, das sind Berichte über das beispielhafte Handeln des Propheten und seiner Gefährten. Die Schiiten unterscheiden sich von den Sunniten darin, daß sie Ali, den Vetter und Schwiegersohn Muhammads, als einzigen von Allah bestimmten Nachfolger des Propheten ansehen. Sie gehören zur shi'at Ali, zur Partei Alis. Beide Glaubensgemeinschaften nennen den Vorbeter in der Moschee Imam. Für die Schiiten aber ist er von Allah als »Teilhaber am göttlichen Wesen« berufen.

Islam (arab.) bedeutet Ergebung in den Willen Allahs. Seine Anhänger heißen Muslime, »die in den Stand des Heils Eingetretenen«. In der Bundesrepublik Deutschland leben 3,4 Millionen, in Österreich etwa 350 000, in der Schweiz etwa 200 000 Muslime (2001).

Literaturvorschlag zum Islam:
Richard Hartmann, Die Relgion des Islam. Wissenschaftliche Buchgesellschaft, Darmstadt 1987. Muhammad Hamidullah (Hrsg.), Der Islam, Geschichte, Religion, Kultur. Islamisches Zentrum, Genf 1973

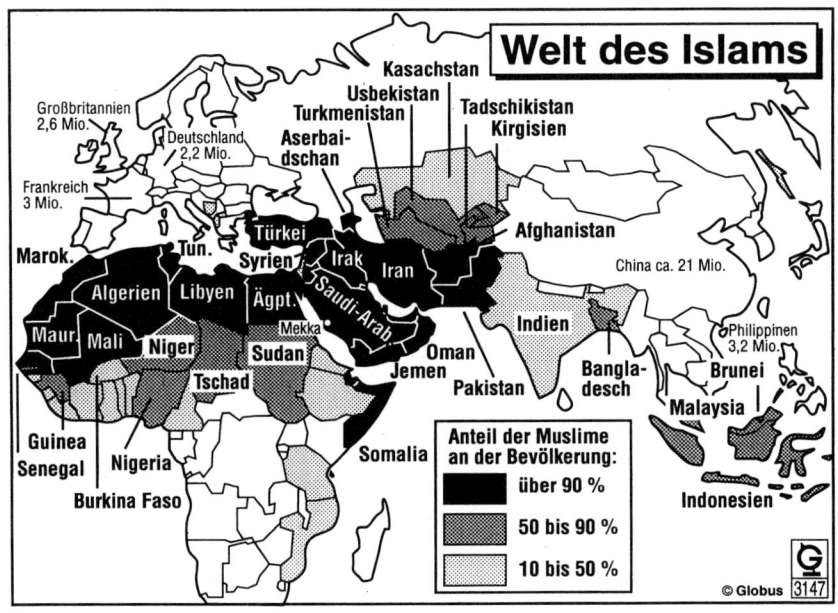

Der Fastenmonat Ramadan

Eines der beiden großen Feste im Jahr ist das Fest des Fastenbrechens. Da es nicht ohne den vorhergehenden Fastenmonat Ramadan zu verstehen ist, wird dieser hier zuerst beschrieben.

Ramadan ist der Name des neunten Monats im islamischen Kalender. Aufgrund des besonderen Charakters dieses Kalenders (siehe das Kapitel »Die kultische Zeit und der exakte Kalender«, S. 12 ff.) fällt Ramadan im Laufe der Jahre in verschiedene Jahreszeiten.

Das Fasten gehört zu den fünf »Säulen des Islam«, das sind die wichtigsten Formen der Anbetung Gottes: das Fasten, das Beten, die Pilgerfahrt nach Mekka, das Almosengeben und das Zeugnis, daß es nur einen Gott gibt und daß Muhammad sein Prophet ist.

Vom Beginn bis zum Ende des Ramadan haben sich alle Muslime den ganzen Tag über des Essens und Trinkens, des Geschlechtsverkehrs und des Rauchens zu enthalten. Es gibt auch andere Zeiten, zu denen es fromme Sitte ist zu fasten. Im Ramadan aber ist es Pflicht. In diesem Monat soll der gläubige Muslim in sich gehen, sich mit seinen Feinden versöhnen und den Armen spenden. Im Konsumverzicht wird eine Art symbolischer Gleichheit zwischen Arm und Reich angestrebt und zugleich das Nachdenken über den Sinn dieses Gebotes (Reinigung des Körperinnern, Verzicht) angeregt.

Alle erwachsenen Muslime sollen fasten, auch Jugendliche, sobald sie geschlechtsreif sind. Kranke, Alte, Schwangere und stillende Mütter sowie Reisende fasten nicht.[24] Sie sollen aber in dieser Zeit bedürftige Mitmenschen mit Nahrung versorgen.

Die fünf Säulen des Islam

Die Pilgerfahrt nach Mekka (hadsch)

Die Almosensteuer (zakât)

Das Fasten im Monat Ramadan

Das fünfmalige tägliche Gebet (salât)

Das Glaubensbekenntnis (shahada)

In 24 Stunden werden nur zwei Mahlzeiten eingenommen, die erste vor dem Morgengrauen, die zweite nach Sonnenuntergang. In manchen Orten in der Türkei und in Ägypten donnern zu dieser Zeit die Kanonen, zum Zeichen, daß das Fasten gebrochen werden darf. In Algerien ertönt eine Sirene. Man beginnt nach altem Brauch mit einem leichten Mahl, oft nur mit einer Olive oder einer Dattel, wie Muhammad es zu tun pflegte. Diese zweite Mahlzeit wird meist festlich mit der Familie begangen. Die Nächte des Ramadan sind nach Auffassung der Muslime eine gesegnete Zeit, besonders die letzten zehn Nächte. Die Menschen sitzen an den Abenden lange beisammen. Seit alters erzählen sie sich dabei Geschichten, wie die folgende, aus Ägypten stammende:

Die Geduld

V or vielen Jahren lebte ein schöner und begabter junger Mann, der lernte mit außergewöhnlichem Fleiß alles, was man ihm beibrachte und war begierig, immer mehr zu wissen. Sein Vater hatte ihm kurz vor seinem Tode eine Frau ausgewählt und ihn verheiratet. Da hörte der junge Mann von einem Weisen in einem weit entfernten Land. Er machte sich sofort auf den Weg, lief vierzig Tage und Nächte ununterbrochen und fand den berühmten Meister. Dieser hatte eine Schmiedewerkstatt und arbeitete darin. Er fragte: »Was willst du, junger Mann?« »Das Wissen erlernen«, antwortete er. Der Schmied legte den Blasebalg in seine Hände und forderte ihn auf zu ziehen. Der Schüler zog und ließ den Blasebalg auf Geheiß des Meisters wieder locker, um das Feuer in der Schmiede zu verstärken.

Ein Tag, eine Woche, ein Monat, ein Jahr und mehrere Jahre vergingen so, ohne daß jemand mit ihm sprach und indem er immer den gleichen Handgriff wiederholte. Wohl sah er Menschen, die an der Schmiede vorbeikamen, dem Meister Fragen stellten und die von ihm Antwort erhielten. Andere wieder erhielten von dem Meister eine bestimmte Aufgabe; sie blieben in der Schmiede, und auch sie mußten einen bestimmten Handgriff tagaus tagein wiederholen, und sie taten es wie er, ohne müde zu werden, ohne ein Wort zu wechseln und ohne die geringste Klage zu äußern. So vergingen zehn Jahre.

Da war der junge Mann am Ende seiner Geduld angelangt und wagte es, den Meister zu fragen: »Meister?« »Was willst du?« erwiderte der Schmied, und er antwortete: »Das Wissen!« »Zieh den Blasebalg!« entgegnete ihm der Meister und fuhr in seiner Arbeit fort, ohne sich stören zu lassen.

Das einzige Vergnügen des jungen Mannes war es, wenn er, von der Arbeit des Tages erschöpft, seine magere Kost in seinem kleinen Zimmer aß und in den Büchern las, die ihm der Meister oder die anderen geliehen hatten. Wenn er eine Aufklärung brauchte in einem Punkt der Grammatik, des Rechts oder der Schriftauslegung, dann war es ihm erlaubt, seine Frage auf einen Zettel zu schreiben und seinem Meister das Papier beim Eintreten in die Schmiede zu übergeben. Der Meister steckte den Zettel entweder in die Falten seines Turbans, oder er warf ihn ins Feuer. Wenn er den Zettel in die Falten seines Turbans steckte, dann fand der junge Mann abends, wenn er nach Hause kam, die Antwort seines Meisters am Kopfende seines Bettes mit goldenen Buchstaben geschrieben.

Es waren genau 20 Jahre vergangen, seitdem unser junger Mann in der Schmiede war; da kam der Meister zu ihm und sagte: »Du kannst nun in dein Land zurückkehren. Das Wissen, das du suchtest, heißt ›Geduld‹.«

Als der Mann endlich in seiner Heimat ankam und sein Haus erreichte, freute er sich auf das Glück seiner Frau über seine Rückkehr. Bevor er jedoch an die Eingangstür klopfte, schaute er durch eine Fensterluke ins Innere seines Hauses. O Schrecken, was sah er da! Seine Frau saß dort auf einem Teppich, gestützt auf einige aufgestapelte Kissen. Neben ihr saß ein junger schöner Mann, und beide plauderten und lachten und verbrachten die Zeit aufs angenehmste. Der Reisende nahm einen Pfeil aus seinem Köcher, spannte seinen Bogen und machte sich daran, seine Frau und den jungen Mann mit einem Pfeil zu durchbohren, als ihm des Meisters Wort »Geduld« in den Sinn kam.

Er klopfte an die Tür, und man öffnete ihm. Er trat in den Salon ein. Seine Frau, die ihn erkannte, eilte ihm freudestrahlend entgegen und rief dem jungen Mann zu: »Ahmed, mein Sohn, das ist dein Vater!«

Der Mann kniete sich nieder mit der Blickrichtung nach Mekka, berührte mit seiner Stirn die Erde und rief: »Allah, 20 Jahre lang habe ich die Geduld gelernt, und gerade hätte ich um ein Haar meinen Sohn getötet! Wie unberechenbar ist unsere Schwäche, und wie unermeßlich ist deine Weisheit! Wie unerschöpflich deine Barmherzigkeit!«

Über Kontinuität und Brüche der islamischen Fastentradition im Leben von Türken in Berlin berichtet der folgende Zeitungsartikel aus dem Jahr 1985:

Muslime in Berlin-Kreuzberg

Die Fatih-Moschee in Kreuzberg liegt in einem Industriegelände, eingebettet in Lagerhäuser von Speditionsgesellschaften. Ein ehemaliger Lagerraum wurde mit einem grünen Teppich ausgelegt, den man nur in Strümpfen betreten darf. In der Ecke ein hölzerner Schrein, er zeigt nach Südosten, der vorgeschriebenen Gebetsrichtung. Der Imam der Moschee, Nail Dural, entspricht nur wenig der Vorstellung von einem strenggläubigen Türken. Um die Vierzig, zivile Kleidung statt des Kaftan, freundlich und offen. »Viele kommen während der Fastenzeit hierher«, erzählt er, »mehr als sonst. Abends zum Hauptgebet kann die Moschee die Menge nicht fassen. Bis auf den Hof stehen sie.« »Kommen denn auch Frauen?« »Ja, aber die sitzen dort hinten. Die vom Schrein am weitesten entfernte Ecke ist mit einem Vorhang abgeteilt. Dahinter sitzen die Frauen, ohne den Vorbeter zu sehen.«

Freitagsgebet in einer Berliner Moschee

Es nähert sich die Zeit des Nachmittagsgebets, nach und nach trudeln immer mehr Gläubige ein und setzen sich um uns herum, meist ältere Männer mit dem Bart, der sie als Fromme ausweist, und gestickten Gebetskäppchen auf dem Kopf. Der gläubige Moslem soll eigentlich fünf Mal am Tag beten, und im Ramadan ist das besonders wichtig. »Wie geht denn das, wenn ihr arbeitet«, frage ich sie. »Die großen Firmen haben extra Gebetsräume für uns eingerichtet«, erzählt einer. »Dort gehen wir in der Mittagspause hin. In kleineren Betrieben suchen wir uns eine stille Ecke und legen dort den Gebetsteppich aus.« »Machen sich die deutschen Kollegen nicht darüber lustig?« »Es gibt immer welche, die dumme Bemerkungen machen. Aber in der Regel akzeptieren sie das.« Nur ungern reden sie mit einem Fremden über Schwierigkeiten.

Ein paar dutzend Männer sitzen nun hier, aber hinter dem Frauenvorhang kann ich keine Bewegung entdecken. »Wieso sind denn keine Frauen da?« Eine erfreute Bewegung geht durch die Reihen der Gläubigen. »Wie du weißt, bereiten unsere Frauen während des Ramadan besonders gute und reichhaltige Speisen zu«, erklärt der Imam. »Sie sind jetzt alle zu Hause und kochen. Nach dem Abendgebet, wenn das Fasten unterbrochen wird, sitzt die ganze Familie zu Hause, meist hat man noch Besucher eingeladen und ißt und feiert gemeinsam. (...)

Daß das Fasten innere Ruhe verleiht und deshalb nur positive Auswirkungen hat, können die Männer im Café Atlas hingegen nicht behaupten. Das Café ist wie ein türkisches Teehaus. Den ganzen Tag sitzen hier die Männer, trinken Tee, spielen Karten und Würfelspiele. Frauen gibt es nicht. Auch an diesem Vormittag hat das Café schon Gäste. »Warum fastet ihr nicht«, frage ich sie. »Ich habe 17 Jahre lang keinen Ramadan ausgelassen«, erzählt einer. »Aber hier bin ich krank geworden. Ich habe Magenbeschwerden.« »Aber ihr seid doch sicher nicht alle krank.« »Nein. Manche von uns sind ledig. Sie haben niemanden, der ihnen nach einem langen Fastentag ein leckeres Essen zubereitet. Sie kommen nach Hause, und niemand ist da. Das können sie nicht ertragen. Andere sind arbeitslos. Da wird man traurig, es geht einem nicht gut, man kann dann nicht den ganzen Tag zu Hause sitzen, keine Zigarette anrühren und so. Manche halten auch nichts vom Fasten. Wir sind zwar alle Moslems, aber man ist eben zum Fasten nicht gezwungen.«

»Ist es denn schwieriger, in Deutschland zu fasten als in der Türkei?« »Wir wollen dich nicht beleidigen, aber wir stoßen hier nicht auf sehr viel Verständnis. In der Türkei zum Beispiel fasten alle, der Meister auch. Deshalb arbeitet man ein bißchen weniger in dieser Zeit, man versucht, die Arbeit leichter zu machen. Hier aber scheint mancher Meister einem die Arbeit noch schwerer machen zu wollen.« (...)

In einer hauptsächlich von türkischen Jugendlichen besuchten Hauptschule in Kreuzberg erklärten die meisten, das Fastengebot zu beachten. Gewöhnlich fangen sie mit 14 Jahren damit an, manchmal fasten sie nicht einen ganzen Monat durch, sondern ein paar Tage, essen wieder, fasten wieder usw. Größeren Druck von seiten der Eltern scheint es nicht zu geben.

Unter den Jugendlichen schien das Thema auch nicht sonderlich kontrovers zu sein. Da saßen Mädchen mit den traditionellen Kopftüchern und fasteten nicht, andere, angezogen wie Deutsche, hielten sich streng an das Gebot. »Warum fastet ihr?« »Das ist so Sitte. Der Islam verlangt das.« Keiner hielt mir Vorträge über die Innerlichkeit des Fastenmonats. Ramadan, das ist wie Weihnachten. Ein Fest mit seinen Regeln, das man feiert. »Ich mag den Ramadan«, sagt ein Mädchen, »weil es da so viele Gemeinsamkeiten gibt. Da sitzen immer alle im Hof und unterhalten sich, und dann gehen sie in die Küche und kochen zusammen. Das finde ich schön.«

Antje Bauer

Das Fest des Fastenbrechens
– Zuckerfest –
Ramazan bayrami (türkisch), Idu el Fitr (arabisch)

Das Fest des Fastenbrechens ist eines der beiden großen muslimischen Feste neben dem Opferfest. Es ist der krönende Abschluß des anstrengenden Fastenmonats Ramadan und beginnt, sowie der Neumond den 10. islamischen Monat anzeigt. Es dauert zwei (arab.) oder drei (türk.) Tage. Am ersten Tag haben die Kinder schulfrei. Die Muslime stehen an diesem Tag früh auf, waschen sich besonders gründlich, ziehen ihre besten Kleider an und brechen noch vor dem Moscheebesuch das Fasten. Der wohlhabende Haushaltsvorstand soll für sich und seine ganze Familie eine spezielle Festgabe entrichten. Sie besteht vor allem aus Nahrungsmitteln, dic an Arme verteilt werden. Die Muslime in Europa spenden meistens Geld.

Viele Türken nennen das Fest des Fastenbrechens auch Zuckerfest (Seker bayrami). Es hat seinen Namen von den beliebten Süßigkeiten, die überall gegessen und verschenkt werden.

REZEPT: BACKLAVA (NUSSCHNITTEN)

Zutaten:
2 Packungen gefrorener Blätterteig
250 g Nüsse gehackt (Haselnüsse, Pistazien, Walnüsse oder Mandeln)
3 Eßlöffel Zucker
250 g zerlassene Butter

Sirupzutaten:
250 g Zucker
125 ml Wasser
1 Eßlöffel Zitronensaft
1 Eßlöffel Orangenblütenwasser

So wird es gemacht:
A – Sirup herstellen und abkühlen:
Zucker in Wasser und Zitronensaft auflösen, kochen, bis die Masse dick wird. Orangenblütenwasser dazugeben und noch etwas kochen lassen. Abkühlen lassen.

B – Backlawa anfertigen:
Backofen auf ca. 170 Grad vorheizen, Blätterteig dünn ausrollen, eine große Auflaufform fetten. Eine Lage Blätterteig hineinlegen und mit Butter bepinseln, wieder eine Lage Blätterteig darauflegen und mit Butter bepinseln. Diesen Vorgang solange

wiederholen, bis 6 Lagen aufeinanderliegen. Die gehackten Nüsse mit Zucker mischen und auf dem Blätterteig verteilen. Wie oben beschrieben mit 6 Lagen Blätterteig bedecken. Zum Schluß mit Butter bepinseln, mit einem scharfen Messer diagonal (Gittermuster) einschneiden, in den Backofen schieben und circa 30 Minuten backen, dann circa 10 bis 15 Minuten auf 190 Grad weiterbakken. Den kalten Sirup über die heiße Backlawa gießen. Backlawa auskühlen lassen, noch einmal nachschneiden, auf einem Serviertteller anrichten und mit gehackten Nüssen bestreuen.

Im Mittelpunkt des Festes stehen Besuche bei Verwandten, Freunden und kranken Angehörigen, und überall bekommen die Kinder Geschenke von den Erwachsenen. Die Parkanlagen sind an diesen Tagen voll von Familien, die spazierengehen. Jahrmärkte, Musikvorführungen und Straßentheater werden veranstaltet. Viele Menschen gehen auch zu ihren Verstorbenen auf den Friedhof.

Besuch und Gegenbesuch

Es ist hilfreich, etwas über die Traditionen und Sitten der Menschen aus anderen Ländern zu wissen, ehe wir sie besuchen oder zu uns einladen.

Wir können muslimischen Familien das gegenseitige Kennenlernen erleichtern, wenn wir sie in ihrer Wohnung besuchen, bevor wir sie zu uns nach Hause bitten.

Natürlich bedarf es normalerweise einer Einladung, aber an den beiden großen Feiertagen, dem Fest des Fastenbrechens und dem Opferfest, sind wir unseren muslimischen Nachbarn und Kollegen oder den Familien von Schülerinnen und Schülern auch ohne Einladung willkommen. Ja, an diesen Festtagen werden Gäste geradezu erwartet.

Vielleicht sollten wir unser Kommen ankündigen und fragen, welche Tageszeit den Gastgebern angenehm ist. Wir ziehen uns gut an, gratulieren zum Fest und überreichen ein kleines eingewickeltes Geschenk (z.B. Süßigkeiten). Es darf uns nicht verwundern, wenn dieses Geschenk nicht ausgepackt wird. Irgend jemand in der Familie hat sich bestimmt gemerkt, von wem es stammt. Man sollte die Gastgeber nicht mit einem kostspieligen Geschenk in Verlegenheit bringen, da sie sich vielleicht bei einem Gegenbesuch revanchieren möchten. Blumen, besonders abgeschnittene, sind nicht üblich.

Beim Betreten der Wohnung sollten wir darauf achten, ob die Familienangehörigen ihre Straßenschuhe tragen. Wenn nicht, ist es höflich und entspricht den Reinheitsvorschriften des Islam, die Schuhe auszuziehen. Ebenso kommt man als Gast den Sitten der Muslime entgegen, wenn sich die männlichen Besucher zu den Männern und die weiblichen zu den Frauen setzen.

Im Mittelpunkt des häuslichen Festes steht die reichliche Bewirtung aller Gäste. Zunächst gibt es meist mehrere Vorspeisen.

Manchmal liegen längere Pausen zwischen ihnen, besonders, wenn ein warmes Essen folgt und noch nicht alle, die erwartet werden, da sind. Solch ein Festessen hat keinen genauen Anfang. Die vertrauten Besucher sind frei, zu kommen und auch zu gehen, wann sie möchten.

Von allen angebotenen Speisen sollten wir etwas probieren, auf keinen Fall aber um alkoholische Getränke bitten.[25] Aus Erfahrung wissen wir, daß es keine Beachtung findet, wenn wir gegen Ende des Mahles sagen, daß wir nun wirklich nichts mehr essen können. Deshalb ist es besser, einfach aufzuhören, auch wenn noch etwas auf dem Teller liegt. (Das Besteck wird übrigens nicht aus Silber sein, da der Islam die Verwendung von Edelmetall zu praktischen Zwecken verbietet.)

Oft wird in den Familien zunächst schweigend gegessen. Danach beginnen die Tischgespräche. Dabei bietet es sich an, leckere Speisen zu loben und nach den Zutaten zu fragen. Oder wir erkundigen uns nach dem Ergehen von Familienangehörigen und ob es Nachrichten aus dem Herkunftsland gibt. Bei den Themen Politik oder Religion sollten wir natürlich Zurückhaltung wahren.

Zum Schluß wird besonders gerösteter Kaffee angeboten, der ziemlich stark und süß sein kann. Danach ist es höflich, sich auf den Heimweg zubegeben. Mit einem »tesekkür ederim« (s = sch), Dankeschön auf türkisch, oder »tschukran« auf arabisch, können wir unsere Gastgeber überraschen und erfreuen. Nach einem solchen Besuch möchten die Menschen gern einen Gegenbesuch bei uns machen. Wir sollten ihnen auf jeden Fall Gelegenheit dazu geben und sie persönlich einladen. Eine telefonische oder schriftliche Einladung wirkt – besonders bei denen, die erst kurze Zeit in Deutschland leben – nicht freundlich genug. Vielleicht können wir solche Gäste abholen und später nach Hause bringen, um Schwierigkeiten mit dem Weg zu vermeiden. (Das ist auch bei gemeinsamen Unternehmungen oder Elternabenden hilfreich.)

Beim Essen sollten wir den Besuch immer wieder auffordern zu nehmen, weil zögerliches Zugreifen bei vielen als besonders höflich gilt. Wichtig ist es zu betonen, daß wir keinerlei Schweinefleisch oder -speck (z.B. am Rührei) verwenden. Muslime dürfen nach dem Koran nichts vom Schwein essen.[26] Trotz dieser Versicherung kann es vorkommen, daß unser Fleischgericht nicht gut »ankommt«. Dann freuen sich unsere Gäste, wenn wir viel Gemüse und ein leckeres Dessert auf den Tisch bringen.

Bei der Frage, was unser Besuch trinken möchte, können wir außer Tee und Kaffee, Saft und Wasser mit einer gewissen Zurückhaltung auch alkoholische Getränke anbieten. Wenn die Muslime dann zum Beispiel das Bier ablehnen, werden wir vielleicht aus Solidarität selbst auf Alkohol verzichten, aber wir müssen es nicht.

Auf jeden Fall ist es spannend und lohnend, wenn wir die Menschen, die in ihrer islamisch geprägten Heimat eine großzügige, oft religiös begründete Gastfreundschaft pflegen, hier in ihrer neuen Umgebung als Gäste beehren und ihnen dann auch unsere Gastfreundschaft erweisen.

Das Opferfest

Kurban bayrami (türkisch), Idu el Adha (arabisch)

Das Opferfest ist das größte Fest im Islam. Es geht, wie das Fest des Fastenbrechens, auf eine Anweisung Muhammads zurück, der nach einer überlieferten Schrift gesagt hat: »Ihr hattet zwei Tage, an denen ihr spieltet« – ein Frühlings- und ein Herbstfest –. »Allah hat sie euch in zwei bessere umgetauscht: Tag des Fastenbrechens und Tag des Opfers.«

Das Opferfest erinnert daran, wie Allah den Sohn Ibrahims vor dem Opfertod rettete. Statt der relativ kurzen Stelle im Koran wird hier die entsprechende Darstellung aus den »Geschichten der Propheten aus dem Qur'an« wiedergegeben. Es ist aufschlußreich, sie mit der Geschichte Abrahams und Isaaks im Alten Testament der Bibel zu vergleichen.[27]

Ibrahim und Ismail

Nun war es bekannt, daß Ibrahim Allahs Freund war und Ihn mehr liebte als alles in der Welt. Er liebte sicher auch seine Familie, ja sogar seinen ungläubigen Vater, und seinen kleinen Sohn Ismail liebte er noch mehr. Aber Allah wollte vor der ganzen Welt zeigen, daß Ibrahim Allah noch weit mehr liebte als seinen einzigen Sohn. Als daher Ismail alt genug war, um mit seinem Vater reisen zu können, befahl Allah Ibrahim im Traum, Ismail zu opfern. Am nächsten Morgen sprach Ibrahim zu Ismail: »Mein lieber Sohn, Allah hat mir befohlen, dich zu opfern. Was meinst du dazu?« Und der Junge sprach: »Vater, tu, was Allah dir befohlen hat, und ich will mir Mühe geben, standhaft zu sein.« Da sprach Ibrahim zu Hagar: »Zieh Ismail die besten Kleider an, denn wir wollen einen lieben Freund besuchen gehen.« Dann nahmen sie Abschied von der Mutter und wanderten, bis sie an einen bestimmten Berg kamen.

Unterwegs aber lauerte der Teufel. Der hatte sich schon lange geärgert, daß er Ibrahim nicht von seinem Glauben abbringen und nicht einmal falsche Gedanken einflüstern konnte. Nun meinte er, Ibrahim hätte nach diesem schweren Beschluß, seinen einzigen Sohn zu opfern, vielleicht Zweifel in seinem Herzen. Er sprach zu Ismail: »Wo gehst du hin? Du bist noch viel zu jung zum Sterben«, und zu Ibrahim sprach er: »Das kann doch wohl nicht richtig sein. Wie kann Allah einen so unmenschlichen Befehl geben, und noch dazu einem Freund?« Aber Ibrahim und Ismail wußten mit Gewißheit, daß Allah das Beste für die Menschen vorhat, und daß Er sie ebenso liebte wie sie Ihn. Mit Steinen vertrieben sie den Verführer, und er verschwand. Endlich gelangten sie auf den Berggipfel, und Ibrahim legte Ismail auf einen Stein und zog sein Messer heraus, um ihn zu töten. Aber das Messer konnte mit einem Mal nicht schneiden, und Allah sprach zu Ibrahim: »Ibrahim! Du hast deine Mission schon erfüllt. Dies war in Wirklichkeit eine Prüfung.« Und als Ibrahim seinen Sohn freigelassen hatte, fanden sie im nahen Gebüsch ein Schaf. Das opferten sie an Ismails Stelle.

Zum Fest werden überall in der Welt zur gleichen Zeit Opfertiere rituell geschlachtet. Man legt Hammel, Ziegenböcke, Ochsen oder Kamele mit dem Kopf in Richtung Mekka und läßt sie durch die Halsschlagader ausbluten.

Das Opferfest dauert drei (türk. vier) Tage. Am ersten Tag findet bei Sonnenaufgang in der Moschee ein besonderer Gebetsgottesdienst statt. Danach wird in islamischen Ländern vom männlichen Familienoberhaupt ein Hammel getötet und von anderen sein Fleisch gereinigt, zubereitet und verteilt. Ein Drittel bekommt die eigene Familie, ein Drittel die weniger bemittelten Verwandten und ein Drittel die Armen der Gemeinde. Die folgenden Tage werden als Familienfest zu Hause und mit gegenseitigen Besuchen unter Angehörigen und Freunden begangen.

Viele Familien, die in der Fremde leben,

Opferfest: Morgengebet am Tag nach dem Brandanschlag von Solingen
in der türkischen Friedhofsmoschee in Berlin-Tempelhof

lassen zum Opferfest in der Heimat einen Hammel schlachten und das Fleisch verteilen. Wo es möglich ist, kaufen sie am neuen Wohnort Hammelteile und bereiten ein Festmahl mit verschiedenen Gemüsen und Kuskus; das ist ein besonders hergestellter, grober Weizengrieß.

Der Ritus der Opferzeremonie geht auf die Wallfahrt der Gläubigen zurück, in deren Mittelpunkt sie bis heute steht. Diese Pilgerfahrt (Hadsch) ist eins der fünf Gebote des Islam. Jeder Muslim, dessen Gesundheit und wirtschaftliche Situation es erlauben, soll mindestens einmal in seinem Leben nach Mekka und zu den anderen Wirkungsstätten von Ibrahim, Ismail und Muhammad fahren.

Muhammad, der Prophet Allahs, war ein Nachfahre Ismails.

Im Hof der großen Mosche in Mekka befindet sich ein quadratischer Bau, die Kaaba. Sie ist der Überlieferung nach das älteste Gotteshaus der Welt. Ibrahim und Ismail sollen es auf den Grundmauern des Hauses von Adam erbaut haben. Der schwarze Stein, der an einer der Außenwände der Kaaba eingelassen wurde, ist – so sehen es die Gläubigen – ein Stück aus dem Hause Adams, ein Stein aus dem Paradies. Die Berührung dieses Steins und die Feier des Opferfestes zusammen mit mehr als anderthalb Millionen Pilgern aus der ganzen Welt sind Höhepunkte der Wallfahrt.

Die große Moschee von Mekka mit Kaaba

In Mekka

*I*ch hatte in einem der Tausende von Bussen Platz genommen, die uns Pilger zu den einzelnen Stätten der Pilgerfahrt fahren sollten. Mit diesem Bus, der 45 Sitzplätze hatte, wollten 114 Menschen fahren, 40 allein auf dem Dach. Als ich schon auf meinem Platz saß, versuchte noch ein sehr alter Afrikaner, mühsam in den Bus zu gelangen.

Er war ungefähr 80 Jahre alt. Ich half ihm beim Einsteigen und gab ihm meinen Sitzplatz, den er zunächst gar nicht annehmen wollte. Als ich ihn sanft darauf geschoben hatte, fing er an zu weinen; und ich konnte nicht verstehen, warum er weinte. Doch in all dem Sprachgewirr, das mich umgab, fand sich auf mein verständnisloses Fragen auch jemand, der mir die Gründe für das Weinen des alten Mannes übersetzte.

Er kam aus Südafrika und noch nie in seinem ganzen Leben war ein Weißer vor ihm aufgestanden, um ihm seinen Sitzplatz zu geben. Er weinte, weil er jetzt seine Religion verstanden hatte, die so etwas möglich machte, weil sie alle Rassenschranken, die die Menschen untereinander errichtet haben, schon vor 1400 Jahren niedergerissen und die Gleichheit aller Gläubigen vor dem einzigen Gott durch den Propheten Muhammad hatte verkünden lassen.

Jahja W. Schülzke, Berlin 1976

Der Geburtstag Muhammads
Veladet kandili (türkisch), Maulid (arabisch)

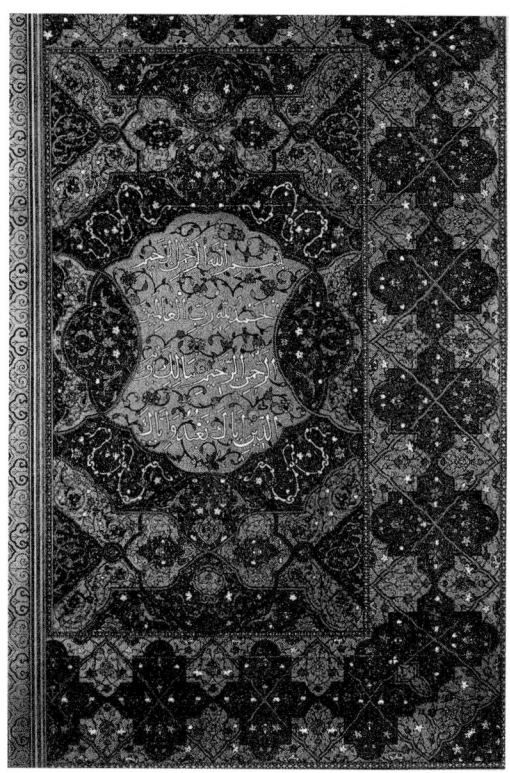

Al fatiha, die erste Sure aus dem Koran

Der Geburtstag des Propheten Muhammad wird nicht in allen islamischen Ländern gefeiert. Für viele fromme Muslime ist er ein Festtag. Andere Gläubige möchten diesen Tag nicht besonders hervorheben, da im Koran steht, daß alle Propheten (z.B. auch Abraham und Jesus) gleich geachtet werden sollen.

Muhammad (arab. der Gepriesene) wurde um 570 u.Z. in Mekka geboren. Er gehörte zu einer verarmten Familie und wuchs als Waisenkind im Hause seines Onkels auf. Wie viele Menschen seiner Zeit, bemühte er sich in der Einsamkeit der Wüste um Erkenntnis des wahren Gottes. Eine Engelserscheinung im Jahre 610 u.Z. ließ ihn zum Propheten werden.

Nach dem Glauben der Muslime wurde ihm in den folgenden Jahren bis zu seinem Tode 632 der Koran offenbart, das Buch, das Muhammad zum Verkünder des Islam machte. Der Koran enthält Glaubensgrundsätze, gottesdienstliche Vorschriften, sozial-gesellschaftliche Ordnungen und ethische Maßstäbe. »Muhammad verstand sich als Diener Gottes, ohne übermenschliche Kräfte, ausgezeichnet durch den besonderen Auftrag, Prophet und Gesandter Gottes zu sein« (aus: »Was jeder vom Islam wissen muß«, siehe Literaturverzeichnis).

Die einzelnen Kapitel des Korans heißen Suren. Jede Sure beginnt mit dem Bekenntnis: Im Namen Allahs, des Erbarmers, des Barmherzigen. Die erste Sure ist ein Gebet, das den Koran »öffnet« (al fatiha = die Öffnende).

Al fatiha

Im Namen Allahs, des Erbarmers, des Barmherzigen!
Lob sei Allah, dem Weltenherrn,
Dem Erbarmer, dem Barmherzigen,
Dem König am Tag des Gerichts!
Dir dienen wir und zu dir rufen um Hilfe wir;
Leite uns den rechten Pfad,
Den Pfad derer, denen du gnädig bist,
Nicht derer, denen du zürnst, und nicht der Irrenden.

Dort, wo Muhammads Geburtstag gefeiert wird (z.B. in Algerien), begehen die Menschen ihn als geselliges Familien- und Kinderfest. Überall werden Kerzen aufgestellt. In den Moscheen finden die ganze Nacht über besondere Betstunden statt. Jungen, die Teile des Koran auswendig hersagen können, bekommen Geschenke. Im Fernsehen werden Sonderprogramme zum Leben und Wirken von Muhammad gesendet.

In der Hadithen-Sammlung von al-Buhari (810 – 870 u.Z.), das sind Überlieferungen aus dem Leben des Propheten, berichtet ein Vertrauter Muhammads folgende Begebenheit:

Das Lachen des Propheten

Umar Ibn al-Hattab, ein Schwiegervater Muhammads, bat den Gesandten Gottes um Erlaubnis, bei ihm eintreten zu dürfen. Gerade waren mehrere Frauen beim Propheten, die sich nach einigen Dingen erkundigten. Ihre Stimmen übertönten dabei die des Propheten um ein Vielfaches. Als Umar um Einlaß bat, legten sie schnell ihre Kopftücher an. Der Prophet ließ Umar eintreten.

Er kam herein und sah, daß der Prophet lachte. Er sagte: »Gott möge dir weiterhin Grund zur Heiterkeit geben, o Gesandter Gottes! Du bist mir mehr wert als Vater und Mutter!« Der Prophet sagte: »Ich amüsiere mich über diese Frauen. Als sie deine Stimme hörten, haben sie sich schnell verhüllt.« Umar sagte: »Aber du hast doch das größte Recht darauf, daß man dir Ehrfurcht und Respekt entgegenbringt, o Gesandter Gottes!« Darauf wandte er sich an die Frauen und rief: »O ihr Feinde eurer Selbst! Mich respektiert ihr, nicht aber den Gesandten Gottes!« Sie entgegneten: »Du bist strenger und hast weniger Nachsicht als der Prophet!« Der Gesandte Gottes sagte: »O Ibn al-Hattab, bei dem, in dessen Hand ich mich befinde! Wenn der Teufel sieht, daß du einen Weg beschreitest, schlägt er schnell einen anderen ein!«

Sahih al-Buhari

Der Dichter und Übersetzer Friedrich Rückert (1788 – 1866) gehört zu jenen, die die arabische Dichtung in Deutschland bekannt gemacht haben. Das folgende Gedicht ist die Übersetzung eines Hadithes (s.o.) in Versform.

Die Vergeltung

Zum Propheten kam ein junger Mann und sprach:
Gottesgesandter! meine Mutter alt und schwach
lebt bei mir, ich geb Ihr Wohnung und Gewand
Trank und Speise geb ich ihr mit meiner Hand
hebe sie auf meinen Arm,
lege sie
sommers kühl und winters warm,
und pflege sie,
hab ich ihr vergolten?
Der Prophet sprach: Nein!
Nicht vergolten, aber wohl getan und fein;
nicht den zehnten Teil vergaltest du, mein Sohn,
doch Gott gebe dir fürs Kleine großen Lohn!

Friedrich Rückert

Das türkische Kinderfest
Çocuk bayrami (23. April)

In der Bundesrepublik Deutschland leben gut zwei Millionen Türken und Kurden. In manchen Städten bilden die Türken die größte ethnische Minderheit. Die meisten von ihnen wohnen hier mit ihren Familien. Bei den Kindern ist das Çocuk bayrami besonders beliebt. Es wird seit mehr als 70 Jahren gefeiert und geht auf Atatürk zurück.

Am 23. April 1920 berief der Freiheitskämpfer Mustafa Kemal Pascha, genannt Atatürk (Vater der Türken), in Ankara die erste Nationalversammlung ein und wurde ihr Vorsitzender. Atatürk selbst hat später diesen Tag den Kindern gewidmet. Sie sollten symbolisch die Funktionen der Abgeordneten im ganzen Land übernehmen und für einen Tag die Türkei »regieren«.

Auf einem Nachbarschaftsfest im Ruhrgebiet, das anläßlich des türkischen Kindertages gefeiert wurde, erzählt eine türkische Schülerin ihrer deutschen Freundin:

Çocuk bayrami in Izmir

Bevor wir nach Deutschland kamen, lebten wir in Izmir. In der Schule dort erzählte uns der Lehrer viel über die Geschichte der Türkei und über die Bedeutung des 23. April.

Vor dem Festtag lernten wir Gedichte auswendig und schmückten unsere Klassenzimmer mit Fahnen. Am meisten Spaß machte mir aber das Verkleiden. Wir zogen die Kleidung an, die die Erwachsenen bei ihren Berufen und auf Ämtern tragen. Das sah an uns ganz lustig aus. Am Tag des Kindes setzten wir gleich am Morgen den Schulleiter und die Lehrer von ihren Ämtern ab und übernahmen selbst diese Aufgaben. Dann gingen wir in einem großen Umzug auf den Festplatz, es war der Marktplatz. Viele Eltern und auch eine Musikkapelle schlossen sich unserem Zug an. Auch der Festplatz war geschmückt mit Fahnen, Spruchbändern und großen Fotos von Atatürk. Politiker hielten Reden über die Bedeutung des Kinderfestes. Dann sang der Schulchor die Schulhymne.

Ich durfte einmal ein Gedicht aufsagen. Da war ich so schrecklich aufgeregt, daß ich mich zweimal versprochen habe.« Susanne unterbricht die Erzählung von Shirin.

»Das finde ich toll, auf einem Festplatz ein Gedicht aufzusagen... vor so vielen Menschen. Ich würde vor lauter Aufregung kein Wort herausbringen!« *»Ja, es war wirklich aufregend«, sagt Shirin, »aber auch andere Kinder haben etwas aufgeführt, einen Tanz oder Singspiele oder so etwas. Nach den Aufführungen wurden dann viele Spiele gemacht, auch Wettbewerbe mit Preisen.«*

Dann beschreibt Shirin einige der typischen türkischen Spiele, und Susanne stellt fest, daß ihr die meisten bekannt vorkommen, zum Beispiel das »Grimassenspiel«, »Sackhüpfen«, »Tauziehen« und »Eierverstecken«.

Eier-Verstecken

Die Henne Salome versteckt ihr Ei, ihre Freundin Fatme muß es suchen. Sie muß sich deshalb umdrehen und die Augen schließen. Während alle anderen Hühner laut gackern, versteckt die Henne Salome ihr Ei. Dann beginnt Henne Fatme mit Suchen. Sie singt: »Liebe Henne, sag mir, wo hast du dein Ei versteckt?« Henne Salome antwortet: »Such es, ich hab es gut versteckt!« Je mehr sich Henne Fatme dem Versteck nähert, desto lauter gackern die anderen Hühner und schlagen mit ihren Flügeln, bis Henne Fatme das Ei gefunden hat. Jetzt darf sie ihr Ei verstecken, und eine andere Henne muß es suchen.

Die türkische Musik aber ist Susanne nicht so vertraut. Interessiert hört sie der kleinen Kapelle zu, die aus einem Duval-Trommler, einem Zurna-Bläser (Zurna ist eine mit der Nase geblasene Flöte) und einigen Saz-Spielern besteht (Saz ist ein gitarrenähnliches Instrument).
Natürlich gibt es auch typische Kindergeschichten in der Türkei. Wie bei uns von Pippi Langstrumpf oder Pumuckl, handeln dort viele Geschichten von Keloglan.

Keloglan geht in die Schule

Es war einmal, es war keinmal. Es war einmal ein Keloglan. Keloglan liebte das Spiel und die Spaziergänge auf Feldern und Wiesen.
Alle Freunde Keloglans gingen in die Schule. Keloglan wollte aber nicht hingehen. Eines Tages spazierte er wieder über die Felder. Er wollte sich auf einen Zaun setzen. An dem Zaun hing ein Schild: VORSICHT! FRISCH GESTRICHEN! Nachdem aber Keloglan nicht in die Schule ging, konnte er ja die Schrift auf dem Schild nicht lesen.

So kletterte er auf den Zaun, und im Nu war sein Hosenboden voller Lackfarbe.
»Hängt das mit dem Schild zusammen?« dachte sich Keloglan.

Am nächsten Tag sah er am Briefkasten vor seiner Tür einen Zettel hängen.
»Wahrscheinlich steht auf dem Zettel auch FRISCH GESTRICHEN! Jemand hat unseren
Kasten angemalt. Ich fasse ihn lieber nicht an, damit ich nicht wieder voller Farbe
werde«, sagte er sich.

Am Nachmittag saß Keloglan unter einem Baum. Er wußte nicht mehr, was er
spielen sollte und langweilte sich. »Was soll ich tun?« überlegte er. Da hörte er von
weitem seine Freunde und sah, wie sie mit Eßkörben in der Hand vorbeigingen.

»Alle meine Freunde gehen zum Picknick. Aber warum haben sie mich nicht
eingeladen?« fragte er sich.

Er ging hinter seinen Freunden her, ohne gesehen zu werden. Die Kinder fanden
nach einiger Zeit einen passenden Platz unter den Bäumen und setzten sich hin. Sie
nahmen aus ihren Körben verschiedene Speisen und begannen zu essen.

Keloglan, versteckt hinter einem Baum, beobachtete sie. Da überfiel ihn eine große
Traurigkeit, weil sie ihn vergessen hatten. Er begann zu weinen, zunächst sehr leise,
aber nach einiger Zeit wurde sein Weinen immer lauter und lauter.

Seine Freunde sagten: »Wo kommt dieses Weinen her?« Sie suchten herum und
fanden ihren Freund Keloglan hinter einem Baum.

Sie gingen alle sofort zu ihm. »Warum weinst du? Warum bist du hinter diesem
Baum versteckt? Warum kommst du nicht zu unserem gedeckten Platz?« fragten sie
ihn.

»Mich hat niemand eingeladen, deswegen weine ich«, sagte Keloglan. »Wie ist
das möglich«, sagte eines der Kinder, »wir haben dich eingeladen. Die Einladung habe
ich mit eigenen Händen an deinen Briefkasten gehängt!«

»Ach so, und ich dachte, auf dem Zettel steht FRISCH GESTRICHEN! Das war doch
ein großer Fehler, nicht mit euch in die Schule zu gehen, um das Lesen und Schreiben
zu lernen. Morgen werde ich aber mitkommen«, sagte Keloglan.

Nacherzählt von Olcay Göcmen

Altiranisches Neujahrsfest

(20. / 21. März)
Nouruz (iranisch), Newroz (kurdisch)

Das Neujahrsfest zur Frühlingszeit wird von so unterschiedlichen Völkern wie den Iranern (Persern) und Kurden, den Aserbaidschanern, Tadschiken und Afghanen gefeiert. Sie alle stammen aus der Völkerfamilie der Iranier, die um 700 v.u.Z. das mittelasiatische Hochland bewohnten. Seit dieser frühen Zeit fängt das Fest genau zur Tagundnachtgleiche an, nach der Einführung des Sonnenkalenders 1925 im Iran ist sie am 20. oder 21. März.

Auch die Yeziden, Anhänger einer Glaubensrichtung von Kurden aus dem 7. Jahrhundert, und die Bahai, eine im 19. Jahrhundert in Persien entstandene Religionsgemeinschaft, feiern dieses für sie größte weltliche Fest.

Das neue Jahr beginnt mit dem Erwachen der Natur nach einem harten Winter und mit dem Bestellen der Äcker und Gärten. Die Tage werden wieder länger. Das Licht siegt über die Dunkelheit. Nouruz und Newroz bedeuten neuer Tag.

Viele Bräuche zu Neujahr gehen auf die indogermanische Zeit zurück (Ende 3. Jahrtausend v.u.Z.) Die überlieferten Mythen schildern die Herrschaft Azdahaks, eines mächtigen Drachen oder einer großen Schlange. Dieses Ungeheuer hatte den Ur-

menschen Yima aus seinem Paradies vertrieben und Dürre über das ganze Land verbreitet. Die Menschen glaubten, daß die lebenspendenden Wasserfluten in der Festung des Drachen festgehalten würden und daß sich zwei Jungfrauen, die Schwestern des Yima, in seiner Gewalt befänden. Ein göttlicher Held, in späteren Überlieferungen der jeweils herrschende König, eroberte die Festung und besiegte den Drachen. Nun konnten die Wassermassen fließen, der Regen strömte über das ausgetrocknete Land, und die beiden Jungfrauen wurden befreit. Der junge Gottheld feierte mit ihnen die heilige Hochzeit. Darunter versteht man die Verbindung zwischen einem göttlichen Wesen und einem hochgestellten Menschen. Durch diese Hochzeit soll die gesamte Menschheit erneuert und von Alter und Tod befreit werden.

In einigen Überlieferungen wird der Feuergott zur Überwindung der Dürre angerufen. Sein Feuer stammt vom Blitz, der die Regenwolken spaltet und öffnet. In der Zeit Zoroasters (630 – 553 v.u.Z.), eines altiranischen Priesters und Propheten, fanden die auf diesem Mythos beruhenden Feuerriten zu Beginn des neuen Jahres eine erweiterte Bedeutung. Sie entspricht der Lehre Zoroasters vom Kampf der guten göttlichen Macht gegen das Böse und von der freien Entscheidung des Menschen für eine der beiden Mächte.

Andere Überlieferungen berichten davon, daß sich der gute Herrscher selbst in einen Drachen verkleidete. Er wollte damit seinen Söhnen die Gelegenheit geben, ihre Tapferkeit zu beweisen. Diese Maskerade hat zur Tradition ritueller Verkleidungen zum Neujahrsfest geführt, bei denen deutlich die tierischen und halbtierischen Gestalten im Vordergrund stehen.

Nouruz

In der Bundesrepublik Deutschland leben etwa 108 000 Menschen aus dem Iran (2001). Das iranische Neujahrsfest beginnt schon am letzten Mittwoch des alten Jahres. Am Abend ziehen Kinder und Frauen, früher auch Männer, durch die Straßen. Sie haben sich in einen Tschador, ein großes Tuch, das nur die Augen freiläßt, gehüllt, um nicht erkannt zu werden. Mit einem Löffel in einer leeren Schüssel lärmen sie bei Nachbarn und Bekannten, bis man ihnen schließlich die Schalen mit Nüssen und Süßigkeiten füllt. Überall in den Straßen knallen Feuerwerkskörper. Reisighaufen werden errichtet und in Brand gesteckt. Jung und Alt springen über das Feuer und rufen dabei:

Du nimmst mein Gelb,
ich nehme dein Rot.
du nimmst meine Kälte,
ich nehme deine Wärme.

Alles Schlechte und Kranke (gelb) soll im Feuer verbrennen, der Mensch möchte durch das Feuer gesund (rot) und gut werden.

Ein schwarzgeschminkter Mann im roten Gewand, der Hadji-Firus, singt, von seinem Tamburin begleitet, auf den Straßen die Botschaft des Neubeginns.

Zum Jahreswechsel, der durch Astronomen auf die Minute genau bestimmt und über alle Medien bekanntgegeben wird, sind die Häuser und Wohnungen besonders geputzt und schön hergerichtet worden. Die Familie versammelt sich um einen festlich gedeckten Tisch, »Soffreh«, auf dem sieben besondere Gegenstände liegen. Die Sieben ist den Persern eine heilige Zahl. Im alten Iran war Ahura Masda, der Schöpfer und Herrscher, das wichtigste von sieben göttlichen Wesen.

Die Dinge auf dem Soffreh fangen alle mit einem »s« an: ein Apfel (sib), eine süße Mehlspeise (samanu), Essig (serkeh), Knoblauch (sir), ein Gewürz (somagh), eine wilde Raute (sipand oder eine Hyazinthe, sombol) und Gemüse (sabzi). Außerdem stehen auf dem Tisch ein Spiegel, der das Innere des Menschen widerspiegeln soll, und eine Wasserschale mit einem Goldfisch, die die Quelle des Lebens darstellt. Dazu kommen Salz, Brot und gekochte, bunt bemalte Eier. Erste, im Haus gezogene Weizen- oder Linsensprößlinge beleben den Tisch mit frischem Grün.

In gläubigen muslimischen Familien liest der Vater Koranverse vor. Dann wünschen sich alle ein gutes neues Jahr, und die Jüngeren werden von den Älteren beschenkt. Beliebt sind vor allem Münzen und Geldscheine.

Mit dem Neujahrstag beginnt ein allgemeines Besuchen nach einer festen Reihenfolge: Zuerst werden die nächsten und ältesten Verwandten besucht. Jede Einladung muß innerhalb der folgenden 13 Tage mit einem Gegenbesuch erwidert werden. In dieser Zeit gibt es schulfrei. Viele iranische Familien nutzen die Neujahrswochen zu einer Reise in den Süden des Landes.

Ein besonderer Tag bildet den Abschluß des Nouruzfestes. Es ist Sizdahbedar, der 13. Tag. Die Zahl 13 gilt als Unglückszahl, deshalb entziehen sich die Menschen dem Treiben der bösen Geister im Haus, wandern in die Natur und veranstalten ein Picknick. Die grünen Sprößlinge von der Festtafel werden in einen Bach oder Fluß geworfen. Dabei soll die Frische des Grüns auf den Werfenden übergehen, seine Sorgen aber sollen davonschwimmen.

Junge, unverheiratete Mädchen knüpfen zwei Grashalme ineinander und sprechen einen Vers dazu:

S izdah bedar – saleh degar
Schoneje schohar – badsche be bagal

(Mündlich überliefert)

Das bedeutet:
(Böse) 13 verschwinde! Nächstes Jahr (möchte ich) im Haus eines Mannes ein Baby auf dem Arm (tragen).

Ein beliebtes Gericht zum Nouruzfest ist *Sabzi-Polo-Mahi.*

REZEPT: SABZI–POLO–MAHI (KRÄUTER–REIS–FISCH)

Zutaten:
Fisch, je nach Wunsch und Marktangebot
1000 g Langkornreis oder Duftreis, am besten aus einem iranischen oder indischen Geschäft
500 g Kräuter, Petersilie, Dill, Schnittlauch
Einige Knoblauchzehen, Butter oder Margarine

Der Fisch wird extra zubereitet, meist gebraten. Die Kräuter werden gesäubert, klein gehackt und mit den zerdrückten Knoblauchzehen vermischt.
Auf die Zubereitung des Reises verwenden die Iranerinnen besondere Sorgfalt. Den Reis ein paar Stunden in Salzwasser weichen lassen, dann das Wasser abgießen. Die anderthalbfache Menge Wasser zum Kochen brin-gen, den Reis hineingeben, eine Weile kochen, bis er noch nicht ganz gar ist. Den Reis durch ein Sieb abgießen. Den leeren Topf etwas gesäubert wieder auf den Herd stellen, 3 Eßlöffel Margarine und 4 Eßlöffel Wasser hineingeben und erhitzen. Eine Schicht von dem Reis in den Topf füllen, darauf eine Schicht Kräutermischung, dann wieder eine Schicht Reis usw. Mit dem Stiel eines Holzlöffels ein paar Löcher bis zum Topfboden in den Reis drücken. Zudecken und bei größerer Flamme erhitzen bis es dampft. Dann auf niedriger Flamme 15 Min. dämpfen.
Einen Löffel Margarine mit einer halben Tasse Wasser in einem anderen Topf erhitzen, auf der obersten Reisschicht verteilen, zudecken und dabei den Deckel von innen mit einem dicken Tuch bedecken, damit kein Dampf entweicht. 15 Min. weiter dämpfen. Dann mit dem Fisch servieren.

Rezept von Fahimeh, Berlin

Newroz

Die Kurden bekräftigen zum Neujahrsfest vor allem ihren gemeinsamen Widerstand gegen die Unterdrückung ihrer nationalen Identität. Das hängt mit ihrer Geschichte zusammen. Der alte Siedlungsraum der Kurden, die vom mittelasiatischen Hochland in das Quellgebiet von Euphrat und Tigris gewandert waren, stellte eine Brücke zwischen Ost und West dar. Er zeichnete sich durch fruchtbare Täler und reiche Bodenschätze aus. Dadurch zog er in allen Jahrhunderten Eroberer an, denen die in Stämme gegliederten Kurden keinen ausreichenden Widerstand entgegensetzen konnten.
Heute leben die mehr als 25 Millionen Kurden ohne ein eigenes Territorium in den Grenzgebieten zwischen Türkei, Iran, Irak, Syrien und einigen Republiken der ehemaligen Sowjetunion. In der Bundesrepublik Deutschland sind die Kurden als Volksgruppe statistisch nicht erfaßt. Ihre Zahl wird auf mehr als 580 000 geschätzt.

Zum Newrozfest erzählen die Kurden ihren Kindern die Legende vom Drachentöten (s.o.) auf eigene Weise. Nach ihrer Tradition ist es der Schmied Kawa, der in alter Zeit den grausamen König Ajdehak bezwang. Dieser König betete zwei Schlangen an. Jeden Tag mußten sie mit dem Gehirn zweier Kinder gefüttert werden. Gerade am Newroztag war das letzte von neun Kindern des Schmiedes an der Reihe. Kawa überlegte, daß der König mit seinem Hofstaat am Abend des Festes betrunken sein müßte. Mutig ergriff er die Gelegenheit, rief Leute zusammen, erstürmte mit ihnen den Palast und zertrümmerte den Kopf des Tyrannen mit einem Hammerschlag. Die frohe Nachricht von der Befreiung wurde durch unzählige Feuer auf allen Bergen von Tal zu Tal verbreitet.

Die Kurden feiern das Newrozfest in ihren alten Landestrachten. Das sind farbig gestreifte weitgeschnittene Anzüge und Röcke mit bunten Schärpen. Schon am Vorabend zünden sie große Feuer an und singen und tanzen die ganze Nacht. Auch den Neujahrstag verbringen sie in der Natur mit Spielen, Volkstänzen und ihren Liedern von Liebe und Leid, vom Kampf und von der Sehnsucht nach Freiheit.

Jahrzehntelang verbot die Türkei den Kurden das Feiern des Newrozfestes. 1992 wurde es zum ersten Mal wieder erlaubt. Trotzdem gingen türkische Sicherheitskräfte an vielen Orten brutal gegen die Freiheitslieder singenden Menschen vor. Daraufhin haben die Kurden 1993 dieses Fest, das eigentlich nur in der freien Natur gefeiert werden kann, vorwiegend in gemieteten Sälen veranstaltet und statt der großen Feuer Kerzen angezündet.

In der folgenden Parabel steht die Schlange, die an das Dürre verbreitende Ungeheuer aus mythischer Zeit erinnert, im Mittelpunkt.

Kurdische Parabel von der Schlange

In einem Gebüsch, wo sich eine Schlange befand, war Feuer ausgebrochen. Zufällig kam Scheich Homar an der Brandstelle vorbei und erblickte die Schlange. Er empfand Mitleid mit dem armen Tier und holte es aus den Flammen heraus. Als die Schlange gerettet und außer Gefahr war, ringelte sie sich um den Hals des Scheichs, und trotz seiner Bitten verließ sie ihn nicht mehr. Scheich Homar ging daraufhin mit der Schlange zu verschiedenen Richtern und bat sie, nachdem er ihnen den Vorfall erzählt hatte, zu entscheiden, ob die Schlange um seinen Hals bleiben dürfe oder ihn verlassen müsse. Alle Richter waren der Meinung, daß die Schlange sich entfernen müsse. Aber die Schlange kümmerte sich nicht um die Worte der Richter und blieb. Schließlich ging Scheich Homar zum Fuchs und bat auch diesen um einen Rat. Nachdem der Fuchs sich den Bericht des Scheichs angehört hatte, sagte er: »Um ein gerechtes Urteil fällen *zu können, muß ich mich von dem Geschehen ganz genau überzeugen. Ich bitte euch deshalb, mir die Rettung der Schlange noch einmal vorzuführen.« Daraufhin verließ die Schlange Scheich Homars Hals und begab sich wieder ins Gebüsch. Der Fuchs hatte inzwischen einen Stock genommen, erschlug damit die Schlange und sagte zum Scheich: »Eine Schlange muß man mit dem Stock verurteilen!«*

In einer Berliner Bildungs- und Beratungsstelle, die 1981 für kurdische Frauen eingerichtet worden ist, ist neben vielen anderen Initiativen auch eine Kochgruppe entstanden. Sie hat viele heimische Rezepte neu ausprobiert und aufgeschrieben.

REZEPT: JOGHURT-KUCHEN

Zutaten:
¾ Tasse Butter
1 Tasse feiner Zucker
geriebene Schale von einer Zitrone
5 Eier, getrennt
1 Tasse Joghurt
2 ½ Tassen Weizenmehl
2 Teelöffel Backpulver
1 Prise Salz
½ Teelöffel Natron

Für den Sirup:
1 Tasse grobkörniger Zucker
¾ Tasse kaltes Wasser
1 dünner Streifen Zitronenschale
1 Eßlöffel Zitronensaft

1. Die Butter mit der geriebenen Zitronenschale und dem Zucker schaumig rühren, jedes Eigelb einzeln zugeben und jedesmal kräftig schlagen, dann das Joghurt unterrühren.

2. Das Mehl mit dem Backpulver, der Prise Salz und dem Natron in die cremige Mischung sieben und unterrühren.

3. Das Eiweiß steifschlagen und in den Teig rühren. Den Teig in eine gefettete und mit Mehl bestäubte 20 cm lange Rehrückenform füllen. Im Ofen bei 180 Grad Hitze ca. 50 Minuten backen.

4. Inzwischen den Sirup herstellen: Den Zucker im Wasser bei mittlerer Hitze rühren, bis er sich aufgelöst hat. Zum Kochen bringen, die Zitronenschale und den Zitronensaft beifügen und ohne zu rühren 10 Minuten bei mittlerer Hitze kochen lassen. Die Zitronenschale herausnehmen und den Sirup abkühlen lassen.

5. Den Kuchen in der Form 5 Minuten abkühlen lassen, dann auf eine Platte stürzen.

6. Mit einem Löffel den kalten Sirup über den Kuchen verteilen, langsam in den Kuchen einsickern lassen. In dicke Scheiben geschnitten, zusammen mit Schlagsahne, warm servieren.

Jüdische Festtage

Zur jüdischen Religion bekennen sich etwa 18 Millionen Menschen in der Welt. Sie leben in Israel, in den USA und in geringerer Zahl in allen Ländern Europas und in Lateinamerika. In der Bundesrepublik wohnen etwa 90 000 Bürger jüdischen Glaubens. Vor dem Völkermord lebten in Deutschland rund 500 000 Juden. Ihr Name geht auf den israelitischen Stamm Juda zurück, der nach 536 v.u.Z. im Gebiet um Jerusalem siedelte. Die jüdische Religion ist die älteste monotheistische Religion. Gott, der Herr der Welt, hat das jüdische Volk auserwählt, um mit ihm einen Bund zu schließen und ihm seine Botschaft anzuvertrauen. Die Offenbarungen Gottes und seine Gesetze als Grundlage des jüdischen Lebens stehen in der Tora. Sie umfaßt die fünf Bücher Mose. Der Einfluß der jüdischen Religion ist im Christentum und im Islam spürbar.

Der wesentliche Feiertag ist der Sabbat, der wöchentliche Ruhetag. Er beginnt, wie alle jüdischen Tage und Feiertage, am Vorabend bei Sonnenuntergang und dauert bis zum Sonnenuntergang des folgenden Tages, bis drei Sterne am Himmel zu sehen sind. Sabbat kommt vom hebräischen Wort »schabat«, das bedeutet aufhören, ruhen. Dieser Tag geht auf Gottes Ausruhen nach der Schöpfung und auf eines seiner Gebote zurück. Am Sabbat, der von Freitagabend bis Samstagabend dauert, darf nicht gearbeitet werden.

Neben den ernsten Festtagen (Rosch ha-Schana und Jom Kippur) gibt es die freudigen Festtage (Pessach, Schawuot und Sukkot). Sie werden Wallfahrtsfeste genannt, weil es den Israeliten einst geboten war, zu diesen drei Festen den Tempel in Jerusalem zu besuchen und dort Opfer zu bringen. Außerdem werden traurige Gedenktage begangen und auch freudige, zu denen Chanukka und Purim gehören.

Literaturvorschlag zur Einführung in die jüdische Religion:
Leo Trepp, Die Juden. Volk, Geschichte, Religion. Rowohlt Enzyklopädie, Reinbek 1992
Arnulf Baumann (Hrsg.), Was jeder vom Judentum wissen muß. Gütersloher Verlagshaus, Gütersloh 1993

Die Große Synagoge in Berlin, 1995. Der wiederaufgebaute Eingangsbereich

Rosch ha-Schana

(September / Oktober)

Rosch ha-Schana heißt »Haupt des Jahres« und ist das jüdische Neujahrsfest. Es wird im Herbst, am 1. des Monats Tischri, begangen. Nach der Tora sollte zwar der Frühlingsmonat Nissan, in dem das Pessachfest gefeiert wird, der erste Monat des Jahres sein. Es hat sich aber eine andere Überlieferung durchgesetzt, nach der das Jahr mit dem Monat Tischri beginnt, in dem Gott die Welt erschaffen hat.

Am Neujahrstag beginnen die »Zehn Tage der Umkehr«. Das Buch des Lebens wird vor dem Richterstuhl Gottes aufgeschlagen. In diesem Buch sind die Taten der Menschen festgehalten. Am ersten Tag wird das Urteil geschrieben, am zehnten Tag wird es besiegelt. Dies ist der Versöhnungstag, Jom Kippur. So steht am Anfang eines jeden Jahres die Selbstbesinnung, die Reue über unrechte Taten und die Bitte um Versöhnung bei den Menschen, denen man Böses angetan hat.

Der Rabbi von Brisk

Vor 60 Jahren bestieg der Rabbi von Brisk – ein Lehrer von außergewöhnlicher Berühmtheit, der auch für sein gütiges Herz bekannt war – einen Zug in Warschau, um in seine Heimatstadt zurückzukehren. Der Rabbi, ein Mann von zarter Statur und unauffälligem Aussehen, fand Platz in einem Abteil. Dort war er von reisenden Kaufleuten umgeben, die, als der Zug sich in Bewegung setzte, alsbald Karten zu spielen begannen. Je weiter das Spiel fortschritt, desto erregter wurden sie. Der Rabbi kümmerte sich nicht darum und gab sich seinen Gedanken hin. Solche Gleichgültigkeit störte die anderen, und einer forderte den Rabbi auf, mitzuspielen. Der Rabbi antwortete, er spiele niemals Karten. Die Zeit verging, und die Gleichgültigkeit des Rabbi störte die anderen immer mehr. Einer der Spieler sagte zu ihm: »Entweder Sie spielen mit, oder Sie verlassen das Abteil.« Darauf nahm er den Rabbi beim Kragen und stieß ihn aus dem Abteil. Der Rabbi mußte mehrere Stunden lang stehen, bis er sein Ziel, die Stadt Brisk, erreichte.

Brisk war auch das Ziel der Kaufleute. Der Rabbi verließ den Zug, und sofort war er umringt von Bewunderern, die ihn willkommen hießen und seine Hände schüttelten. »Wer ist dieser Mann?« fragte der Kaufmann. »Sie kennen ihn nicht? Es ist der berühmte Rabbi von Brisk!« Dem Kaufmann sank der Mut. Er hatte nicht bemerkt, wen er beleidigt *hatte. Schnell ging er zum Rabbi und bat ihn um Verzeihung. Der Rabbi weigerte sich, ihm zu verzeihen. In seinem Hotelzimmer konnte der Kaufmann keine Ruhe finden. Er ging zu des Rabbis Haus und wurde in sein Arbeitszimmer geführt. »Rabbi«, sagte er, »ich bin kein reicher Mann. Aber ich habe 300 Rubel erspart. Ich will sie Ihnen für Wohltätigkeitszwecke geben, wenn Sie mir verzeihen.« Die Antwort des Rabbi war kurz: »Nein.«*

Des Kaufmanns Unruhe wurde unerträglich. Er ging zur Synagoge, um Trost zu finden. Als er seine Unruhe den anderen in der Synagoge erklärte, waren sie sehr überrascht. Wie konnte ihr Rabbi, ein so gütiger Mann, so unversöhnlich sein? (... Über den Sohn des Rabbi versuchte es der Kaufmann ein drittes Mal, Verzeihung zu erlangen ...) Da antwortete der Rabbi: »Ich kann ihm nicht verzeihen. Er wußte nicht, wer ich war. Er hat einen gewöhnlichen Menschen beleidigt. Soll der Kaufmann doch zu ihm gehen und ihn um Verzeihung bitten.«

Simon Wiesenthal

Zum Neujahrsfest in der Synagoge gehört der Schofar, das Blasinstrument aus einem Widderhorn. Er wird an vielen Stellen der Tora erwähnt und soll besonders an diesem Tag erschallen. Nach festgelegtem Ritus ruft er die Gläubigen zur Besinnung und verkündet das Lob Gottes.

Rosh ha-Schana, Schofarbläser im weißen Gewand und Gebetsmantel

Der alte Reb Schimen

W*as tragt Ihr für einen Schatz unter dem Arm, Reb Schimen? Mit zitternder Hand drückt Ihr ihn ans Herz, und die Freude strahlt Euch aus den Augen!« »Ach!«*
antwortet Reb Schimen mit verlegenem Lächeln: »Es ist nur mein Schofar, mein Feiertagsschofar!« »Ein Feiertagsschofar?«

»Das ist bei mir so: An Wochentagen im Elul blase ich einen gewöhnlichen Schofar. Dieser aber ist ein teurer, schön gearbeiteter Feiertagsschofar!« Er nimmt ihn in die Hand und betrachtet ihn mit großer Liebe. Es ist ein kleiner, dünner, aschgrauer, aber zierlicher Schofar. Er ist gekrümmt wie jeder andere, doch anmutig wie das Lächeln eines Kindes.

»Liebt Ihr den Schofar?« »Wie das Leben! Denn ich liebe das Schofarblasen über alles. Mein Vater, er ruhe in Frieden, war Pächter, wir lebten in einem Dorfe, und als kleiner Junge beneidete ich immer den Schafhirten um seine Flöte. Er pfeift, und die Schafe sammeln sich um ihn und blicken ihm in die Augen. Ein Schofar ist aber noch mehr. Er sammelt die Seelen, jüdische Seelen, wie sie sich einst um den Berg Sinai drängten. Und die Seelen lauschen ihm! Ich liebe das Schofarblasen über alles. Aber nicht jedes Schofarblasen!« fügt Reb Schimen hinzu. »Den langen Schofarton am Ausgang des Jom Kippur liebe ich zum Beispiel nicht ... Wenn ich den Schofar an den Mund führe, sind bereits fast alle Leute unter den Bänken verschwunden, um sich die Schuhe wieder anzuziehen. Wenn ich mich umschaue, sehe ich ein Ährenfeld im Sturme; die Ähren neigen sich zu Boden ... Und da muß ich Schofar blasen! Das ist gar nicht schön!

Am Rosch Haschono ist es ganz anders! Die Betenden stehen in ihren Gebetsmänteln mit den funkelnden Besätzen wie Königssöhne da. Sie wiegen sich wie frische grüne Ähren auf einem von Gott gesegneten Felde. Alles rauscht wie ein Wald, wie ein Fluß. Nun führe ich den Schofar an die Lippen. Der Dajen sagt mir vor, und ich blase ›Tekia‹, ›Terua‹, ›Schewarim‹. Die Töne sind klar und rein wie kristallklares Wasser.

Und plötzlich ist alles vorbei ... Es ist still, ganz still, die Gemeinde hält den Atem an.«

»Daß Ihr das in Eurem Alter noch fertigbringt, Reb Schimen!« »Ach«, antwortet er und verzieht das Gesicht. »Sonst bin ich ja schwach wie eine Fliege.« »Und beim Schofarblasen seid Ihr ein Löwe?« »Es ist kein Vergleich, aber ich bin wirklich wie ein Löwe!«

»Und es gelingt Euch immer?« »Nein, nicht immer, zuweilen habe ich mit Schwierigkeiten zu kämpfen.« »Wenn der Satan in den Schofar hineinkriecht und die Öffnung verstopft?« »Ach, es gibt ärgere Dinge! Gegen den Satan habe ich meine Mittel.

Aber vor drei Jahren habe ich etwas viel Ärgeres erlebt. Ich mußte gerade ›Schewarim‹ blasen, es kam so schön trillernd aus dem Schofar und bebte vor lauter Gottesfurcht. Plötzlich ertönte draußen ein Pfeifen, ein Johlen, ein Klirren – die Pogrombande war auf dem Markt erschienen. Schöpfer der Welt, das gab einen Schrecken. Die Leute wollten davonlaufen, sie drängten sich zu der Tür und zu den Fenstern. Damals lebte aber noch der alte Rebbe – sein Andenken zum Segen. Ein kleines dürres Männchen, aber doch ein Rebbe. Er sprang auf eine Bank und rief: ›Bleibt‹, und die Gemeinde blieb stehen. ›Schließt die Tür und die Fenster!‹ Und man folgte ihm. Es war so finster ... Nur wenige Lichte brannten auf dem Tisch, und schreckliche Schatten bewegten sich an den Wänden ... Ein Grauen befiel alle, nur der Rebbe allein blieb ruhig.

›Blase!‹ befahl er mir. Und ich blies. Meine ganze Seele legte ich hinein.

Den Satan habe ich vielleicht vertrieben«, fügt er mit einem traurigen Lächeln hinzu, »aber die Pogrombande nicht. Ein Trümmerhaufen blieb vom Städtchen übrig. Wer kann auch mit ihnen fertig werden? Wer kann sie vertreiben? Höchstens der Schofar des Messias!«

Elul – der letzte Monat im jüdischen Kalender, *Tekia* – ein langgezogener Ton *Terua* – neun kurze Töne, *Schewarim* – der Ton wird dreimal unterbrochen

Jizchok Leib Perez

Die vorherrschende Farbe dieses Festes ist weiß, als Symbol der Reinheit. So sind der Vorhang vor dem Toraschrank, die Decke auf dem Vorbeterpult und die Kleidung des Vorbeters aus weißem Tuch.

Die Menschen grüßen sich am Neujahrsabend und an den folgenden Tagen mit »Zu einem guten Jahr mögest du ins Buch des Lebens eingetragen sein!« oder sie sagen einfach »Schana Towa«, das heißt »Ein gutes Jahr!« Beim feierlichen Essen brennen wie an jedem Festtag Kerzen. Der Hausvater spricht den Segen über Brot und Wein, wobei das Brot diesmal in Honig statt in Salz getaucht wird. Nach dem Segen ist es Brauch, Apfelstücke in Honig zu essen, als Symbol der Hoffnung auf ein gutes, »süßes« Jahr. An vielen Orten gehen die Juden am Nachmittag des Neujahrstages an einen Fluß oder Bach. Dort beten sie nach dem Propheten Micha: »In die Tiefe des Meeres wirf all unsere Sünden«. Dabei leeren sie die Taschen über dem Wasser nach außen, um sich mit dieser Geste das Fortwerfen der Sünden bewußtzumachen.

Jom Kippur
(September / Oktober)

Jom Kippur, der Versöhnungstag, ist das höchste jüdische Fest. Was der Sabbat für die Woche ist, ist Jom Kippur für das ganze Jahr. Es bildet den Abschluß der zehn Bußtage, die mit Rosch ha-Schana begonnen haben. An diesem Tag wird das Urteil über die Menschen vor dem Richterstuhl Gottes gesprochen und das Buch des Lebens wieder geschlossen. Wenn sich die Menschen versöhnen und begangenes Unrecht einer am anderen wieder gutmachen, werden sie freigesprochen.

Im alten Israel wurden am Versöhnungstag zwei Böcke geopfert, der erste zur Sühne für die Schuld des Priesters und seiner Familie, der zweite zur Sühne für die Schuld des Volkes. Einem dritten Bock legte der Priester seine Hände auf den Kopf und übertrug alle Schuld der Israeliten auf ihn. Dann ließ er ihn in die Einöde zu einem Wüstendämon treiben. So wurde dieses Tier symbolisch zum »Sündenbock«.[28]

Am Tag vor Jom Kippur beten die Menschen für ihre Toten und zünden Kerzen für sie an. Im Gottesdienst am Abend wird das bekannte Kol nidre vom Kantor gesungen. Kol nidre heißt »alle Gelübde«. Es besagt, daß Versprechungen, die man sich selbst und Gott gegeben und nicht eingehalten hat, ausgelöscht werden. Dies erinnert zugleich an Zeiten, in denen Juden gezwungen wurden, ihrem Glauben abzuschwören.

Das Gebet auf S. 136 ist Teil der Liturgie am Vorabend von Jom Kippur.

Kol nidre.

Traditionelle Weise
(arrangiert von Lewandowski,
Kol rinna, Nr. 107).

Kol nid - re_ we-e-ssa - re_ wa-cha-ra - me_ wĕ-ko-na - me_ wĕ-chinnu - je_ wĕ-kin-nu-

sse_ uschĕ-wu-ot din'_ dar - na udĕ-isch - ta_ ba-na udĕ-a - cha

rim-na wĕ - di_ a-ssar-na al - naf - scha - ta - - - na   usw.

Vom Abend an steige empor unser Flehen,
    Am Morgen, o neige dich unserm Gebet,
Daß zum Abend sich zeige Erquickung.

Vom Abend an steige empor unser Rufen,
Am Morgen, o neige dich uns mit Liebe,
Daß zum Abend sich zeige Erlösung.

Vom Abend an steige empor unsre Reue,
Am Morgen, o neige dich unsrer Buße,
Daß zum Abend sich zeige Gewährung.

Vom Abend an steige empor unser Seufzen,
Am Morgen, o neige dich zu uns hernieder,
Daß zum Abend sich zeige Erhörung.

Else Schubert-Christaller

Jom Kippur ist ein strenger Fasttag. Die Gläubigen bleiben den ganzen Tag über in der Synagoge. Sie ist wie zu Rosch ha-Schana ganz in weiß gehalten. Zur Mittagszeit wird aus dem Buch Jona vorgelesen. Dieser Prophet predigte den sündigen Bewohnern von Ninive Gottes Strafgericht, wenn sie nicht umkehrten. Daraufhin ließen sie von ihren Sünden ab und wurden gerettet.

Zum Ende des Versöhnungstages erklingt in der Synagoge ein langer Schofarton (Ton eines Widderhornes). Die Lichter aber werden nicht gelöscht, die Türen nicht geschlossen. Einige bleiben bis zum nächsten Morgen in der Synagoge.

In der Geschichte des israelisch-arabischen Konfliktes ist Jom Kippur mit einem Krieg verbunden. Am Versöhnungsfest, dem 6. Oktober 1973, wurde Israel von Ägypten und Syrien angegriffen, da an diesem Tag das gesamte öffentliche Leben, auch das politische und militärische, ruhte.

Der jüdische Autor *Joshua Sobol* während des Golf-Krieges 1991:

Ich war im Januar und Februar in Israel, und das war ein sehr entscheidenderZeitpunkt für das Land. Es wurde angegriffen und hat nicht zurückgeschlagen. Und fast jeder, mit dem ich darüber gesprochen habe, sagte, daß er genug habe vom ständigen Konflikt, und daß er bereit sei, zu einer Einigung mit den Palästinensern und den arabischen Staaten zu kommen...« (SZ)

Die folgende Geschichte begab sich in Sassow, einem Dorf in der Ukraine, und handelt von seinem Rabbi Mosche Löb (1744 – 1807), einem berühmten chassidischen Weisen.

Ein Kind

Hören wir, was an einem Abend des Kippurfestes geschah. Das Bethaus war brechend voll. Die Männer und Frauen von Sassow warteten mit ihren Kindern auf den Beginn des feierlichen Gottesdienstes, des Kol Nidre, aber der Rabbi hatte Verspätung. Sollte man ohne ihn anfangen? Das war undenkbar. Aber wo steckte er bloß? Gab es denn eine Aufgabe, die dringender oder lebenswichtiger für ihn war, als die heilige Gemeinde von Sassow zum Bußgebet und zur Vergebung zu führen?

Die Gäubigen sahen sich fragend an, tuschelten miteinander und wurden von einer namenlosen Angst gepackt. Was war ihrem Zaddik bloß zugestoßen? Die Minuten wurden zur Ewigkeit, die Mienen verdüsterten sich; denn bald sank die Sonne, und dann war es zu spät für das Gebet. Eine Frau stand auf und eilte zur Tür. »Ich habe mein Baby zu Hause gelassen«, entschuldigte sie sich bei ihren Nachbarinnen. »Es wird höchste Zeit, es ist spät geworden, und ich fürchte, daß es weint.« Sie ging schnell nach Hause und fand einen Mann, der ihrem Kind ein leises, getragenes Wiegenlied sang. Sie stieß einen Schrei aus, denn der Mann war niemand anders als Rabbi Mosche Löb! »Aber ..., Ihr werdet doch erwartet! Alle warten auf Euch!«

»Ja, ich weiß«, sagte der Rabbi, »aber als ich hier vorbeikam, habe ich ein Kind weinen hören und konnte es nicht übers Herz bringen, es allein zu lassen.«

Elie Wiesel

Sukkot

(September / Oktober)

Sukkot ist das siebentägige Laubhüttenfest, Sukka heißt Laubhütte. Seiner ursprünglichen Bedeutung nach ist es ein Erntedankfest für die Obst-, Oliven- und Weinlese sowie die letzte Getreideernte. In den Synagogen wird für alle Früchte gedankt und um Regen für das unter Trockenheit leidende Israel gebetet.

Wie bei den anderen Wallfahrtsfesten Pessach und Schawuot, ist neben dem naturgegebenen Anlaß eine religiös-historische Bedeutung in den Vordergrund gerückt: Die Juden erinnern sich an die vierzigjährige Wanderung von Ägypten durch die Wüste in das »Gelobte Land« Kanaan, das Land am Jordan. Während dieser Zeit lebten sie in Hütten, die sie immer wieder neu aus trockenen Palmzweigen bauten. In der Tora steht geschrieben, daß sie zum Gedächtnis daran jedes Jahr sieben Tage lang in selbstgebauten Laubhütten wohnen sollen.[29]

Die heutige Sukka wird aus Brettern, Ästen, Laub und Tüchern errichtet und mit Blumen und Früchten geschmückt. Das Dach soll so dicht sein, daß es bei Sonne Schatten bietet und so undicht, daß man bei Nacht die Sterne sehen kann. Die Hütte steht im Garten oder auf dem Balkon. In manchen Wohnsiedlungen werden Gemeinschaftshütten aufgestellt, in denen mehrere Familien abwechselnd essen und Gäste empfangen können. In den Großstädten außerhalb Israels kann man meist nur im Hof der Synagoge eine Laubhütte bauen, in der die Gläubigen dann zweimal am Tag eine symbolische Mahlzeit einnehmen. Diese Sukka erinnert die Juden daran, sich auch heute Gottes Schutz anzuvertrauen.

Die Laubhütte in Brooklyn

Im Frühherbst, als die Tage kürzer wurden und das Laubhüttenfest herannahte, vertiefte sich die Freundschaft zwischen Michael und seinem sejde, dem Großvater. In den vier Jahren, die der Alte bei den Rivkinds lebte, baute er in jedem Herbst in dem winzigen Hinterhof eine ssuke, eine kleine, mit Zweigen und Garben gedeckte Holzhütte. Für einen alten Mann war das eine schwere Arbeit, vor allem, da Wiesen, Strohschober und Bäume in Brooklyn nicht im Überfluß zu finden waren. Manchmal mußte er das Rohmaterial weit aus Jersey heranbringen.

»Warum plagst du dich so?« fragte Dorothy einmal, als sie ihm ein Glas Tee brachte, während er gerade keuchend und schwitzend mit dem Hüttenbau beschäftigt war. »Wozu diese schwere Arbeit?«

»Um die Ernte zu feiern.«

»Welche Ernte, um Himmels willen? Wir sind keine Bauern. Du verkaufst Konserven. Dein Sohn macht Mieder für Damen. Wer erntet?«

Mitleidig betrachtete er diese Frauensperson, die sein Sohn ihm zur Tochter gegeben hatte. »Seit Jahrtausenden, seit die Juden aus der Wüste gekommen sind, in Gettos und in Palästen haben sie ssukess gefeiert. Man muß nicht Kohl pflanzen, um zu ernten.« Seine große Hand faßte Michael im Nacken und schob ihn seiner Mutter zu. »Da ist deine Ernte.«

Im Gegensatz zu seiner Mutter, war Michael von der ssuke begeistert. Der sejde nahm seine Mahlzeiten unter dem Strohdach der Hütte ein, und wenn das Wetter es zuließ, stellte er auf der bloßen Erde ein Feldbett auf und schlief auch dort. Im ersten Jahr bat Michael so lange, bis seine Eltern nachgaben und ihn beim Großvater schlafen ließen.

Jahre später, als Michael zum erstenmal in den Bergen im Freien schlief, erinnerte er sich lebhaft dieser Nacht. Das Rauschen des Windes im Strohdach der ssuke fiel ihm wieder ein, das Licht des Herbstmonds, das durchs Gitterwerk der Äste fiel und ihrer beider Schatten auf den nackten Erdboden warf; und auch der Lärm des Verkehrs, der so gar nicht dazu paßte und doch irgendwie schön, gedämpft und märchenhaft in ihren Hinterhof herübertönte.

Nur eine solche Nacht war ihnen gegönnt, dem unglücklichen alten Mann und dem staunenden kleinen Jungen, die sich warm aneinanderschmiegten gegen die Kühle der Nacht und vorgaben, in einer anderen Welt zu sein.

Noah Gordon

Außer der Hütte ist ein besonderer Feststrauß für Sukkot wichtig: Er wird aus Dattelpalmen-, Myrten- und Bachweidenzweigen gebunden. In eine Hand nimmt man diesen Strauß, in die andere einen Paradiesapfel, das ist eine Zitrusfrucht, die besonders duftet. Der Strauß wird an allen sieben Tagen in der Synagoge nach einem festen Brauch »geschüttelt«, das heißt in die vier Himmelsrichtungen und nach oben und unten bewegt. Wie der Strauß aus verschiedenartigen Pflanzen zusammengebunden ist, so besteht die Gemeinde aus verschiedenartigen Menschen, die zum Laubhüttenfest gemeinsam Gott danken und seinen Segen erbitten. Eine neue Auslegung besagt, daß die Juden, die wie die

Bachweiden über die ganze Welt verstreut leben, immer verbunden sind mit ihrer Heimat Israel, in der die Palme, die Myrte und der Paradiesapfel wachsen.

Am Tag nach Sukkot wird ein großes Fest in der Synagoge gefeiert. Es ist Simchat Tora, der »Tag der Freude an der Tora«. Die wöchentlichen Lesungen aus der Tora werden mit dem letzten Kapitel abgeschlossen und mit dem ersten Kapitel neu begonnen. Vor der Verlesung werden alle Torarollen aus dem Schrein genommen und singend und tanzend siebenmal durch die Synagoge getragen.

Das folgende Gedicht hat *Nelly Sachs* (1891-1970) geschrieben, eine jüdische Lyrikerin, die den Völkermord im schwedischen Exil überlebte.

An euch, die das neue Haus bauen

Wenn du dir deine Wände neu aufrichtest –
deinen Herd, Schlafstatt, Tisch und Stuhl –
Hänge nicht deine Tränen um sie, die dahingegangen,
Die nicht mehr mit dir wohnen werden.
An den Stein
Nicht an das Holz –
Es weint sonst in deinen Schlaf hinein,
Den kurzen, den du noch tun mußt.
Seufze nicht, wenn du dein Laken bettest,
Es mischen sich sonst deine Träume
Mit dem Schweiß der Toten.
Ach, es sind die Wände und die Geräte
Wie die Windharfen empfänglich
Und wie ein Acker, darin dein Leid wächst,
Und spüren das Staubverwandte in dir.
Baue, wenn die Stundenuhr rieselt,
Aber weine nicht die Minuten fort
Mit dem Staub zusammen,
Der das Licht verdeckt.

Chanukka

(November / Dezember)

Chanukka ist das achttägige Tempelweihfest (Chanukka = Einweihung). Es erinnert an den erfolgreichen Aufstand der Juden unter Führung der Makkabäer gegen die Fremdherrschaft des griechischen Königs Antiochus aus Syrien und an die Wiedereinweihung des Tempels in Jerusalem 165 v.u.Z.. Die Hellenisten hatten den Tempel geschändet, indem sie Kultbilder von Zeus und anderen Göttern aufgestellt und unreine Tiere geopfert hatten. Antiochus hatte bewußt die religiöse Kultur des Volkes Israel unterdrückt mit dem Ziel, daß alle zu »einem einzigen Volk« werden und die Juden »die Gebräuche der Heiden annehmen« sollten.[30] Der Überlieferung nach fand man bei der Reinigung des Tempels einen einzigen, unversehrten Ölkrug. Sein Inhalt reichte normalerweise für den siebenarmigen Tempelleuchter, die Menora, nur einen Tag lang. Aber durch ein Wunder soll diese Ölmenge für acht Tage genügt haben, so daß inzwischen neues, geweihtes Öl hergestellt werden konnte. Auf dieses Ereignis geht der achtarmige Chanukkaleuchter zurück.

Chanukka im Konzentrationslager

Dann kam Chanukka nach Bergen-Belsen. Es wurde Zeit, die Chanukkalichter anzuzünden. Kein Ölkrug war aufzutreiben, keine Kerze, und eine Chanukka gehörte längst vergangenen Zeiten an. Und so verwandelte sich der Holzschuh eines Häftlings in einen Chanukkaleuchter, Fäden, aus einer Lageruniform herausgezogen, dienten als Docht, und die schwarze Lagerschuhcreme – reines Öl. Unweit der Haufen lebloser Körper versammelten sich lebendige Skelette, um dem Anzünden der Chanukkalichter beizuwohnen. Der Rabbi von Blushov zündete das erste Licht an und sang mit seiner angenehmen Stimme die beiden ersten Segenssprüche. Die festliche Melodie war von Trauer und Schmerz erfüllt.

Yaffa Eliach

Das besondere am Chanukkaleuchter ist ein neunter Kerzenhalter in der Mitte, der »Diener«. Mit seinem Licht werden die Kerzen – von rechts nach links, aber die neue immer zuerst – angezündet: Am ersten Tag ein Licht, am zweiten zwei Lichter, bis dann am achten Tag alle Kerzen brennen. Zu dieser Zeremonie gehören bestimmte Segenssprüche. So stehen die Lichter des Chanukkaleuchters im Mittelpunkt der Synagogenfeier und des anschließenden Festes zu Hause. Die Raumbeleuchtung bleibt eingeschaltet, denn das Chanukkalicht soll zum freudigen Gedenken an das Überleben der Juden vor 2100 Jahren zusätzlich leuchten.

Chanukka in Iasi, Rumänien 1987. Alte Form des Chanukkaleuchters, der früher mit Öllämpchen ausgestattet war

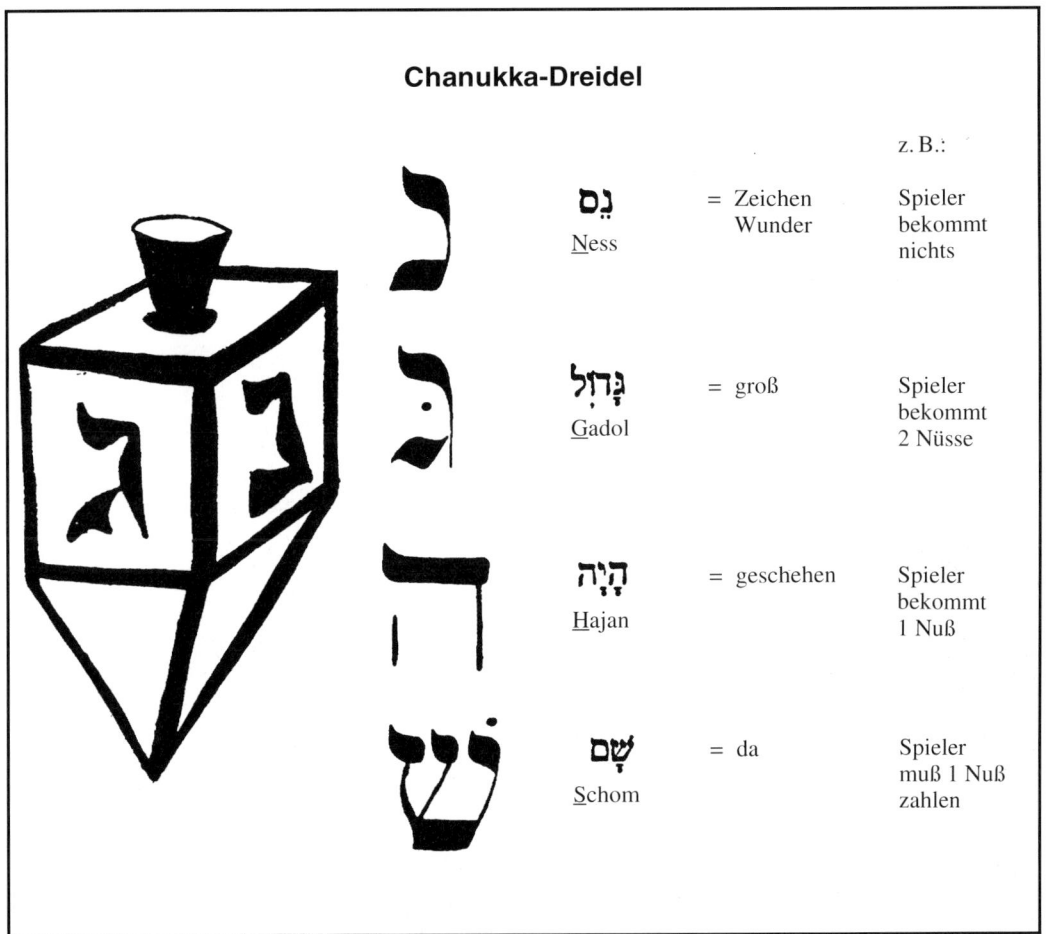

Chanukka-Dreidel

		z. B.:
נֵס Ness	= Zeichen Wunder	Spieler bekommt nichts
גָּדוֹל Gadol	= groß	Spieler bekommt 2 Nüsse
הָיָה Hajan	= geschehen	Spieler bekommt 1 Nuß
שָׁם Schom	= da	Spieler muß 1 Nuß zahlen

Solange die Kerzen brennen (mindestens 30 Minuten), soll jegliche Arbeit unterbleiben. Sonst aber darf während des Chanukkafestes gearbeitet werden. In Mittel- und Westeuropa hat die zeitliche Nähe zu Weihnachten dazu geführt, daß Chanukka in manchen Familien zu einem Fest mit Bescherung geworden ist.

An den langen Winterabenden sitzen die Menschen fröhlich zusammen, essen in Öl Gebackenes und spielen. Ein altbekanntes Chanukkaspiel ist das Trendeln oder Dreideln: Alle geben einen Einsatz, z.B. Nüsse oder Münzen, und dann wird ein vierseitiger Kreisel, der Dreidel, gedreht. Auf seinen Seiten stehen die hebräischen Buchstaben n, g, h und sch. Sie stehen für: Nes gadol haja scham, das heißt: Ein großes Wunder geschah dort. Bei einem g bekommt man den ganzen Einsatz, bei einem n nichts.

Es gibt viele, schöne jiddische Lieder. (Man kann sie auch auf Tonträgern bekommen.) Jiddisch ist eine vor allem durch hebräische und slawische Elemente angereicherte germanische Sprache, die heute noch von vielen Juden auch in Israel gesprochen wird. Man schreibt sie in hebräischen Buchstaben. Bei dem folgenden Chanukkalied wurde eine Umschrift gewählt, die eine annähernd richtige Aussprache erlaubt.

Jiddisches Chanukkalied

(jontef = Festtag, jedes ch wird wie in Dach gesprochen, das l hart, i und o kurz und offen.)

Aus: Jiddische Volkslieder, Kinder- und Wiegenlieder, (André Asriel/Werner Günzerodt). Verlag Neue Musik GmbH, Berlin 1981

Allegretto (100 ♩)
mf

Cha - nu - ke is frä - lech, cha - nu - ke is schän, cha - nu - ke is jon - tef far gross un far klän. A cha - nu - ke läm - pl mit lich - te-lech acht, zind men di lich -te-lech a nacht noch a nacht. Licht - lech un drä - dl un cha - nu - ke gelt, s' is jon - tef baj ji - dn of der gan-zer welt, cha-nu - ke jon - tef of der gan-zer welt.

Purim

(Februar / März)

Purim ist ein freudiger Gedenktag zur Erinnerung an die Errettung der Juden in Persien, die im Buch Esther beschrieben wird. In diesem Buch, das zum hebräischen Teil der Bibel gehört, geht es um jüdische Minoritäten, die um ihrer andersartigen Bräuche willen verfolgt wurden. Es wird berichtet, daß der Perserkönig Ahasveros von seinem Minister Haman angestachelt wurde, alle Juden in seinem Reich umbringen zu lassen. Dies sollte an einem besonderen Tag, den er durch das Los (= Purim) bestimmte, geschehen. Esther, die jüdische Ehefrau des Königs, erfuhr rechtzeitig davon. Sie fastete drei Tage lang und ließ die jüdischen Bewohner der Hauptstadt Susa dasselbe tun. So fühlte sie sich gestärkt und wagte es, den König in dieser brisanten Angelegenheit umzustimmen. Es gelang. Die Juden erhielten die Erlaubnis, sich an dem vom Los bestimmten Tag zu wehren und um ihr Leben zu kämpfen.

Legende von Esther

Esther war glücklich als Königin, nur eins machte ihr zu schaffen: Jeder Tag war ein Festtag, und einer verlief wie der andere, so daß es schwierig für sie war, sich des Sabbats zu erinnern, den sie als fromme Jüdin einhalten wollte. Dann fiel ihr ein Mittel ein: Sie gab sieben ihrer Mägde neue Namen, die den Tagen der Woche entsprachen, und befahl ihnen, sie stets in derselben Reihenfolge zu bedienen. Da wußte sie: Wenn »Firmament« ihr aufwartete, war es Sonntag, »Werktag« kam montags, »Garten« dienstags, »Strahlend« mittwochs, »Geschwind« donnerstags, »Lamm« freitags. Und wenn »Ruhe« zu ihr kam, wußte sie, daß Sabbat war. Durch solche und ähnliche Maßnahmen gelang es ihr, ihre Frömmigkeit im Palast von Götzenanbetern zu bewahren.

Vor Purim fasten die Juden einen Tag lang. Am Festtag selbst wird zwar gearbeitet; er wird aber dann mit einem Festmahl, mit Lebensmittel- oder Geldspenden an die Armen und mit dem Verschenken von Süßigkeiten fröhlich gefeiert. Ein traditionelles Gebäck zu Purim sind die »Hamantaschen«, die die Ohren des bösen Ministers Haman darstellen sollen. Es gibt viele, lokal unterschiedliche Bräuche für diesen Tag. Besonders beliebt ist das Kostümieren der Kinder und das Aufführen der Purimspiele, die meist die Esthergeschichte zum Inhalt haben. Beim Vorlesen in der Synagoge dürfen die Kinder immer dann die Geschichte lautstark unterbrechen, wenn der Name des Feindes Haman fällt.

REZEPT: HAMANTASCHEN

Zutaten für 36 Hamantaschen:

Hefeteig

Füllung:
1/2 Glas Wasser
1/2 Glas Zucker
100 g Mohn
geriebene Zitronenschale
1/2 Glas Semmelbrösel
3 Eßlöffel Rosinen
Saft einer halben Zitrone.

Zubereitung der Füllung: Das Wasser mit dem Zucker kochen, bis der Zucker sich auflöst. Den Mohn dazugeben und auf kleiner Flamme kochen, bis das Wasser von dem Mohn aufgesaugt ist. Den Zitronensaft und die geriebene Zitronenschale dazugeben. Wenn die Mischung dick wird, den Topf von der Platte nehmen und die Semmelbrösel sowie die Rosinen dazugeben. Abkühlen lassen.
Den Teig zu einer 3 mm dicken Scheibe ausrollen. Mit Hilfe eines Glases Kreise von ca. 10 cm Durchmesser ausstechen.
Einen Teelöffel der Füllung auf jeden Kreis häufen. Den Kreisrand mit Eiweiß bestreichen. Den Rand des Teiges an drei Stellen anheben und diesen zu einer Triangel formen; dabei die Teigränder fest zusammenkleben, damit sich die Hamantaschen beim Backen nicht öffnen.
Die Hamantaschen auf ein gefettetes Backblech legen und 30 Minuten aufgehen lassen. Die Oberseite der Taschen mit Milch bepinseln und im vorgewärmten Ofen ca. 25 Minuten backen, bis sie hellbraun sind. Aus dem Ofen nehmen und mit Puderzucker bestreuen.
Rezept von Ruth Sirkis

Pessach

(März / April)

Pessach, das erste der drei Wallfahrtsfeste, fällt in den Frühlingsmonat Nissan, der vor der Festlegung des Jahresbeginns mit Rosch ha-Schana der erste Monat im jüdischen Kalender war. Es ist die Zeit der ersten Gerstenernte, die in Israel mit diesem Fest gefeiert wurde. Die größere Bedeutung von Pessach aber liegt in der Erinnerung an den gemeinsamen Auszug der israelitischen Stämme aus Ägypten, mit dem sie als ein Volk in die Geschichte eintreten.

In der Tora (vgl. erstes und zweites Buch Mose) wird berichtet, wie die als Nomaden lebenden Israeliten während einer großen Hungersnot nach Ägypten auswanderten. Zunächst ging es ihnen relativ gut. Doch dann wurden sie auf Anweisung des ägyptischen Königs zunehmend unterdrückt und mußten Zwangsarbeit leisten. Unter Gottes Schutz wagten sie mit ihrem Anführer Mose die Flucht aus Ägypten. Sie zogen durch das Rote Meer nach Kanaan ins heutige Israel. Diese Wanderung dauerte 40 Jahre.

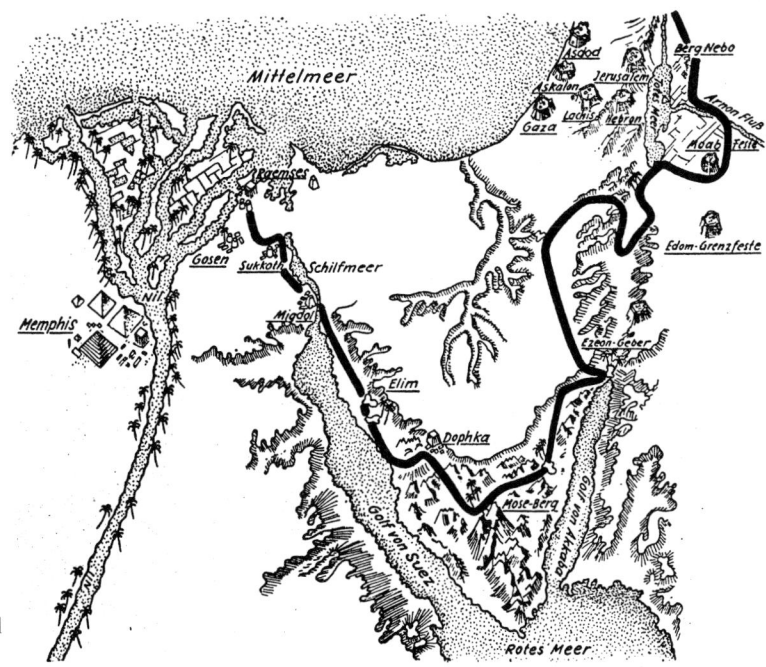

Der Weg des Volkes Israel
durch die Wüste

Die Versenkung der Ägypter

Jedes Volk hat seinen Schutzengel. Als Gott die den Juden nachjagenden Ägypter im Meer versenken wollte, kam Asa zu ihm, der Schutzengel der Ägypter, und sagte: »Herr der Welt! Du hast deine Welt mit Barmherzigkeit geschaffen. Warum willst du meine Kinder versenken?« Sofort versammelte Gott die himmlischen Heerscharen und sagte ihnen: »Richtet zwischen mir und Asa, dem Schutzengel der Ägypter.«

Da begannen die Schutzengel der Völker, die Ägypter zu verteidigen. Als Michael, der Schutzengel der Juden, dies sah, gab er dem Engel Gabriel einen Wink, und dieser flog mit einem Flügelschlag nach Ägypten. Von dort brachte er einen Ziegelstein, in dem ein Säugling war, den die Ägypter in der Mauer versenkt hatten. Damit kam er vor Gott und sprach: »Herr der Welt! So haben sie deine Kinder geknechtet!«

Sofort setzte sich Gott über sie zu Gericht und versenkte sie. Zu dieser Stunde wollten die Dienstengel vor Gott ein Lied anstimmen, aber der Allmächtige sprach zu ihnen: »Meiner Hände Werk versinkt im Meer, und ihr wollt singen?!«

Midrasch Awkir

Der Name Pessach bedeutet »hinwegschreiten«, »verschonen«. Er erinnert daran, daß Gott die Israeliten verschonte, als er die erstgeborenen Kinder der Ägypter töten ließ. Dieses war die letzte von zehn Plagen, die Gott als Druckmittel gegen die Ägypter einsetzte, damit sie die israelitischen Sklaven fortziehen ließen. Während des achttägigen Pessachfestes wird nur ungesäuertes Brot (mazza) gegessen im Gedenken daran, daß der plötzliche Aufbruch aus Ägypten es nicht gestattete, den Brotteig vor dem Backen zu säuern. Die mazzot (Plural von mazza) sind dünne knusprige Fladenbrote. Zu Pessach darf sich in der Küche überhaupt kein Brot und auch sonst nichts Gesäuertes aus Getreide, zum Beispiel Bier, befinden. Bis auf den kleinsten Krümel wird alles weggeräumt und jeder Winkel sauber geputzt.

Im Mittelpunkt des ersten Festtages steht nach dem Abendgottesdienst das große Festmahl in der Familie. Es heißt Seder nach dem hebräischen Wort für Ordnung. Bestimmte Speisen, die alle eine symbolische Bedeutung haben, werden – nachdem die der einzelnen Speise entsprechende Stelle aus der Pessach-Haggada (Pessach-Erzählung) vorgelesen und erklärt wurde – gemeinsam gegessen. Sie sind auf dem Sederteller, einer großen, runden Platte, die oft mit Ornamenten verziert ist, angerichtet: Ein gebratener Fleischknochen steht für das Pessachopfer, das im Tempel in Jerusalem bis zu seiner Zerstörung dargebracht wurde. Das »Bitterkraut«, meist Meerrettich, erinnert an die Leiden des Volkes Israel, ein Schälchen Salzwasser, in das gekochte Eier getunkt werden, an seine Tränen und bräunliches Fruchtmus an den Lehm, mit dem es auf den Baustellen in Ägypten arbeiten mußte. Grüne Kräuter bedeuten die karge Mahlzeit der Sklaven und zugleich ihre Hoffnung auf Befreiung. Dazu werden die mazzot gegessen und in bestimmten Abständen vier Becher Wein getrunken. Sie symbolisieren die vier Verheißungen Gottes: Er will »die Kinder Israel« aus Ägypten herausführen, sie erretten, erlösen und als sein eigenes Volk annehmen.[31]

Der Gedanke an die Befreiung und der Lobpreis Gottes stehen im Mittelpunkt des Sedermahles. Im zweiten Teil des langen Abends werden vor allem Lieder vorgetragen, deren Refrain alle mitsingen.

Am letzten Tag des Festes findet eine Seelenfeier zum Gedenken der Toten statt. Die anschließende Zeit – sieben Wochen bis Schawuot – wird als Trauerzeit geachtet.

REZEPT: SCHOKOLADENTORTE
FÜR PESSACH (OHNE MEHL)

Zutaten:
6 Eigelb
125 g Zucker
125 g gemahlene Mandeln
65 g geriebene Schokolade
6 Eischnee

Den Ofen auf 180 Grad vorheizen. Backpapier oder beidseitig gefettetes Pergamentpapier auf den Boden einer Springform Ø 22 cm legen. Eigelb unter allmählicher Zugabe von Zucker zu einer dickcremigen Masse schlagen. Schokolade und Mandeln hineinrühren. Den Eischnee sehr steif schlagen, vorsichtig darunterheben und die Masse sofort in die Form füllen und in den Ofen stellen. Backzeit ca. 40 Min. Mit einem Holzstäbchen prüfen, ob der Kuchen gar ist. Nach dem Backen etwas abkühlen lassen, den Teig mit einem Messer vom Rand lösen, den Rand abnehmen, den Kuchen stürzen und das Backpapier abziehen. Die Torte nach Belieben füllen und mit Schokoladenglasur überziehen.

Schawuot

(Mai / Juni)

Das zweite der drei Wallfahrtsfeste hat wie die beiden anderen eine auf die Natur bezogene und eine historische Bedeutung. Es ist das Fest, an dem in alter Zeit die ersten geernteten Weizengarben und Früchte als Dankopfer nach Jerusalem in den Tempel gebracht wurden. Noch heute schmücken die Juden im Gedenken daran alle Synagogen mit frischem Grün und Blumen. So ähnelt dieses Fest dem christlichen Pfingstfest, bei dem in den Kirchen Birkengrün aufgestellt wird, und zugleich einem Erntedankfest, wie es in Mitteleuropa naturgemäß erst im Herbst gefeiert wird.

Schawuot bedeutet Wochen. Sieben Wochen liegen zwischen Pessach, dem Beginn der Gerstenernte, und Schawuot, dem Beginn der Weizenernte. Die religiös-historische Bedeutung von Schawuot liegt in der Erinnerung an die Verkündigung der Zehn Gebote. In der Tora wird berichtet, daß Mose während der Wanderung des Volkes Israel durch die Wüste am Berg Sinai von Gott die zehn bekannten und viele weitere Gebote erhielt. Zu diesen gehört die heute besonders wichtige Forderung: »Die Fremdlinge sollst du nicht schinden noch unterdrücken; denn ihr seid auch Fremde in Ägyptenland gewesen.«[32]

Diese Gebote gehören zu den ersten formulierten Sittengesetzen in der Geschichte der Menschheit. Auf der Anerkennung dieser Gebote durch die Israeliten beruht der Bund zwischen Gott und »seinem Volk«. Es hat die Verpflichtung übernommen, die göttlichen Gebote zu befolgen und sie in der Welt zu verbreiten. In diesem Sinne ist die Formulierung »auserwähltes Volk« zu verstehen.

²אָנֹכִי יְהוָה אֱלֹהֶיךָ אֲשֶׁר הוֹצֵאתִיךָ מֵאֶרֶץ מִצְרַיִם מִבֵּית עֲבָדִים׃
³לֹא יִהְיֶה־לְךָ אֱלֹהִים אֲחֵרִים עַל־פָּנָיַ׃ ⁴לֹא תַעֲשֶׂה־לְךָ פֶסֶל׀ וְכָל־תְּמוּנָה אֲשֶׁר בַּשָּׁמַיִם׀ מִמַּעַל וַאֲשֶׁר בָּאָרֶץ מִתַּחַת וַאֲשֶׁר בַּמַּיִם׀ מִתַּחַת לָאָרֶץ׃ ⁵לֹא־תִשְׁתַּחֲוֶה לָהֶם וְלֹא תָעָבְדֵם כִּי אָנֹכִי יְהוָה אֱלֹהֶיךָ אֵל קַנָּא פֹּקֵד עֲוֹן אָבֹת עַל־בָּנִים עַל־שִׁלֵּשִׁים וְעַל־רִבֵּעִים לְשֹׂנְאָי׃ ⁶וְעֹשֶׂה חֶסֶד לַאֲלָפִים לְאֹהֲבַי וּלְשֹׁמְרֵי מִצְוֹתָי׃ ס ⁷לֹא תִשָּׂא אֶת־שֵׁם־יְהוָה אֱלֹהֶיךָ לַשָּׁוְא כִּי לֹא יְנַקֶּה יְהוָה אֵת אֲשֶׁר־יִשָּׂא אֶת־שְׁמוֹ לַשָּׁוְא׃ ס ⁸זָכוֹר אֶת־יוֹם הַשַּׁבָּת לְקַדְּשׁוֹ׃ ⁹שֵׁשֶׁת יָמִים תַּעֲבֹד וְעָשִׂיתָ כָּל־מְלַאכְתֶּךָ׃ ¹⁰וְיוֹם הַשְּׁבִיעִי שַׁבָּת׀ לַיהוָה אֱלֹהֶיךָ לֹא־תַעֲשֶׂה כָל־מְלָאכָה אַתָּה׀ וּבִנְךָ־וּבִתֶּךָ עַבְדְּךָ וַאֲמָתְךָ וּבְהֶמְתֶּךָ וְגֵרְךָ אֲשֶׁר בִּשְׁעָרֶיךָ׃ ¹¹כִּי שֵׁשֶׁת־יָמִים עָשָׂה יְהוָה אֶת־הַשָּׁמַיִם וְאֶת־הָאָרֶץ אֶת־הַיָּם וְאֶת־כָּל־אֲשֶׁר־בָּם וַיָּנַח בַּיּוֹם הַשְּׁבִיעִי עַל־כֵּן בֵּרַךְ יְהוָה אֶת־יוֹם הַשַּׁבָּת וַיְקַדְּשֵׁהוּ׃ ס ¹²כַּבֵּד אֶת־אָבִיךָ וְאֶת־אִמֶּךָ לְמַעַן יַאֲרִכוּן יָמֶיךָ עַל הָאֲדָמָה אֲשֶׁר־יְהוָה אֱלֹהֶיךָ נֹתֵן לָךְ׃ ס ¹³לֹא תִּרְצָח׃ ס ¹⁴לֹא תִּנְאָף׃ ס ¹⁵לֹא תִּגְנֹב׃ ס ¹⁶לֹא־תַעֲנֶה בְרֵעֲךָ עֵד שָׁקֶר׃ ס ¹⁷לֹא תַחְמֹד בֵּית רֵעֶךָ לֹא־תַחְמֹד אֵשֶׁת רֵעֶךָ וְעַבְדּוֹ וַאֲמָתוֹ וְשׁוֹרוֹ וַחֲמֹרוֹ וְכֹל אֲשֶׁר לְרֵעֶךָ׃ ס

Die ersten drei der Zehn Gebote aus der Biblia Hebraica

Der Baum

R»*abbi Aron von Starasola wurde einst gefragt, wodurch man Demut erlangen kann. »Durch Erfüllung der Gebote!« antwortete er und gab ein schönes Gleichnis: »Wenn ein Baum viele Früchte trägt, werden die Zweige von den Früchten gebogen und hängen tief zu Boden. Der Zweig aber, der dürr und vertrocknet ist, ragt in die Höhe und steht aufrecht, ohne sich zu biegen.«*

Tora-Rolle

Außer der großen Synagogenfeier zu Schawuot ist kein besonderer Brauch mit diesem Fest verbunden. Viele Juden pflegen Milchspeisen, z.B. frische Butter und Käsekuchen, zu essen.

Jüdische Bräuche

Ein Gottesleugner kam einmal am Vorabend zu Schawuot zum Rabbi, um mit ihm über den Feiertag zu diskutieren. Das heißt: Er suchte eigentlich nach einem Anlaß, um sich über die jüdischen Bräuche lustig zu machen. »Rabbi«, sagte er, »ich hab' herausgefunden, warum wir Juden zu Schawuot nur Milchiges essen.« Der Rabbi begriff sofort, daß der Frechling ihn zum Narren halten wollte und antwortete nur: »Laß hören!« Lacht ihm der Obergescheite ins Gesicht und erklärt: »Man ißt deshalb Milchiges, weil am Tag, an dem uns die Thora gegeben wurde, doch alles Rindvieh zum Berg Sinai lief.« Lächelt der Rabbi und gibt ihm recht: »Gut gesagt! Bevor wir Juden die Thora beim Berg Sinai angenommen haben, waren wir wirklich wie Rindvieh. Wir wußten von nichts, nichts von guten Taten, nichts von Menschlichkeit. Erst durch die Annahme der Thora wurden wir Menschen. Aber jene Juden, die bis zum heutigen Tag die Thora nicht angenommen haben, sind Rindvieh geblieben.«

Buddhistische Festtage

Zur Religion des Buddhismus, die im 6. Jahrhundert v.u.Z. in Nordindien entstand, gehören mehr als 300 Millionen Gläubige. Sie leben in China, Japan, Vietnam, Korea, Kambodscha und anderen Ländern Ostasiens. Der Buddhismus ist die vom historischen Buddha (6. Jh. v.u.Z.) in Nordindien verkündete Lehre vom Leiden der Menschen und vom Weg, das Leiden zu überwinden. Mit der vollständigen Überwindung des Leidens kann der Kreislauf von Tod und Wiedergeburt durchbrochen und der Zustand des Nirwana erreicht werden.

In China traf der Buddhismus im 1. Jahrhundert u.Z. auf die älteren Religionen des Taoismus und des Konfuzianismus. Sie durchdrangen sich und grenzten sich voneinander ab. Ahnenkult und Harmoniestreben sind die Grundelemente chinesischer Religiosität. Zu allen Zeiten galt hier Toleranz gegenüber anderen Glaubensrichtungen. Die staatliche Unterdrückung der Religion seit 1949 und besonders während der Kulturrevolution von 1966-1976 hat verheerende Folgen gehabt.

Fast alle der ehemals 50 000 Tempel wurden zerstört.
In der Bundesrepublik Deutschland leben etwa 56 000 Chinesen (2001).

Bei den mehr als 76 Millionen Vietnamesen ist der Buddhismus die am weitesten verbreitete Religion. Eine Minderheit von 6 Millionen, besonders im Süden, ist katholisch. In Vietnam hat sich der Buddhismus seit dem 2. Jahrhundert u.Z. zu einer Art Volksbuddhismus entwickelt, der von dem aus Urzeiten stammenden Geisterglauben und der traditionellen Ahnenverehrung mitgeprägt wurde. Auch das Bewußtsein vieler heutiger Vietnamesen ist mitbestimmt von dem Glauben an Geister, die die gesamte Natur, die Dinge des täglichen Lebens und das Handeln der Menschen beeinflussen. So finden sich in allen Dörfern buddhistische Tempel, in denen neben den Statuen Buddhas andere volkstümliche Gottheiten, zum Beispiel der Gott des Reichtums, des Mondes oder der Tiere aufgestellt sind. Die häufigste Form der Tempel ist die Pagode; das ist die europäische Bezeichnung für die turmartigen, von mehreren Dächern unterbrochenen Tempelbauten Ostasiens.

In der Bundesrepublik Deutschland leben etwa 85 000 Vietnamesen.

Literaturvorschlag zur Einführung in die buddhistische Religion:

Thich Nhat Hanh, Alter Pfad. Weiße Wolken. Leben und Werk des Gautama Buddha. Theseus Verlag, Leipzig 1994

多宝塔院

Pagode, zeitgenössischer chinesischer Scherenschnitt

Neujahrsfest
(Januar / Februar)

In allen Ländern Ostasiens ist das Neujahrsfest der Höhepunkt des Jahres. Nach alter vorbuddhistischer Überlieferung wiederholen sich die Jahre in einem bestimmten Zyklus. Alle 12 Jahre beginnt er neu, jedes Jahr wird nach einer alten Legende einem bestimmten Tier zugeordnet. Das erste Tier des Kreislaufs ist die Ratte, es folgen Ochse, Tiger, Hase (oder Katze), Drache, Schlange, Pferd, Ziege (oder Widder), Affe, Hahn, Hund und Schwein. Das Jahr 2002 steht im Zeichen des Pferdes. Aus dem Charakter der Tiere wird auf die Besonderheiten des jeweiligen Jahres und auf die Eigenheiten der Menschen, die in ihm geboren sind, geschlossen.

Neujahrslegende

*V*or langer Zeit standen zwölf Tiere beieinander und diskutierten. Ein Hund, ein Schwein, eine Ratte, ein Ochse, ein Tiger, ein Hase, ein Drache, eine Schlange, ein Pferd, ein Widder, ein Affe und ein Hahn. Neujahr kam heran, und sie meinten, das neue Jahr sollte einen Namen bekommen. Sie stritten sich, weil jedes Tier wollte, daß das Jahr nach ihm benannt würde.

Der Affe, der Drache und der Hund taten sich besonders hervor, denn der Affe hielt sich für das schnellste, der Drache für das wildeste und der Hund für das klügste der Tiere. Bald mischten sich die anderen Tiere ein und begannen miteinander zu streiten. Da erhob sich solch ein Knurren und Bellen, Brüllen und Schreien, Grunzen und Zischen, Klappern und Blöken, Quieken, Krähen und Wiehern, daß es die Götter störte. Sie beschlossen nachzusehen und erschienen am Himmel. Die Tiere waren sehr erstaunt und hörten auf zu streiten. »Worüber diskutiert ihr?« fragte einer der Götter. Alle Tiere antworteten auf einmal. »Still«, riefen die Götter, »was habt ihr für schlechte Manieren«. Da schämten sich die Tiere und senkten die Köpfe. Einer nach dem anderen erklärte das Problem.

»Seht ihr den großen Fluß dort?« fragten die Götter. »Wollt ihr nicht ein Wettschwimmen über den Fluß veranstalten? Wir könnten das neue Jahr nach dem Gewinner nennen«. Die Tiere waren damit einverstanden, weil jeder dachte, daß er der erste sein würde. Sie rannten zum Fluß und stellten sich nebeneinander am Ufer auf. »Seid ihr

alle bereit?« fragten die Götter. »Ja«, antworteten die Tiere. »Achtung, fertig, los«, riefen die Götter. Mit einem großen Platsch sprangen die Tiere in den Fluß und begannen, so schnell sie konnten, ans andere Ufer zu schwimmen. Der Ochse war der stärkste, und bald war er an der Spitze. Die Ratte sah das und dachte: Ich weiß, wie ich dich schlagen kann. Der Schwanz des Ochsen war gerade noch in ihrer Reichweite. Sie schwamm so schnell sie konnte, schaffte es, kletterte hinauf und dann auf seinen Rücken. Der Ochse merkte nichts. In seiner Vorfreude auf den Sieg nahm er ein Maul voll Wasser und prustete es wieder aus. In dem Moment sprang die Ratte über seinen Kopf ans Ufer. »Ti, ti, ti«, piepste sie, »ich habe gewonnen!« Der Ochse traute seinen Augen nicht. »Wo kommst du denn her«, japste er. Die Ratte lachte nur, und die Götter lachten auch. »Pech, lieber Ochse«, sagten sie, »du bist sehr stark, doch dieses Mal war die Ratte klüger. Wir wollen das neue Jahr nach der Ratte nennen. Aber weil du der zweite warst, wird das nächste Jahr nach dir heißen.«

Einer nach dem anderen kamen die Tiere am Ufer an. »Das habt ihr alle gut gemacht«, sagten die Götter. »Wir werden jedes Jahr nach einem von euch nennen, in der Reihenfolge, in der ihr angekommen seid«. Damit waren die Tiere zufrieden.

Neujahrsfest in Vietnam
Têt Nguyen Dan

Himmel, Erde und Unterwelt sind bei vielen Vietnamesen noch eine untrennbare Einheit. Der Himmelskaiser übt die Kontrolle über alle Menschen aus. Eine Woche vor Neujahr – das entspricht im Himmel einem Tag – ruft er seine Abgesandten, die Küchengeister, die in jedem Haushalt mit dem Familiengeschehen besonders eng verbunden sind, damit sie ihm über die Menschen berichten. Der Unterweltkaiser ist gleichsam die ausführende Gewalt, er bestraft die Toten, wenn sie im Leben Unrecht getan haben. In Vietnam wird dieses Geschehen mit Theatervorführungen in jedem Dorf nachgespielt. So entsteht eine Art Jahresrückblick, der heutzutage auch auf politischer Ebene im Fernsehen dargestellt wird.

Am Altjahresabend gibt es ein großes Feuerwerk, das die bösen Geister vertreibt. Die Menschen möchten mit allen Mitteln das alte Jahr, besonders seine Schwierigkeiten, hinter sich lassen. Ein dramatischer Höhepunkt ist der Drachentanz: Kopf und Körper eines riesigen, bunten Papierdrachen werden von mehreren Männern und Jungen getragen. Diese höchst bewegliche Figur kämpft gegen das Böse in Gestalt eines Mannes mit einer häßlichen Maske. Der Drache ist der Glücksbringer, ihm werden Erfolg und Vitalität zugeschrieben.

ẮT HỢI   AN LẠC

Rotes Glückwunschblatt zum Têtfest 1995
(Jahr des Schweines)
Die Zeichen bedeuten von oben nach unten:

Jahr
Schwein
Friede
innere Freude (oder Ruhe)

Die Häuser werden zum Têt (= Fest) überall mit Blumen geschmückt. In Nordvietnam sind es rosa Pfirsich- oder Kirschblüten, in Südvietnam gelbe Aprikosenblüten.Um Mitternacht wird ein großes Festessen aufgetragen. Im Mittelpunkt steht wie bei fast allen Mahlzeiten in Vietnam der Reis. Er wird mindestens zweimal am Tag gegessen. »Guten Appetit« heißt: Moi ong xoi com (Lassen Sie sich den Reis schmecken). Viele Gedichte wurden über den Reis geschrieben, wie dieses, das ein zwölfjähriger Junge verfaßte.

Der Reis unseres Dorfes
schmeckt nach dem Schlamm
des Kinh Thay Flusses
er duftet nach Lotusblumen
unter denen sich der Teich verbirgt
er murmelt das von der Mutter
gesungene liebliche Lied:
jedes Korn ist ein Korn aus Gold!

Die typische Neujahrsspeise in Vietnam ist der Klebreiskuchen. Sein Rezept hat eine lange Tradition, Form und Zutaten sind von tieferer Bedeutung.

Die Neujahrskuchen

Nach dem Sieg über das Volk der An wollte König Hung-Vuong VI. einem seiner Söhne das Reich übergeben. Er ließ alle 22 Prinzen zu sich kommen und sprach: »Wer von euch zum Neujahrsfest die vorzüglichsten Opfer für die Ahnen zubereiten kann, der soll mein Nachfolger werden.«

Alle Prinzen ließen ihre Diener in den Urwäldern oder in der Tiefe des Meeres nach den kostbarsten Schätzen suchen. Nur der neunte Prinz namens Lang-Lieu nicht. Schon früh hatte er seine Mutter verloren. Er besaß nur wenige Diener und Berater. Darum machte er sich große Sorgen, wie er es mit seinen Brüdern aufnehmen könnte. Da erschien ihm eines Nachts im Traum ein Geist:

»Unter dem Himmel und auf Erden gibt es nichts Kostbareres als Reis«, sprach er, »denn er ist die wichtigste Nahrung des Volkes. Nimm darum Klebreis und bereite daraus einen kreisförmigen Kuchen. Er soll den Himmel darstellen und den ewigen Kreislauf von Regen und Trockenheit. Dann bereite noch einen viereckigen Kuchen. Er steht für die Erde. Wie die Felder auf ihr in Rechtecken angelegt werden, so soll auch die Form des Kuchens rechteckig sein. In die Mitte der Kuchen aber lege einen Kern aus Fleisch, Zwiebeln und Pfeffer. Das soll die Menschen darstellen. Umhülle die Kuchen mit Bananenblättern und koche sie gar. Du wirst sehen, die Opfergaben werden deinem Vater gefallen.« Dann verschwand der Geist wieder, und der Traum löste sich auf. Der Prinz erwachte und begann sofort, die Reiskuchen zu kochen, genau wie es der Geist im Traum erklärt hatte.

Als das Neujahrsfest gekommen war, brachten alle Prinzen dem König ihre Opfergaben und stellten die Geschenke vor ihm auf. Eines war wertvoller als das andere. Als Lang-Lieu an der Reihe war, blickte ihn sein Vater erstaunt an und fragte, was das zu bedeuten habe. Der Prinz berichtete von seinem Traum, und was der Geist ihm geraten hatte. Der König hörte aufmerksam zu, aß dann die Kuchen und mußte feststellen, daß sie ihm vorzüglich schmeckten. Da beschloß er, Lang-Lieu zu seinem Nachfolger zu machen.

Seit diesem Tag, so wird berichtet, werden zum Neujahrstag runde und rechteckige Klebreiskuchen zubereitet und dem Himmel, der Erde und den Ahnen als Opfergabe dargebracht.

H. M. Große-Oetringhaus

Am Neujahrstag darf der Fußboden nicht gefegt werden, weil man sonst das Glück hinausfegt. Die Vietnamesen vermeiden schlechte Taten, und wenn Kinder am Têt Prügel beziehen, werden sie sie das ganze Jahr hindurch bekommen. Der erste Besucher bestimmt das Schicksal im neuen Jahr. Man sagt nämlich: So wie der erste Gast ist, wird auch das kommende Jahr. Alle Menschen werden an diesem Tag ein Jahr älter – so sind auch im Januar geborene Kinder zum Têt ein Jahr alt. Neujahr gilt deshalb als allgemeines Geburtstagsfest, an dem beson- ders die Kinder neue Kleider und von Verwandten und Freunden Geldgeschenke erhalten.

Aber auch der verstorbenen Angehörigen und der Ahnen wird zum Têt gedacht. In »Vietnam – Geschichte und Kultur« (s. Literaturangaben) heißt es: »Bei festlichen Anlässen, besonders am Neujahrstag, versammeln sich alle Familienmitglieder im Haus des ältesten Sohnes in der ›großen Ahnenlinie‹, um den Vorfahren alle frohen und traurigen Nachrichten, Geburt, Krankheit, Trauung, Tod und alle wichtigen Ereignisse des Lebens mitzu-

Têtfest 1995, buddhistische Zeremonie in einem Kultraum in Berlin.
Vor der Buddhastatue stehen zwei Blütenbäume mit roten Glücksbriefchen

teilen. Man feiert ihre Jahrestage und opfert ihnen Kerzen, Weihrauch, Blumen, Früchte, Speisen, Reiswein, man erneuert und schmückt – meist vor dem Neujahrstag – ihre Gräber.«

Zu einer eigenen Kunstrichtung haben sich die typischen Neujahrsbilder entwickelt. Es sind bunte Farbholzschnitte. Jedes Jahr werden zum Têt neue Bilder anstelle der alten aufgehängt. Sie sind reich an Motiven aus der nationalen Geschichte, den Volkssagen oder aus dem Leben auf dem Land und in der Schule.

Jede Berufsgruppe hat ihre eigenen Têt-Bräuche. Für die Bauern beginnt mit dem Neujahrstag ein Ruhemonat, der nach der Ernte für Mensch und Natur notwendig ist. In früheren Zeiten gab es keinen Sonntag, an dem die Menschen von der Arbeitswoche hätten ausruhen können.

Viele Auslandsvietnamesen besuchen zu Neujahr die religiöse Têtfeier in einer »Pagode«. Solche, zu einem Kultraum eingerichteten Läden oder Wohnungen, gibt es in allen Städten der Bundesrepublik, in denen Vietnamesen leben. Meistens finden auch öffentliche Têt-Veranstaltungen statt, zu denen jeder als Gast willkommen ist.

Eine besondere Spezialität der Vietnamesen, die bei keinem Têtfest fehlen darf, sind die Frühlingsrollen.

REZEPT: VIETNAMESISCHE FRÜHLINGS-ROLLEN

Zutaten:
Reisblätter (Reispapier)*, Bier, Öl
Für die Füllung:
200 g Gehacktes vom Schwein
200 g Krabben
10 g Morcheln*
20 g Kokosflocken
2 gequirlte Eier
2 Knoblauchzehen
30 g Glasnudeln
1 große Zwiebel
Salz, Pfeffer, Glutamat*
Für die Fischsoße:
Zucker, Sambal Oelek*, etwas Zitrone oder Essig, Fischsoße* und eine Mohrrübe, evtl. etwas Kokosmilch
*Diese Zutaten gibt es in jedem asiatischen Lebensmittelgeschäft.

Die Morcheln werden in Wasser eingeweicht, die Glasnudeln gekocht. Dann alle Zutaten für die Füllung zerkleinern, gut mischen und eine kleine Portion zum Abschmecken anbraten (Glutamat als Geschmacksverstärker). Etwa 15 Min. ziehen lassen. Für das Durchfeuchten der Reisblätter braucht man eine lange Fläche und Geschirrtücher. Die Reisblätter werden durch eine Schale mit warmem Bier gezogen, auf die Tücher gelegt und mit Tüchern abgedeckt. So werden etwa 12 Reisblätter vorbereitet. Dann 2 Eßlöffel Füllung in die Mitte geben, die Seiten einschlagen und das Ganze zusammenrollen. In einer Pfanne mit hohem Rand reichlich Öl erhitzen und die Rollen dicht nebeneinander hineinlegen. 5 Min. braten, umdrehen und weitere 10 Min. bei mittlerer Hitze braten.

Für die Fischsoße braucht man 3 Teile Wasser und 1 Teil gekaufte Fischsoße. Das Wasser erhitzen und etwas Zucker darin auflösen. Die Fischsoße und nach Geschmack etwas Zitrone oder Essig und das Gewürz Sambal Oelek hinzufügen. Eventuell Kokosmilch zum Marinieren nehmen. Für das Auge kommt etwas geriebene rohe Mohrrübe in die Soße.

Zum Essen nimmt man die Frühlingsrollen in die Hand und taucht sie in die Fischsoße. Man kann die Rollen auch in kleine Salatblätter wickeln und dann stippen.

Rezept von Tâm, Berlin

Neujahrsfest in China
Chun Jie (Januar / Februar)

Das alte chinesische Neujahrsfest Yuan Dan war und ist das größte in ganz China gefeierte Fest. Wie es zur Umwandlung in Chun Jie, Frühlingsfest, kam, wird im Kapitel »Die kultische Zeit und der exakte Kalender« beschrieben (vgl. S. 12 ff.).

Bis zur Kulturrevolution haben die Chinesen eine Woche vor Neujahr das Fest des Küchengottes gefeiert. Nach den Überlieferungen ist er der Enkel des legendären Gelben Kaisers oder der Gelbe Kaiser selbst, der den Menschen das Feuer gebracht hat. Am 24. Tag des 12. Monats berichtete der Küchengott dem Jadekaiser, dem Herrscher des Himmels, über das Verhalten aller Familienmitglieder im vergangenen Jahr. In der Küche stand ein Schrein mit seinem Bild in einer kleinen Nische über dem Herd. Am Festtag wurden vor diesem Bild brennende Räucherstäbchen, Klebreiskuchen, eine Tasse Tee und Obst als Opfergaben aufgestellt. In manchen Gegenden bestrich man ihm den Mund mit Honig, damit er nur Gutes erzählen konnte. Das Familienoberhaupt verbeugte sich dreimal vor dem Küchengott und dankte ihm für seine Gunst. Danach wurden Feuerwerkskörper angezündet, das alte Bild des Gottes herausgenommen, verbrannt und durch ein neues ersetzt.

Zum Neujahrsfest säubern und schmücken die Menschen in China ihre Häuser, die Geschäfte und Anlagen. Am letzten Abend des alten Jahres erhellen sie ihre Wohnungen so strahlend wie möglich. Früher stellten sie sogar Öllampen unter die Betten, um die bösen Geister zu vertreiben. Dann setzt sich die ganze Familie zu einem festlichen Abendessen zusammen. Um Mitternacht ziehen sich alle um und legen neue Kleider an.

In vorrevolutionärer Zeit begab sich die Familie anschließend zum Ahnenaltar, einem mit rotem Papier umkleideten Bord oder Tisch, auf dem die Bilder der Vorfahren, ein Gefäß für Räucherstäbchen und oft auch eine Buddhafigur standen. Rot ist die traditionelle Glücksfarbe. Der Familienälteste nahm mit beiden Händen ein Bund brennender Räucherstäbchen und machte kniend drei Verbeugungen, wobei er mit der Stirn den Boden berührte. Danach erhob er sich und steckte die Stäbchen in das Gefäß.

In vielen Häusern wurde nun dem Himmel und der Erde geopfert, indem man ihnen auf einem besonders hergerichteten Tisch im Hof den Neujahrsreis darbot. Sehr verbreitet war auch eine Zeremonie für den Gott des Reichtums, dessen Bilder in den meisten Wohnungen und Geschäften hingen. Die Jüngeren in der Familie wünschten den Älteren viel Glück und verbeugten sich vor ihnen. Dafür bekamen sie Geschenke und kleine rote Briefumschläge mit Geld.

Wie bei allen chinesischen Festen werden zu Neujahr Unmengen von Feuerwerkskörpern abgebrannt. Das wichtigste ist der Lärm, der alle Widrigkeiten des letzten Jahres vertreibt. Der Neujahrstag ist der erste von drei freien Tagen, an denen sich alle, auch die fernsten Verwandten besuchen. Auf dem Lande dauert der Urlaub sogar noch länger. In ganz China findet zu dieser Zeit eine wahre Völkerwanderung statt. Es wird besonders gut und reichlich gegessen. In den öffentlichen Parks finden Opern- und Theateraufführungen statt. Auch die traditionellen Löwen- und Drachentänze dürfen seit einigen Jahren wieder gezeigt werden.

Auf dem Vorplatz eines Klosters in Sechuan, China, steht eine hohe rote Fahne, das »Gewand Buddhas«.

In der letzten Woche vor dem Neujahrsfest werden in manchen Gegenden Vietnams vor den Häusern, den Dorftempeln und Pagoden Bambusstangen aufgestellt, an deren Spitze ein Stück Stoff befestigt ist. In China gibt es diese Tücher nur noch vor den wenigen Klöstern und gelegentlich an Brücken. Dieser Brauch geht auf eine buddhistische Legende zurück.

Buddha und die Geister

Vor langer Zeit gehörte alles Land den Geistern und Teufeln. Die Bauern waren von ihnen abhängig. Sie litten Hunger, denn sie mußten große Teile der Ernten an die Geister abliefern. In ihrer Not baten sie Buddha um Rat.

Buddha verhandelte mit den Geistern und bat sie, mit einem Teil der Ernte zufrieden zu sein. Da die Bauern vor allem Reis anbauten, schlugen die Geister vor: Alles, was über der Erde wächst, soll uns gehören, alles was unter der Erde wächst, können die Menschen behalten. Buddha aber riet den Bauern, Süßkartoffeln zu pflanzen, und die Geister hatten das Nachsehen.

Im nächsten Jahr forderten sie alles, was unter der Erde ist. Nun setzten die Bauern Reispflänzchen. Da merkten die Geister, daß Buddha den Menschen geholfen hatte und beschwerten sich bei ihm. Buddha erklärte den Geistern, daß die Bauern ein kleines Stückchen eigenes Land brauchten. »Ich werde mein Gewand an einen Bambusstab hängen. Das Land der Menschen soll so groß sein wie der Schatten, den mein Kleid auf die Erde wirft.« Die Geister freuten sich über den Vorschlag und waren einverstanden. Buddha aber ließ den Schatten wachsen, er wurde größer und größer. Die Geister mußten vor ihm fliehen und wurden schließlich ins Meer getrieben.

Jedes Jahr vor Neujahr kommen sie wieder, um sich ihr Land zurückzuholen. Wenn sie dann die vielen Bambusstangen sehen, flüchten sie voller Schrecken.

Nacherzählt von Dang tu Dung, Berlin

Wesak – Fest
Buddhas Geburtstag
(Mai / Juni)

Dieses traditionelle Fest wird in allen asiatischen Ländern gefeiert, in denen der Buddhismus verbreitet ist. Der Name Wesak kommt von dem gleichnamigen Monat, in dem es begangen wird. Die bei den Vietnamesen gebräuchliche Bezeichnung als Buddhas Geburtstag ist mißverständlich, denn das Geburtsdatum Buddhas ist nicht bekannt. Eigentlich gefeiert wird das Gedenken an die Erleuchtung des großen Religionsstifters, der Siddhartha Gautama hieß, aus einer Fürstenfamilie stammte und um 600 v.u.Z. in Nordindien geboren wurde. Buddha (sanskrit) bedeutet der Erleuchtete oder der Erwachte. Einer Überlieferung nach soll Buddha am gleichen Tag im jeweiligen Jahr geboren, erleuchtet worden und gestorben sein. Für die buddhistischen Mönche beginnt mit diesem für sie größten Fest das kultische neue Jahr.

Die Grunderkenntnis Buddhas ist, daß alles Leben aus Leiden besteht. Ursache dieses Leidens sind die Gier nach Lust und der Wille zum Leben. Nur durch die Befreiung von allen Leidenschaften kann – mit Hilfe des »Heiligen achtfachen Pfades« – das Leiden überwunden werden.

Am Feiertag zu Buddhas Geburtstag denken die Vietnamesen über die vier Leiden des Menschen nach: Die Geburt, die neben der Freude für die Eltern auch der Beginn menschlicher Leiden ist, das Kranksein, dem man durch möglichst gesundes Leben vorbeugen kann, das Älterwerden, das man durch Gleichmut erträglich machen kann, und der Tod. Der Buddhist versucht, durch gute Taten ein qualvolles Ende zu verhindern und nach diesem oder einem weiteren Leben den Kreislauf der Wiedergeburten zu durchbrechen, um in das Nirwana (sanskr. das Verwehen – völlige, selige Ruhe) einzugehen.

Die folgenden Verse stammen der Überlieferung nach von Buddha selbst oder sind in seinem Jüngerkeis entstanden:

Buddha lehrte

Magst tausendfachen Spruch hören
Voll leerer Worte, arm an Sinn:
Da ist ein einz'ger Spruch besser,
Der Frieden bringt dem, der ihn hört.
Magst tausendfaches Lied hören
Voll leerer Worte, arm an Sinn:
Da ist ein einz'ges Lied besser,
Das Frieden bringt dem, der es hört.

Buddhas Geburtstag wird immer am Tag nach einer Vollmondnacht gefeiert. In Vietnam ist dieser Tag arbeitsfrei. Die Gläubigen gehen in die Pagode, um zu meditieren, während Mönche mit monotoner Stimme Gebete sprechen. Ihr gleichmäßiger Rhythmus fördert das Nachdenken, die Meditation.

Ein alter Vietnamese erinnert sich

Während der Regierungszeit von Ngo Dinh Diem in Südvietnam (1954-1963) wurden die Buddhisten verfolgt. Diem, selbst ein strenger Katholik, sah in ihnen Oppositionelle und Kommunisten. Anläßlich von Buddhas Geburtstag veranstalteten die Mönche eine Prozession zur großen Pagode von Saigon. Dabei wurde ein Portrait von Buddha durch die Straßen getragen. Der Weg führte unter einer Brücke hindurch. Auf dieser Brücke ließ Diem ein großes Bild von Jesus installieren, um Buddha zu zwingen, niedriger als Jesus zu sein.

Viel schlimmer verlief ein anderer Geburtstag von Buddha. Das war 1963 in Huê. Diem hatte alle anderen Flaggen außer der Landesfahne verboten. Sein Bruder, der Erzbischof von Huê war, hielt sich nicht daran und hißte an diesem Tag die Kirchenfahnen. Die Buddhisten wollten nun auch ihre Fahnen mit sich führen, und ihr Sprecher verlangte Redezeit über den Rundfunk. Eine große Menschenmenge versammelte sich daraufhin vor dem Rundfunkgebäude und wartete auf die inzwischen verbotene Rede. Da fuhren plötzlich Polizeipanzer mitten in die Menge und eröffneten das Feuer. Es gab viele Verwundete und acht Tote, eine Frau und sieben Kinder.

Heute werden die Buddhisten in Vietnam zwar nicht als Kommunisten, aber als Oppositionelle wieder verfolgt. Viele ihrer Sprecher sitzen in Umerziehungslagern. Buddhas Geburtstag darf gefeiert werden, aber die Gläubigen, die die Pagode besuchen, werden beobachtet und oft anschließend verhört (1992).

In der Bundesrepublik Deutschland besuchen manche Vietnamesen zum Wesak- Fest einen buddhistischen Andachtsraum. Wenn sie es ermöglichen können, fahren sie am Wochenende darauf zur zentralen Pagode in Hannover, um gemeinsam Buddhas Geburtstag zu feiern. Diese Pagode wurde aus Spenden der Vietnamesen gebaut.

Buddhistische Mönche zu Besuch in einem Kultraum in Berlin.
Rechts neben dem Buddhabild die buddhistische Fahne: Jede Farbe hat eine symbolische Bedeutung: Blau für den Glauben, Gelb für die Kraft, Weiß für die Gedankenreinheit, Rot für die Konzentration, Orange für den Verstand, das Farbengemisch für Frieden und Harmonie.

Verstorbenen-Gedenktag in Vietnam
Le Vu Lan
(August / September)

Le Vu Lan ist ein Feiertag der Besinnung. In allen Pagoden des Landes werden die Gläubigen aufgefordert, ihre Versäumnisse und Vergehen wiedergutzumachen und großzügig gegenüber Freunden und Feinden zu sein. Dieses gilt auch im Gedenken an die Verstorbenen. In Vietnam wird eine unhöfliche Haltung den Eltern gegenüber als grobe Verfehlung angesehen. Wenn man zu Lebzeiten der Mutter und des Vaters versäumt hat, ihnen ehrerbietig zu begegnen, kann man ihnen durch gute Taten auch noch in der Unterwelt das Dasein erleichtern.

In den Häusern bereiten die Frauen und Mädchen bestimmte Speisen zu und bringen sie zu den Gräbern ihrer Angehörigen. Oder sie stellen sie auf Bambus-Tabletts vor das Haus. Daneben werden Räucherstäbchen in die Erde gesteckt und angezündet. Mit dieser Geste lädt die Familie die Verstorbenen ein, an dem gemeinsamen Mahl teilzunehmen. Wenn die Räucherstäbchen verloschen sind, können Kinder und arme Leute die Speisen mitnehmen und essen. Oft werden auch Lebensmittel für die Bedürftigen ins Gemeindehaus gebracht.

Le Vu Lan ist zugleich ein Fest zu Ehren der Mütter. Diejenigen, deren Mutter noch lebt, erhalten eine rote, die anderen eine weiße Rose. Weiß ist in Vietnam die Farbe der Trauer. So tragen die Angehörigen von Verstorbenen zur Beerdigung weiße Stirnbinden und in manchen Gegenden auch weiße Gewänder über ihrer Kleidung.

In der Nähe Saigons stellt eine Vietnamesin einen Teller mit den Lieblingsspeisen ihres verstorbenen Mannes an sein Grab.

Die Vietnamesen führen den Feiertag auf eine Legende zurück, in der ein Erleuchteter, das ist ein in der Erkenntnis der buddhistischen Lehre lebender Mönch, seiner Mutter zuliebe in die Hölle ging. Indem er sich an den Füßen aufhängen ließ, nahm er ihre Qualen auf sich, um sie aus der Hölle zu erlösen.

Die Mutter ist zugleich das Symbol der Erde. So wird zu diesem hohen Fest die umgebende Natur besonders gepflegt und auch für ihre Erhaltung in der Zukunft gesorgt.

Die weise Mutter und der folgsame Sohn

E*s war einmal eine Frau, die lebte zusammen mit ihrem Sohn. Nun liebte die Mutter Hühnerfleisch über alles, und der Sohn bemühte sich, ihr allzeit diesen Wunsch zu erfüllen. Eines Tages fühlte sie sich, wohl wegen eines Witterungsumschlages, nicht gut und mochte keine andere Speise als Hühnerfleisch essen. Unglücklicherweise war in der ganzen Nachbarschaft kein Huhn aufzutreiben. Der Markt lag zudem weit entfernt vom Dorf, und da es stürmte und in Strömen regnete, war es ihm unmöglich, seiner Mutter das so sehr begehrte Hühnerfleisch zu beschaffen. Sie besaßen aber eine einzige Henne, die gerade zwölf Küken ausgebrütet hatte. Da der Sohn nicht mehr aus noch ein wußte, wo er Hühnerfleisch hernehmen sollte, ging er zu seiner Mutter und bat um die Erlaubnis, die Henne für sie schlachten zu dürfen. Die Mutter verweigerte es ihm und sagte: »Die Henne hat Junge. Wir sollten aus Mitleid mit dem Tier sie diese zunächst großziehen lassen. Später können wir sie dann mit Gewinn verkaufen. Hast du nicht gehört, daß man zu sagen pflegt: Wie die Küken ohne Henne. Daher töte die Henne nicht, laß sie am Leben!« Der Sohn erwiderte: »Du hast recht, Mutter. Doch Hühner kann man jederzeit haben, während man Vater und Mutter nur einmal besitzt. Erlaube mir bitte, das Huhn zu schlachten und für dich zuzubereiten.« Die Mutter versagte ihm diese Bitte, und der Sohn mußte sich fügen.*

Als die Dorfbewohner von diesem Begebnis erfuhren, lobten sie Mutter und Sohn, indem sie sprachen: »Wahrlich, eine weise Mutter und ein folgsamer Sohn. Der Sohn liebt seine Mutter, und die Mutter hat Erbarmen mit den Tieren.«

Mondfest in China
(September)

Das Mondfest, auch Mitte-Herbst-Fest genannt, wird in vielen Ländern Ostasiens gefeiert. Sein Ursprung reicht in die Frühzeit der Menschheit zurück. Nach dem chinesischen Kalender fällt das Mondfest genau in die Mitte der drei Herbstmonate. Es ist Vollmond, und zugleich hat der Mond seine geringste Entfernung zur Erde. Darüber hinaus wird er von der Sonne in einem besonders günstigen Winkel angestrahlt. Sein außergewöhnlicher Glanz zu dieser Zeit hat die Menschen seit eh und je fasziniert. Sie saßen nächtelang vor ihren Häusern und schauten einfach in den Himmel.

Heute wird das Mondfest mit einem Picknick im Freien oder einem Spaziergang in den Park gefeiert. In den Dörfern sitzen die Familien wie in alter Zeit vor ihren Häusern. Überall werden an diesem Abend Mondkuchen gegessen. Das sind handflächengroße, runde Gebäckstücke mit einer süßen Füllung aus Datteln, Sesam, Lotuskernen oder Bohnenmasse. Manchmal enthalten sie auch ein halbes Entenei oder Fleisch.

Der Mondkuchenbrauch erinnert an einen erfolgreichen Aufstand der Chinesen gegen die Herrschaft der Mongolen im 14. Jahrhundert. Die Chinesen durften sich nicht versammeln oder nach Dunkelheit auf die Straße gehen. So verständigten sie sich durch kleine Zettel, die in Kuchen eingebacken waren. Als die Rebellen im Herbst 1354 an mehreren Stellen des Landes im Vormarsch waren, galt es, die Provinzhauptstadt zu erobern. Um alle Einwohner zu mobilisieren, wurde die Parole zum Aufstand als Mondkuchenfüllung in jedes Haus gebracht.

Zu allen Zeiten haben die Mondflecken die Phantasie der Menschen angeregt. In Asien glaubte man, daß sie einen Hasen darstellen. Der Hase galt wegen seiner vielen Feinde als der Inbegriff der gehetzten Kreatur, die sich nur durch besonders große Vermehrung erhalten konnte. So wurde er zum Sinnbild für Fruchtbarkeit, zu einem Lebens- und Glückssymbol. Es gibt viele Legenden darüber, wie der Hase auf den Mond gelangt ist.

Legende vom Mondhasen

Eines Mittags kam Buddha auf eine Waldlichtung. Es war die Zeit, wo jede Kreatur Schatten aufsucht und der Reisende unter Müdigkeit und Hitze leidet.
Zu diesem Zeitpunkt nahm Buddha die Gestalt eines Brahmanen an und rief voll Kummer: »Allein, die Freunde verloren, ich bin hungrig und durstig. Helft mir, ihr

Gläubigen!« Alle kleinen Waldbewohner hörten die Rufe, und einer nach dem anderen eilte zu dem heiligen Mann, bat ihn zu bleiben und ihre Gastfreundschaft in Anspruch zu nehmen. Jeder brachte nach seinen Möglichkeiten etwas zu essen. Der Otter brachte sieben Fische und sagte: »Nimm dies an und bleibe bei uns.« Der Schakal brachte etwas von seiner Beute und sagte: »Beehre uns mit deinem Besuch und gib uns Instruktionen«. Als die Reihe an den Hasen kam, trat er mit leeren Händen vor und sagte bescheiden: »Meister! Ich bin im Wald aufgewachsen und ernähre mich von Gras und Kräutern. Ich kann nichts anderes anbieten als meinen Körper. Gewährt mir die Gunst, Euch mit meinem eigenen Fleisch zu speisen, denn ich kann nichts anderes geben!« Da erspähte der Hase in der Nähe magische Kohle, die ohne Rauch brannte. Er wollte in die Flammen springen, hielt dann aber inne und begann, die kleinen Tiere, die seinen Pelz bewohnten, herauszuklauben. Er sagte: »Meinen Körper kann ich dem Heiligen opfern, aber ich habe nicht das Recht, euch das Leben zu nehmen.« Er setzte die Insekten vorsichtig auf den Boden und warf sich in das Feuer.

Buddha nahm wieder seine Gestalt an und pries dieses Opfer: »Er, der sich selbst vergessen hat, die bescheidenste der irdischen Kreaturen, wird den Ozean des Friedens erreichen! Alle Menschen sollen von ihm lernen und ebenso mitleidsvoll und hilfreich werden!« Darüber hinaus wies Buddha an, daß das Bild des Hasen nun als leuchtendes Beispiel für alle Zeiten den Mond zieren sollte.

Der Vollmond mit dem Mondgott in der Mitte und dem Hasen auf dem Rücksitz des Wagens

In vorrevolutionärer Zeit wurde dem Mondgott auf einem Altar im Freien geopfert. Vor einem Bild des Mondes oder einer kleinen Tonfigur des Mondhasen stellten die Frauen fünf Teller mit runden Früchten auf, Äpfel, Pfirsiche, Trauben, Granatäpfel und Melonen. Die runde Form symbolisiert dabei nicht nur den Mond, sondern auch die Einheit der Familie. Kleine Schalen mit Wein kamen hinzu, Räucherstäbchen wurden angezündet und nachgeahmtes Papiergeld verbrannt. Dann trat eine Frau nach der anderen vor den Altar und machte ihre Verbeugungen. Zum Abschluß der Zeremonie wurde das Mondbildnis verbrannt.

Hinduistische Festtage

In Indien sind von einer Milliarde Einwohnern etwa 80% Hindus. Der Hinduismus ist eine seit 3500 Jahren historisch gewachsene Religion, die auf dem indischen Subkontinent viele regional unterschiedliche Richtungen und Formen ausgebildet hat. Sie enthält keine festumrissene Glaubenslehre und keinen eindeutig beschriebenen Erlösungsweg. Götter, Tiere und besondere Gegenstände werden verehrt. In Indien wie in weiten Teilen Ostasiens ist der Glaube verbreitet, daß alle Lebewesen nach ihrem Tod wiedergeboren werden. Das geschichtliche und religiöse Denken verläuft eher zyklisch als linear.

Unter den zahlreichen Göttergestalten ragen Brahma, Vishnu und Shiva heraus. Brahma ist der Schöpfer der Welt, Vishnu ihr Bewahrer, und Shiva ist der Fruchtbarkeits- und zugleich der Vernichtungsgott.

Die meisten Hindufeste finden zu Ehren von Göttern und Göttinnen statt. Zahlreich sind auch die Feiertage, an denen besonderer Ereignisse aus dem Leben von göttlichen Inkarnationen gedacht wird. Denn nach alter Überlieferung kamen die Götter in verschiedenen Verkörperungen auf die Erde, um den Menschen zu helfen und sie zu erlösen.

In der Bundesrepublik Deutschland leben etwa 35 000 Inder (2001).

Literaturvorschlag zur Einführung in die hinduistische Religion:
Helmut von Glasenapp, Der Hinduismus, Religion und Gesellschaft im heutigen Indien. Georg Olms Verlag, Hildesheim 1978

Hindutempel in Bhubaneshwar, Orissa, um 1000 n.u.Z.

Pongal
Erntedankfest bei den Tamilen
(14. / 15. Januar)

Das Reis-Erntedankfest ist das größte Fest bei den etwa 27 Millionen Tamilen in Südindien und den etwa 3 Millionen Tamilen in Sri Lanka, das früher Ceylon hieß.

Die meisten tamilischen Flüchtlinge, die in Deutschland leben, kommen aus dem Norden und Osten Sri Lankas. Auf dieser Insel lebten bis zum Beginn des 19. Jahrhunderts buddhistische Singhalesen und hinduistische Tamilen in zwei von einander unabhängigen Königreichen mit eigenen Sprachen und Kulturen. Die britischen Eroberer lösten die beiden Königshäuser auf und errichteten nach dem Programm der indirekten Herrschaft eine gemeinsame Kolonialverwaltung mit singhalesischen und tamilischen Angestellten. Dabei bevorzugten sie die Minderheit der etwa 20% Tamilen.

Nach der Unabhängigkeit 1948 versuchten die Singhalesen, den Einfluß der Tamilen zurückzudrängen. Ihr Zugang zu den Bildungseinrichtungen und allen öffentlichen Ämtern wurde drastisch eingeschränkt. Die Mehrheit in der Regierung erklärte singhalesisch zur Amtssprache und den Buddhismus zur Staatsreligion. Gegen diese Maßnahmen kämpften die Tamilen um ihre Gleichberechtigung. Sie gründeten 1972 eine eigene Partei zur Durchsetzung von Autonomiebestrebungen. Da diese auf parlamentarischem Wege ohne Erfolg blieb, bildete sich 1975 die militante Organisation der Tamil Tigers. Seitdem herrschen bürgerkriegsähnliche Zustände in Sri Lanka. Trotz gemäßigter Regierungen nach 1988 brechen sie immer wieder aus, so daß Tausende von Flüchtlingen ihre Heimat verlassen müssen. In der Bundesrepublik leben schätzungsweise 40 000 Tamilen.

Das Pongalfest geht auf ein uraltes Fest zur Wintersonnenwende zurück. Es wurde von Indogermanen im kalten Klima des Hindukuschgebirges zur Wiederkehr der wärmenden Sonne gefeiert und nach ihrer Ansiedlung im Süden Indiens beibehalten. Auch heute noch zünden die jungen Leute in vielen Orten vor Sonnenaufgang Freudenfeuer an, die weithin in der Dunkelheit leuchten. Dann springen sie, wenn die Flammen erloschen sind, über die Gluthaufen.

Das Pongalfest findet nach dem hinduistischen Kalender am ersten Tag des ersten Monats im Jahr, dem Glücksmonat Thai, statt. Das Thai Pongal, wie das Fest auf tamilnadu heißt, könnte man mit »Januarkochen« übersetzen. Wie die Nahrung für die Menschen lebenswichtig ist, so ist die Sonne lebenswichtig für die Pflanzen. Das Hauptnahrungsmittel der Tamilen ist der Reis. Zum Fest bringen die Menschen dem Sonnengott den ersten frischgeernteten Reis in einer Opferzeremonie dar.

Vor dem Thai Pongal werden das ganze Haus und besonders alle Küchengegenstände gründlich gereinigt. Das Fest findet im Hof statt, der zu jeder Wohnung gehört. Sogar in den Großstädten haben die meisten Bewohner wenigstens einen kleinen Hof, sonst feiern sie auf der Treppe vor dem Haus. Der Hof bekommt vier Wochen lang jeden Morgen nach dem Fegen ein wunderschönes Muster: Kleine Steine markieren die Mittelpunkte, um die die Frauen kunstvolle Linien aus geschrotetem Reis legen. Die Körner sind für die Vögel bestimmt, die sie im Laufe des Tages aufpicken.

Am frühen Morgen des Festtages wird der Hof das letzte Mal geschmückt. Die Menschen stehen um vier Uhr auf, um alles vorzubereiten. In der Mitte des Hofes wird nur für diesen Tag aus drei Steinen ein Herd gebaut. (In den Wohnungen haben die Tamilen meistens modernere Feuerstellen.) Alle Familienangehörigen duschen sich und ziehen schöne Kleider an. Dann wird ein neuer Topf auf den Herd gestellt. Es ist ein hoher, bauchiger Tontopf, der besonders verziert ist: Eine Palmenrispe umschlingt ihn an der dünnsten Stelle, am »Hals«. In diesem Band stecken Mangoblätter und Blumen. Nun gießen die Frauen Wasser, Milch und aufgelösten Zucker von Kokos- oder Palmerapalmen in den Topf.

Um sechs Uhr geht – wie jeden Morgen in Sri Lanka – die Sonne auf. Das Holzfeuer zwischen den Herdsteinen wird so angefacht, daß die Milch gerade zum Kochen hochkommt, wenn gegen sieben Uhr die Sonne über die Hofumfriedung scheint. So können ihre Strahlen den obersten Milchschaum zum Glitzern bringen. Die ganze Familie steht um den Topf herum und bricht in Jubel aus. Manche klatschen bei dem Ereignis in die Hände. Die Kinder freuen sich an kleinen Böllerschüssen und Wunderkerzen. Bei gläubigen Hindus werden Danklieder für den Sonnengott Suryan angestimmt. Währenddessen schüttet das Familienoberhaupt navanna, den neuen Reis, in die aufkochende Milch. Hinzu kommen gelöster Palmenzukker, Ghee, das ist die Fettschicht auf der Milch, die einige Tage lang gesammelt und zu gelblichem Öl »gebacken« wurde, und manchmal Payaru, würzige, kleine grüne Linsen.

Tamilische Glückwunschkarte zum Pongalfest
mit dem überquellenden Milchreistopf

Wenn alles gar gekocht ist, nimmt der Hausherr mit einem Holzlöffel etwas von dem duftenden Reis und gibt es auf ein großes Bananenblatt.

Um den Reis herum werden eine Mango, eine Papaya, eine Banane und eine Brotbaumfrucht gelegt. Hinzu kommen ein Betelblatt und Betelnüsse. Neben dem Reis wird eine Kokosnuß aufgestellt. Ihre »Haare« hat man hochgebunden und in die Spitze eine Hibiskusblüte und einen Grashalm gesteckt.

Inzwischen scheint die Sonne voll auf diese schöne Opfergabe. Meist sind es die Kinder, die sich nun noch einmal mit Gebeten und Gesängen an den Sonnengott wenden.

In ländlichen Gegenden wird neben die Reisgabe ein besonderes Glückszeichen gesetzt. Es besteht aus frischem Rindermist, der zu einem männlichen Fruchtbarkeitssymbol geformt und mit Gras und Blumen verziert wird. Die Hindu sehen in ihm den Phallus des Gottes Shiwa, der ihnen Segen bringen möge. Nach der Opferzeremonie wird das süße Reisgericht mit Obst von allen gemeinsam gegessen. Die Nachbarn schenken sich gegenseitig etwas, und auch die Armen bekommen einen Anteil.

Bedeutung der Pongalriten

Wenn du Pongal auf diese Weise feierst,
wandelt sich dein Sinn für Werte.
Du beginnst zu verstehen,
daß dein wirklicher Reichtum
im Wohlwollen und der Freundschaft
deiner Verwandten, Freunde, Nachbarn und Diener liegt,
daß dein wirklicher Reichtum
die Erde ist, auf der deine Nahrung wächst,
und das Vieh, das dir bei der Feldarbeit hilft
und die Kuh, die dir Milch gibt.
Du beginnst, größere Liebe und Respekt für sie zu empfinden
und für alle Lebewesen.

Für die hinduistischen Tamilen ist es selbstverständlich, am Thai Pongal einen Tempel aufzusuchen und dort zu beten. Diese Tempel sind einem Gott oder einer Göttin geweiht, aber sie enthalten viele Nischen, in denen auch andere Gottheiten verehrt werden können. Das weitere Fest verläuft ohne besondere Rituale. Den ganzen Tag über darf vom Reis genascht werden.

Am zweiten Festtag feiert besonders die bäuerliche Bevölkerung das Maddu Pongal. Alle großen und kleinen Haustiere werden an einem Gewässer gebadet und mit Blumen geschmückt. Sie bekommen einen roten Punkt als Glückszeichen auf die Stirn. Dieser rote Punkt hat in Indien unzählige Bedeutungen. Eine mag sein, daß die Menschen in alter Zeit annahmen, an einer bestimmten Stelle der Stirn befände sich ein empfindlicher Nerv, der vor der Sonne geschützt werden müsse. Die Familienangehörigen füttern die Tiere mit dem geheiligten Reis und mit anderen guten Bissen.

An manchen Orten ehren die Bauern ihre Kühe, indem sie mehrmals feierlich um sie herumgehen und sie mit Wasser besprengen, dem sie Safran, Baumwollsamen und Blätter des Margosabaumes beigemischet haben. Den Stieren und Ziegenböcken binden sie lange Schnüre mit Kokosnüssen und Glokken, mit Bananen und allerlei anderen Gegenständen an die Hörner. Auf ein Zeichen hin läßt man sie laufen. Man erschreckt die Tiere zusätzlich mit Trommelschlagen und Geschrei, sodaß sie wild umherrennen. Der furchterregende Lärm wird durch ihre Anhängsel immer größer. Die Jungen halten sich an den Schwänzen der Tiere fest und versuchen, die an den Schnüren baumelnden Gegenstände abzureißen. Schließlich aber sind Tiere und Menschen müde. Die Rinder und Ziegen dürfen wieder friedlich grasen, ja man öffnet ihnen zum Pongalfest Speicher und Kammern, damit sie es sich wohl sein lassen.

Nach Berichten von zwei Tamilinnen, Berlin 1995

Shiwa und sein Stier

Der Gott Shiwa bat seinen Stier Basawa, den Menschen mitzuteilen, daß sie jeden Tag ein Ölbad nehmen und einmal im Monat essen sollten. Versehentlich aber verkündete Basawa, daß jeder täglich etwas essen und einmal im Monat baden sollte. Dieser Irrtum erzürnte Shiwa sehr, und er sprach einen Fluch über Basawa aus. Darin befahl er ihm, auf der Erde zu leben und die Felder zu pflügen, um den Menschen bei der Arbeit für die tägliche Nahrung zu helfen.

Holi
Farbenfest in Indien
(März)

Holi ist das große Fest zu Ehren Krishnas, der bedeutendsten Verkörperung des Gottes Vishnu. Krishna lehrte die Menschen durch das Vorbild seines eigenen Lebens den liebevollen und fröhlichen Umgang der Menschen miteinander. Zugleich war er ein mächtiger Gott, der Dämonen tötete. Zahlreiche Legenden über ihn sind in dem altindischen Epos Bhagavata Purana überliefert.

Das Holifest hat seinen Namen von der Dämonin Holika, die auch Putana genannt wird. Dem grausamen König Kangsa war geweissagt worden, daß ein auserwähltes Kind ihn töten würde. Als er von der Geburt dieses Kindes hörte, beauftragte er Holika, alle neugeborenen Knaben in jener Gegend umzubringen.

Krishna tötet die Hexe Putana

Putana begab sich in der Gestalt einer hübschen, jungen Frau zum Haus von Krishnas Pflegemutter Yasoda. Mit ihren gerundeten Hüften, den vollen Brüsten, den Ohrringen und den Blumen im Haar sah sie wunderschön aus, und ihre Schönheit wurde durch ihre schmale Taille noch hervorgehoben. Sie schaute jedem mit einem bezaubernden Lächeln in die Augen, und alle waren von ihrer Schönheit gefangen.

Putana nahm Baby-Krishna auf ihren Schoß, und Yasoda schaute ihr dabei zu; doch weil die Hexe so wunderschön gekleidet war und mütterliche Zuneigung für Krishna zeigte, hinderte sie sie nicht daran. Sie wußte nicht, daß Putana wie ein Schwert in einer verzierten Scheide war. Putana hatte ihre Brüste mit einem tödlichen Gift eingerieben, und gleich nachdem sie das Kind auf den Schoß genommen hatte, schob sie Ihm eine ihrer Brustwarzen in den Mund. Sie erwartete, daß Krishna augenblicklich sterben würde, wenn Er an ihrer Brust saugte; Baby-Krishna jedoch griff zornig nach der Brust der Dämonin und saugte ihr zusammen mit der vergifteten Milch die Lebensluft aus dem Körper. Krishna ist so barmherzig, daß Er sogar den Wunsch der Hexe Putana erfüllte und sie als Seine Mutter annahm, als diese Ihm ihre Brustmilch anbot. Um sie *jedoch von weiteren Abscheulichkeiten abzuhalten, tötete Er sie auf der Stelle. Sie stürzte zu Boden, warf Arme und Beine weit von sich und schrie laut.*

Als Putana niederfiel und starb, erzitterten Himmel und Erde unter ungeheurem Krachen, und den Menschen schien es, als fielen Blitze vom Himmel. So endete der Alptraum von der Hexe Putana, und sie nahm wieder ihre wirkliche Gestalt als große Dämonin an.

Nach einer anderen Legende soll das Kind Krishna getötet werden, indem die Dämonin Putana, die sich für unsterblich hält, das Kind in ihren Mantel hüllt und sich mit ihm in ein Feuer setzt. Dabei verbrennt aber die Hexe und Krishna bleibt am Leben. Auf diese Geschichte geht der Brauch zurück, am Vorabend des Holifestes Bildnisse der Dämonin in großen Freudenfeuern zu verbrennen. Holika (von homa = Feueropfer) verkörpert seit alter Zeit auch den strengen Winter in Nordindien. Mit dem Verbrennen des Bildes soll der Winter weichen. Viele Inder nehmen etwas von dem Feuer mit nach Hause, damit sie vor Unglück bewahrt bleiben.

Krishna lebte in seiner Jugend in einer wiesenreichen Gegend Nordindiens wie viele seiner Gleichaltrigen als Kuhhirte. Er trug ein goldgelbes Gewand und eine Blumengirlande um den Hals; er steckte sich eine Pfauenfeder ins Haar und Blüten hinter das Ohr. Mit seinem Flötenspiel bezauberte er vor allem die Hirtinnen, die gopis. Am schönsten fanden sie den rasa-Tanz, den Krishna eines Tages erfand: Er legte zwei Mädchen die Arme um die Schultern, die anderen hielten sich an den Händen und alle tanzten zusammen. Wenn sie ermattet waren, erfrischten sie sich in einem Bach. Sie besprizten sich gegenseitig mit Wasser, das dabei die Farbe der rot bemalten Haut der gopis annahm.

Holi wird in allen Landesteilen Indiens gefeiert, besonders aber in Nordindien: in Mathura, wo Krishna geboren wurde, in Barsana, wo er seine Geliebte, Radha, traf, und in Vrindaban, wo sich beide mit ihren Gespielinnen vergnügten.

In Barsana beginnt das Fest mit einem Besuch des Radha Tempels. Die Priester teilen ein berauschendes Getränk an die Menschen aus. Viele haben es sich auch mitgebracht; es besteht aus bhang, dem Saft von Cannabisblättern, der mit Mandeln, Zucker, geronnener Milch und Anis gemischt wird. Während der Puja, der rituellen Verehrungs- und Opferzeremonie, bleibt ein Vorhang vor diesem Geschehen geschlossen. Wenn er dann geöffnet wird, brechen die Menschen in Jubel aus, sie umarmen einander und tanzen vor Begeisterung.

Am nächsten Morgen ziehen die Inder aus den Städten und Dörfern hinaus in die Natur. Sie halten sich paarweise an den Händen wie Krishna und Radha. Viele, auch Kinder und Alte, sind wie das göttliche Paar als Kuhhirten verkleidet und spielen wie Krishna Flöte. Sie tanzen und singen die alten Liebeslieder.

Krishna und Radha. Krishna wird allgemein mit einer blauen Gesichtsfarbe dargestellt.
Das soll darauf hindeuten, daß der menschgewordene Gott den Menschen eigentlich sehr fern ist,
gleichsam wie durch eine Atmosphärenschicht von ihnen getrennt.

Nachmittags strömt die Menschenmenge zurück, verstopft die Straßen und Gassen, und nun beginnt der berühmte Farben-Spaß. Jeder hat sich Puder in allen Farben, besonders aber in rot, besorgt. Mit Wasser und Farbe beschmieren, besprühen, bespritzen sich die Menschen gegenseitig. Es rieselt und strömt von Dächern und Mauervorsprüngen. Alt und Jung, Frauen und Männer wirbeln durcheinander. Die Kastenschranken, die Unterschiede zwischen den Menschen, sind aufgehoben. Alle lachen und schreien, alle werden einbezogen.

Aber auch das Lathmar Holi, das Stockhauen, gehört zum Fest. Waren es zu Krishnas Zeiten die verliebten Kuhhirten, die sich spielerisch Scheinkämpfe lieferten, so sind es heute die Frauen, die einmal im Jahr die Männer mit Bambusstöcken schlagen dürfen. Die gespielten Schmerzensschreie der Männer und das Lachen der Frauen mischen sich mit Trommelwirbel und Trompetenstößen.

In vielen Orten Indiens ist zum Holifest mitten im Hof des Radha Tempels eine hohe Bühne aufgebaut. Unter Trommel- und Posaunenklang ziehen Krishna und Radha als kindliches Paar ein und nehmen auf der Bühne Platz. Sie sind kunstvoll geschminkt und geschmückt. Während die Menschenmenge um sie herum, berauscht vom Bhang-Getränk, zu ihnen aufschaut, tanzt und singt, sehen sich die beiden verliebt an und berühren sich mit den Fingerspitzen. Auch hier regnet es plötzlich Farbwasser und Blumenblüten von den Tempeldächern, so daß alle Menschen zu gleichen bunten Wesen werden.

Kindliches Krishna-und Radha-Paar beim Holifest

Indien ist seit alter Zeit durch die Kastenordnung geprägt worden. Mit »Casta« (portugiesisch) werden die sozialen Stände in der indischen Gesellschaft bezeichnet. Die Inder selbst nennen dieses System »Varna«, das heißt in der Grundbedeutung Farbe. Der Ausdruck weist auf den ursprünglichen Gegensatz zwischen den dunkelhäutigen Ureinwohnern, den Drawiden, und den eingedrungenen Ariern (arya = die Reinen) hin. Die herrschenden Kasten leiten ihre Machtstellung aus den Veden, heiligen Schriften aus der Zeit 1500 bis 500 v.u.Z., ab. Im Laufe der Jahrhunderte haben sich aus den vier Ständen der Vedenzeit mehr als 3000 Kasten gebildet. Unter allen anderen stehen die Kastenlosen, die »Unberührbaren«. 1949/50 wurde das Kastensystem offiziell abgeschafft, es bestimmt aber noch heute weitgehend das gesellschaftliche Leben Indiens.

Asha, die Unberührbare

D*ie Haustür wird von innen geöffnet. Ein Diener verneigt sich tief vor dem eintretenden Herrn. Der junge Herr dankt für den Gruß und betritt das Haus. Er schaut auf seine Armbanduhr. Es ist zu früh, seine Mutter aufzusuchen. Sie hat ihre bestimmte Besuchszeit, auch für ihren Sohn. (...)*

Die alte Dienerin geht hinaus, die Mutter schaut ihr nach und sagt zu ihrem Sohn: »Du weißt, mein Sohn, Nana verläßt mich in drei Wochen. Hast du mir eine neue Dienerin für mein Badezimmer besorgt?« »Ja, Mutter, ein nettes Mädchen. Es ist erst vierzehn Jahre alt. Mein Kollege kennt die Familie. Es sind ordentliche Menschen, leider sehr arm. Das Mädchen muß erst alles lernen. Es kann schon morgen zu arbeiten beginnen.«

»Es ist gut. Ich verreise, wie du weißt, für drei Wochen auf unser Landgut. Nana wird dem Mädchen die Arbeiten im Badezimmer beibringen«, sagt die Mutter und erhebt sich. Der Sohn weiß, daß er jetzt gehen muß. Er hat wegen Asha, der neuen Dienerin, kein gutes Gefühl. Sie ist eine Unberührbare. Aber er sagt es nicht. Er verneigt sich vor der Mutter und geht. (...)

Asha geht in die Räume der alten Dame und betritt das Badezimmer. Vor dem Spiegel sitzt die alte Dame in einem seidenen Hausmantel von gelber Farbe. Die Dienerin bürstet ihr die Haare. Asha bleibt erschrocken stehen. Die alte Dame dreht sich nicht um. Sie sieht Asha im Spiegel. Sie fragt: »Wer bist du?« »Ich heiße Asha, Memsab«, sagt Asha und verneigt sich tief. »Woher kommst du?« fragt die Memsab.

Asha berichtet und erzählt von ihrem Zuhause. Das Gesicht der alten Dame verändert sich. Schrecken steht in ihren Augen, der Mund öffnet sich, aber es kommt kein Laut über die Lippen. Die alte Dame steht auf und weist Asha mit einer Handbewegung hinaus. Die Dienerin muß den jungen Herrn holen, der soeben wegfahren wollte. Vom Gang aus hören die Dienerin und Asha das Gespräch im Wohnzimmer mit. Die alte Dame sagt erregt: »Eine Unberührbare! So etwas bringst du mir ins Haus! Wie kannst du mir so etwas antun!«

Der Sohn spricht beruhigend: »Mutter, das neue Gesetz kennt keine Unberührbaren mehr. Sie sind Menschen wie wir. Bitte, Mutter, Asha ist brav und fleißig. Sie ist sehr arm. Die alten Zeiten sind vorbei, Mutter.« (...)

Elfriede Becker

Divali
Lichterfest in Indien
(November)

Divali kommt von Deepavali, das ist sanskrit und bedeutet Lichterkette. Seit mehr als zwei Jahrtausenden wird in ganz Indien und in Sri Lanka in einer Neumondnacht im Spätherbst das Lichterfest gefeiert. Auf den Mauern und Fenstersimsen aller Häuser brennen unzählige Öllampen. Ausländische Beobachter haben dieses zweitägige Familienfest oft mit Weihnachten verglichen.

In dieser Nacht werden auch große Mengen Feuerwerkskörper gezündet, und tatsächlich hat Divali für die Inder eher die Bedeutung des Neujahrsfestes. Für die Kinder sind Raketen und Knallfrösche der Hauptspaß. Sie rufen in den Straßen: »Darati Mata so rahi, jaganewala kaun?« – Mutter Erde schläft, wer weckt sie auf?

Besonders für die Händler ist Divali eine Art Jahresanfang. Dieser Tag erinnert an die Einführung einer neuen Zeitrechnung durch den König Vikramaditya. So werden zu Divali die alten Geschäftsbücher abgeschlossen und neue angefangen.

Nach Meinung vieler Historiker geht Divali auf ein altes Erntefest zurück. Nach dem Monsun und der Reisernte wird der angesammelte Müll auf den Misthaufen des Dorfes gebracht und obenauf eine brennende Lampe gestellt. Die Kinder werden aus einem geweihten Wasserkrug gewaschen, die Häuser frisch geweißt und die Fußböden mit trockenem Kuhdung (die Kuh ist das heilige Tier) geglättet und glänzend gemacht

Nach einer Legende hat der Gott Vishnu zu dieser spätherbstlichen Zeit den Dämon Narkasur getötet. Dieser Dämon hatte den Menschen das Leben durch Schmutz und Dreck zur Hölle gemacht (Narak = Hölle). Die Hindus glauben, daß Lakshmi, sie ist die Göttin des Wohlstands und die Frau Vishnus, in dieser Nacht umherwandert und in die besonders sauberen und geschmückten Häuser einkehrt. Die vielen Öllampen sollen dazu dienen, ihr den Weg zu zeigen. Heute werden aus diesem Grunde häufig Lichterketten aus Glühlampen und auf den Dächern hohe Laternenmasten angebracht.

Die Legende von der Befreiung der Göttin Lakshmi

B*ali erlangte das hohe Amt des Königs durch seine asketische Lebensführung, seine Rechtschaffenheit und seinen Gerechtigkeitssinn. Sein untadeliger Charakter erregte Furcht und Neid bei den Göttern, und der höchste unter ihnen, Indra, begann um seine Position zu bangen.*

Deshalb begannen die Götter, Bali alle Arten von Schwierigkeiten zu bereiten. Daraufhin ließ er sie festnehmen und ins Gefängnis sperren. Vishnu, der noch auf freiem Fuße war, wurde von anderen Göttern und deren Gemahlinnen aufgefordert, etwas gegen Bali zu unternehmen. Zunächst lehnte Vishnu ab, da Bali seine große Macht nicht durch Willkür und Gewalt erreicht habe, sondern durch Tapasya (Askese). Doch Indra bestand darauf, daß etwas geschehen müsse.

So verwandelte sich Vishnu in einen Zwerg, begab sich an den Hof des auch für seine Mildtätigkeit bekannten Königs und erbat von ihm soviel Land, wie er mit drei Schritten abmessen könne, als Geschenk für einen armen Brahmanen.

Dies wurde ihm von Bali gewährt. Als es so weit war, das Land zu vermessen, nahm Vishnu wieder seine ursprüngliche Gestalt an, durchmaß mit zwei Schritten Erde und Himmel und hatte nun keinen Platz mehr, wohin er nach dem dritten Schritt seinen Fuß hätte setzen können.

Daraufhin bot Bali dem Gott seine Stirn dar. Vishnu setzte seinen Fuß darauf und stieß Bali in die Unterwelt hinab. Dann befreite er die gefangenen Götter, darunter auch Lakshmi. An die Befreiung schloß sich eine große Jubelfeier an. Die Menschen waren glücklich über die Wiederkehr Lakshmis; aber auch König Bali, der sie gefangensetzte, wird bis heute verehrt.

Indu Prakasch Pandey

Mit Hilfe des Glücksspiels, das eigentlich fast überall verboten ist, versuchen die Inder herauszufinden, ob Lakshmi ihnen wohlgesonnen ist oder nicht. Zwar spielen sie gern und zu jeder Zeit, aber zu Divali ist das Glücksspiel so etwas wie ein religiöser Akt. Zusammen mit der Göttin werden auch die 16 Kaurischnecken verehrt, deren Häuser man zum Würfeln benutzt. Nach dem Wurf bleiben sie mit ihrer Öffnung nach oben oder unten liegen. Die Schnecken, die mit ihrer Öffnung nach oben liegen, werden gezählt. Ungerade Zahlen bringen Glück.

Auch für die Kinder ist Divali ein Spiel-Fest. Besondere, kleine Figuren aus Ton und Zuckerwerk gehören dazu. Aus den im Spiel entstandenen Kombinationen versucht man, die Zukunft zu lesen, ähnlich wie die Menschen in Europa beim Bleigießen in der Neujahrsnacht.

Weitere Feste mit ihren verschiedenen Bräuchen sind im Laufe der Zeiten in das Lichterfest integriert worden. So feiern die Hindus zu Divali auch den Helden Ram, eine der bedeutenden Verkörperungen des Gottes Vishnu.

Nach einer alten Überlieferung war Ram auf Betreiben seiner Stiefmutter für vierzehn Jahre in die Wälder verbannt worden. Er hatte am Ende dieser Zeit den Dämonenkönig Ravana, der Rams Frau Sita entführt hatte, besiegt und kam nun mit ihr in seine Heimat Ajodhya zurück. Hier wurde er von seinen Untertanen mit großem Jubel und mit einem Lichtermeer aus Tausenden von Öllampen empfangen. Seitdem wird mit dem Sieg Rams auch der Sieg des Guten über das Böse gefeiert. Ram ist heute in Indien ein gebräuchliches Wort für Gott.

Zu Divali essen die Inder gern Süßspeisen aus Büffelmilch. In dieser herbstlichen Zeit gibt es besonders viel Milch, weil die Tiere nach dem trockenen Sommer wieder mehr frisches Futter finden.

REZEPT: KHIR (NEKTARREIS)

Khir ist ein Milchbrei, der sehr kalt serviert wird

Zutaten:
2,3 l Vollmilch
100 g Rundkornreis
100 g Zucker
100 g Rosinen
2 Lorbeerblätter
1/2 Teelöffel Kardamom
2 Eßlöffel leicht geröstete Mandelblättchen

Milch und Zucker in einem sehr großen Topf zum Kochen bringen. Die Hitze so einstellen, daß die Milch immer wieder hochsteigt, aber nicht überkocht. 15 Min. lang mit einem Pfannenwender ständig umrühren. Dann etwa 1 Std. leicht weiterkochen lassen und umrühren, bis die Milchmenge nur noch etwa 1,5 l beträgt. Reis und Lorbeerblätter hinzugeben, ca. 20 Min. weiterkochen und ständig umrühren. Kardamom, Rosinen und Mandeln hinzufügen, weitere 5 Min. kochen und dann vom Herd nehmen. Zugedeckt abkühlen lassen und vor dem Servieren 2 Std. in den Kühlschrank stellen.

Rezept von B. Chatterjee, Berlin

Feste der Stammesreligionen

»Stammesreligionen« ist der gültige, aber nicht besonders sinnvolle Begriff für die Religionen, die zu keiner der sogenannten Hochreligionen gezählt werden. Seit Urzeiten haben die in Stämmen zusammenlebenden Menschen ihren eigenen Glauben und Kult entwickelt und bewahrt. Für sie ist die Verbundenheit mit der Landschaft, in der sie wohnen, und dem Stamm, zu dem sie gehören, wesentlich. Im Mittelpunkt ihres Glaubens steht die erlebte Einheit von Natur und Mensch. In den sichtbaren und unsichtbaren Erscheinungsformen der Natur wird das Göttliche, das Heilige verehrt. Götter, Geister und die Seelen der Ahnen nehmen Einfluß auf das Leben der Menschen. Könige oder Häuptlinge und Priester (oft in einer Person) vermitteln zwischen ihnen.

Auf der Welt gehören mehr als 90 Millionen Menschen in etwa 100 Ländern den Stammesreligionen an.

Die meisten von ihnen leben in Afrika. Die Religionen dieses Kontinents wurden mitgeprägt vom Christentum und vom Islam. Heute werden in ganz Afrika noch 12% der Bevölkerung den Stammesreligionen zugerechnet. Etwa 45% bekennen sich zur christlichen und etwa 41% zur muslimischen Religion. In und neben diesen monotheistischen Religionen aber lebt das spezifisch afrikanische religiöse Fühlen und Denken weiter. Es hat das Christentum und den Islam verändert und neue, eigene Ausprägungen des religiösen Kultes entstehen lassen. Dieses Neben- und Miteinander verschiedener Religionen und Riten nennt man *Synkretismus.*

Ein kleines Beispiel für Synkretismus ist das Kalenderblatt aus Algerien. Es zeigt nicht nur den französischen Text mit seiner arabischen Entsprechung: Das berberische Neujahrsfest Yanayer ist ebenso aufgeführt wie der arabische Monat Chaabane im islamischen Jahr 1415 und – im unteren Teil, von rechts nach links zu lesen – die Gebetszeiten.

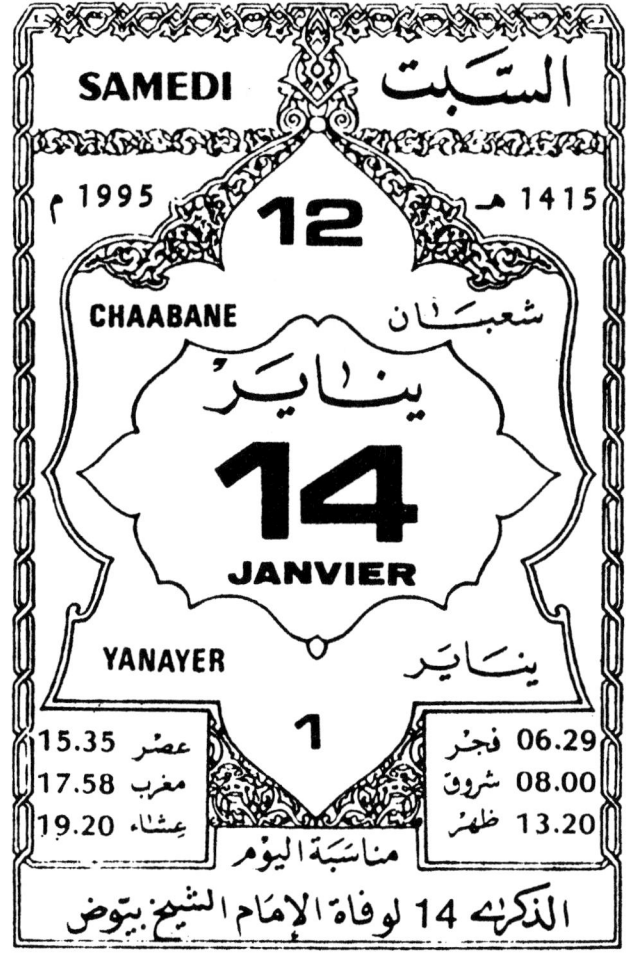

SAMEDI السَّبت

١٩٩٥م ١٤١٥هـ

12

CHAABANE شعبَـان

ينَـايَرُ

14

JANVIER

YANAYER ينَـايَر

1

١٥.٣٥ عصر ٠٦.٢٩ فجر
١٧.٥٨ مغرب ٠٨.٠٠ شروق
١٩.٢٠ عشاء ١٣.٢٠ ظهر

مناسبة اليوم
الذكرى ١٤ لوفاة الإمَام الشيخ بيوض

Algerisches Kalenderblatt vom Samstag, dem 14. Januar 1995

Die Bewohner eines Siedlungsgebietes feiern ihre Feste zu Ehren ihrer Gottheiten und Ahnen, zur feierlichen Aufnahme der Jugendlichen in die Welt der Erwachsenen oder zum Tode hochgestellter Persönlichkeiten ihres Stammes. Vor allem aber feiern sie die wiederkehrenden Ereignisse in der Natur, den Beginn der Pflanzzeit und die Ernte der Feldfrüchte.

Die Feste der Stammesreligionen entziehen sich weitgehend dem Blick von außen. Nur relativ wenige sind von Ethnologen besucht und beschrieben worden. Da sie aber in einer Zusammenstellung von Festen der Religionen und Kulturen nicht fehlen sollten, werden hier fünf von ihnen als Beispiel dargestellt.

Yennar
Berberisches Neujahrsfest
(14. Januar)

Nordafrika unterscheidet sich kulturell vom übrigen Afrika, weil es in der Zeit zwischen 800 v.u.Z. und 700 u.Z. immer wieder unter den Einfluß von Mittelmeervölkern aus dem Osten und Norden geriet. Die Griechen nannten die Ureinwohner im Nordwesten Afrikas Barbaroi, »Fremde«, daraus ist das Wort Berber entstanden.

Nach der Eroberung durch die Römer (Beginn 46 v.u.Z.) erlebten die Berber und mit ihnen die Siedler aus dem Mittelmeerraum eine wirtschaftliche und kulturelle Blütezeit. Jede Volksgruppe konnte ihre eigenen religiösen Traditionen pflegen.

Im 7. Jahrhundert u.Z. begann die arabische Eroberung Nordafrikas. Der Islam wurde zur vorherrschenden Religion. Die Berber aber haben weiterhin ihr Volkstum und ihre Sprache bewahren können. In Marokko sind heute knapp 40%, in Algerien etwa 30% und in Tunesien knapp 2% der Bevölkerung Berber.

Sie feiern neben den großen islamischen Festen auch heute noch ihre eigenen Feste. So haben sie zwei Neujahrstage, Yennar, den uralten Jahresbeginn, und das islamische Neujahr, den ersten Tag des ersten Monats Muharram.

Zum Yennar, in dem das römische Wort Janus und somit auch Januar, steckt, wird alles neu gemacht. Was man an diesem Tag ausführt, wird im kommenden Jahr Segen bringen. In früheren Zeiten wurden die Lagerstätten der Menschen, der Tiere, der Vorräte und alle Feuerstellen erneuert. Auch heute richten die Frauen die Wohnungen so schön wie möglich her, die Menschen kleiden sich und ihre Kinder neu ein. Am Vortag fasten viele Männer und bleiben unrasiert. Alle geliehenen Dinge müssen bis zum Neujahrsfest zurückgegeben werden. Keiner weist einen Bettler ab. Ein frommer Alter geht mit Neujahrswünschen von Haus zu Haus und wird mit Geld und Kornspenden belohnt. Einer der Segenssprüche lautet: »O Gott, gib uns ein gutes Jahr, Regen, Barmherzigkeit und langes Leben.«

Verlobte Männer beschenken zum Yennar-Fest ihre Bräute. In ländlichen Gegenden überbringen sie von ihren Eltern den Eltern der Braut »ein Festkleid, ein Schlachtschaf, Zucker, Tee, Wachskerzen, Korn, Fett, Öl und einen großen mit Nüssen und Mandeln gefüllten Leinensack.« (E. Destaing, »L'ennayer«)

Am Neujahrsmorgen sammeln die Menschen neun verschiedene Pflanzen, darunter Zweige von wilden Ölbäumen und Pistazien. Wenn sie im Hause bewahrt werden, können die

Bewohner auf eine reiche Ernte hoffen. Teile der Grünpflanzen legt man in einen kleinen Beutel. Man hängt ihn als Würze und Segen-Bringer in den irdenen Milchtopf, in dem auch bei vielen Städtern heute noch Butter hergestellt wird.

Ein weit verbreiteter Brauch ist das Zertrümmern des alten Herdes mit der Axt. Überall auf dem Lande gibt es noch neben einem Gasherd diese Feuerstelle, weil nur auf ihr das Brot beim Backen genügend Hitze bekommt. Der Herd befindet sich in einer Ecke des Raumes und besteht aus drei mit Ton verbundenen Feldsteinen. Die größeren Kinder der Familie bringen die alten Steine fort und graben in einer anderen Ecke des Raumes die Grube für einen neuen Herd. Sie setzen drei neue Steine und verbinden sie mit frischem Ton. Auch ein neuer Kuskuskessel und ein neuer Milchtopf werden in Gebrauch genommen. (Kuskus ist die Grundlage vieler berberischer Gerichte. Er besteht aus Grobweizengrieß, den man zu kleinen Kugeln aufquellen läßt.) Der Herd wird am Neujahrstag gebaut und zum ersten Mal mit an diesem Tag gesammeltem Brennholz angeheizt.

Zwei irdene Töpfe auf einem Herd aus drei Steinen, Aures-Gebirge, Algerien 1994

Nach getaner Arbeit essen die Berber gern Krapfen oder Eierkuchen, dazu getrocknete Feigen und Granatäpfel. Am Festmahl nimmt die Großfamilie oder die ganze Dorfgemeinschaft teil, und die Menschen hoffen, daß sie alle gemeinsam das nächste Yennar-Fest erleben können.

Ein beliebtes Gebäck zu jedem Fest in Algerien, besonders im Nordosten, sind Dattelrauten:

REZEPT: MAQROUT MAQLI
(DATTELRAUTEN)

Zutaten für den Teig:
750 g Weizenfeingries
250 g geschmolzene Butter
1 Teelöffel Zimt
2 Eßlöffel Orangenblütenwasser (evtl. Orangensaft)
1 Tütchen Safran
1/2 Teelöffel Salz
1/2 l Wasser
Honig zum Begießen

Zutaten für die Füllung:
mehr als 500 g Datteln für 500 g Mus
1/8 l Öl ohne Geschmack
1 Eßlöffel Honig
1 Eßlöffel Orangenblütenwasser (s.o.)
1/2 Teelöffel Zimt
1 Prise Gewürznelkenpulver
1 – 2 Eßlöffel leicht geröstete Sesamkörner

Zubereitung des Dattelmuses
Die Datteln entkernen und in einem groben Sieb 1/4 Stunde in den Dampf kochenden Wassers hängen. Dann die Datteln durch das Sieb rühren (Ballaststoffe bleiben zurück),

oder elektrisch pürieren. Zwei Eßlöffel Öl unter die Dattelmasse rühren und Honig, Orangenwasser, Zimt, Nelkenpulver und Sesamkörner hinzufügen. Alles gut vermischen. Nach Belieben können bis zu zwei Eßlöffel gehackte Nüsse und/oder Mandeln und eine Prise Mohn dazugegeben werden.

Zubereitung der Dattelrauten: Den Gries mit der geschmolzenen, warmen, leicht gebräunten Butter gut vermischen. Salz, Orangenwasser, Zimt und Safran hinzufügen. Bis zu 1/2 l Wasser nach und nach darunterrühren, bis ein nicht zu fester Teig entsteht. Auf einer Unterlage, z.B. Backpapier, nacheinander mehrere Würste formen (Durchmesser ca. 4 cm), flach drücken und eine dünnere Dattelmusrolle in Längsrichtung darauflegen. Beim Formen der Dattelrolle kann man die Hände mit Öl befeuchten. Die Teigränder über der Dattelfüllung schließen. Die Oberfläche der Teigrolle wieder etwas flach drücken und nach Belieben mit einem Musterholz (Model) ein Ornament eindrücken. Den Teig schräg in Stücke schneiden, so daß Rauten entstehen. Diese Rauten auf ein gefettetes Ofenblech legen und bei 200 Grad 10-15 Minuten bakken. Kalt werden lassen. Den Honig erhitzen, nach Belieben mit etwas Wasser verdünnen und die Kuchen damit begießen.
Rezept von Fatima-Zohra Bouayed

Andere typisch berberische Neujahrsgerichte sind Scherschem und Asida.
Für den *Scherschem* werden Weizenkörner mit getrockneten dicken Bohnen, getrocknetem Fleisch und Datteln in einem großen Topf für bis zu zwanzig Personen gekocht.

Die Eltern schicken ihre Kinder mit kleinen Töpfen voll Scherschem zu ihren Nachbarn, damit sie davon probieren können. So geht jeder zu jedem, und überall schmeckt es etwas anders.

Die *Asida* ist ein Brei aus Weizengrieß, mit Milch und Öl verfeinert oder mit Butter und Honig übergossen. Davon streicht man bei einigen Berberstämmen etwas auf die drei neuen Herdsteine. Diese Nahrung soll den Geistern zugute kommen, die sich besonders zur Neujahrszeit gern bei den Lebenden aufhalten. An manchen Orten ist es Sitte, Speisereste bis zum nächsten Tag auf dem Geschirr zu lassen, damit die Geister sich bedienen können und es im kommenden Jahr nicht an Nahrung fehle.

Die alte Aischa

D*ie berühmte Belagerung von Tlemcen in Algerien Ende des 13. Jahrhunderts hatte eine merkwürdige Wendung genommen.*

Die Stadt war aufs äußerste geschwächt: Hunger und Krankheit hatten sich ausgebreitet und alles vernichtet, was dem Schwert des Feindes entgangen war. Deshalb hatten sich die Stadtväter und angesehensten Bürger der Stadt versammelt, um zu beraten, was sie unternehmen könnten, damit die Stadt gerettet werde.

Schließlich kamen sie zu einem alle bestürzenden Ergebnis, das aber das einzige zu sein schien, das zu einer Rettung der Stadt führen konnte: die bedingungslose Übergabe.

Während sie im Palast eines der Stadtväter darüber sprachen, lauschte Aischa, die älteste Dienerin des Hauses an der Tür. Schließlich öffnete sie die Tür, trat beherzt vor die Versammlung und erhob selbstbewußt ihre Stimme:

»Hört mir zu, ihr Leute, hört der einfachen Dienerin zu, die euch helfen will ... Hört mir zu, ich bitte euch: Ihr seid einfallslos! Wir müssen die Übergabe der Stadt um einige Tage verzögern, und ihr werdet sehen, dann sind wir gerettet!«

Alle staunten darüber, daß Aischa, die alte, gehorsame Dienerin, es wagte, diese wichtige Sitzung zu unterbrechen. Alle starrten auf sie, bis einer der würdigen Stadtväter schließlich fragte: »Wer ist diese Person?« »Wer hält uns hier für Esel?« fragte ein anderer. Aischa fuhr jedoch unbeirrt fort: »Beim Propheten, ich habe eine Lösung, hört mich an.« Die Anwesenden waren von ihrem selbstbewußten Auftreten beeindruckt. Aischa fuhr fort: »Als erstes brauchen wir einen Esel!« »Und woher sollen wir einen Esel nehmen?« fragte einer der ältesten Männer. »Ihr wißt, daß wir uns nur noch von Kräutern und altem Leder ernähren, um zu überleben!«

»Ich kenne einen Mann«, antwortete die alte Aischa, »der hat seinen Esel weder verkauft noch geschlachtet. Wenn ich ihm meinen Plan erkläre, wird er uns seinen Esel geben.«

»Und dann?« fragten die anderen. »Geduldet euch, habt Vertrauen! Es wird gelingen!«

Viele wünschten ihr Glück.

Erstaunlicherweise konnte Aischa nach einer langen Unterredung mit dem Mann den Esel bekommen. Aischa brachte ihn stolz in den Palast, wo er auf ihren ausdrücklichen Befehl mit dem kostbaren Korn gefüttert wurde, das man in den leeren Speichern mühsam zusammensammelte. Das Korn brachte man mit Wasser zum Quellen und verdoppelte so die Menge. Der glückliche Esel genoß das ungewöhnliche Mahl, das er sogar in Friedenszeiten nicht bekam.

Als der Esel aufgefressen hatte, führte Aischa ihn zum Stadttor, wo sie ihn freiließ und er wild vor Freude laut iah-iah-schreiend umhersprang. Die gegnerischen Truppen horchten auf und fingen ihn. Sie freuten sich über das Tier, denn auch sie waren ausgehungert. Der Esel wurde sofort geschlachtet. Als sie ihm den Bauch aufschlitzten, sahen sie zu ihrer größten Überraschung, daß sich im Magen des Esels mehr als ein halber Scheffel Korn befand, den er noch nicht verdaut hatte.

Diese Nachricht verbreitete sich in Windeseile im Feindeslager. Die Soldaten fingen an zu murren: »Wie können wir die Stadt aushungern! Sie füttern sogar ihre Esel mit Korn. Wir, die Belagerer, werden eher verhungern. Sie aber werden bis zum jüngsten Tag ausharren.« Der Sultan mußte sich dem Drängen seiner Armee beugen. Zwei Tage später brachen die feindlichen Soldaten ihr Lager ab und verschwanden, wie sie gekommen waren.

Die alte Aischa lebt heute noch in der Erinnerung der Stadt als umsichtige, mutige Retterin.

Gio to Hung Vuong
Gedenktag für die Landesväter in Vietnam
(März / April)

Für die Vietnamesen ist Gio to Hung Vuong ein Nationalfeiertag. Er wurde bis 1975 jahrhundertelang gefeiert, seitdem aber von den Regierenden unterdrückt. Dieser Tag ist dem Gedenken an die legendären Gründer Vietnams gewidmet, die vor fast 5000 Jahren über das Land geherrscht und die Menschen darin geschaffen haben.

In vielen Religionen sind Schöpfungsmythen überliefert, in denen die Welt durch die ordnende Einwirkung eines Gottes auf das Chaos entsteht und die Menschen wie von einem Bildhauer aus einem bestimmten Urstoff geformt werden.

Im Schöpfungsmythos Vietnams dagegen leiten die Menschen ihre Herkunft von besonderen Wesen in der Natur ab, vom Wasserdrachen Lac Long Quan und von der Fee Au Co.

Urvater Lac Long Quan

In uralten Zeiten herrschte im südlichen Teil Vietnams der König Kinh Duong. Er hatte von den Göttern die Gabe verliehen bekommen, auf dem Wasser ebensoleicht dahinzuschreiten wie auf dem festen Land. Einmal spazierte der König über den See und begegnete dort der schönen Tochter des Wasserdrachen. Sie fanden großen Gefallen aneinander und heirateten. Nach einiger Zeit wurde ihnen ein Sohn geboren, den sie Lac Long Quan nannten (Lac = ein Volk südwestlich von China, Long = Drache, Quan = König).

Der Knabe hatte die himmlische Gabe seines Vaters geerbt, besaß aber auch Eigenschaften von seiner Mutter. Er wurde ein guter König und besiegte mit seinen besonderen Kräften ein Seeungeheuer, einen neunschwänzigen Fuchs und einen menschenverschlingenden Baum-Dämon. Danach zog er sich in den Meerespalast seiner Mutter zurück, wo ewige Ruhe und Frieden herrschten. Sein Volk aber wurde von einem mächtigen Herrscher aus dem Norden überfallen und besiegt. Da rief das Volk nach seinem König. Er kam sofort und hörte sich die Klagen und Bitten der Menschen an. Lac Long Quan nahm die Gestalt eines hübschen Jünglings an und begab sich in das

Heerlager des Eroberers. Wie groß war seine Überraschung, als er dort unter den Soldaten und Dienern eine wunderschöne, feenhafte Jungfrau mit freundlichen Augen erblickte. Es war Au Co, die Tochter des Königs aus dem Norden. Beide waren voneinander entzückt. Au Co überredete Lac Long Quan, aus dem Machtbereich ihres Vaters zu fliehen. Als dieser die Flucht bemerkte, schickte er den beiden seine besten Truppen nach. Der Jüngling aber zauberte ein Heer reißender Tiere herbei, die die Soldaten des Königs töteten. Von panischem Schrecken ergriffen, zog er in sein nördliches Reich zurück.

Au Co und Lac Long Quan verlebten in ihrem Palast viele glückliche Stunden. Nach einiger Zeit gebar Au Co einen ledernen Beutel, in dem hundert Eier lagen. Am siebten Tag platzten die Schalen, und aus jedem Ei schlüpfte ein kleiner Junge. Die Kinder wuchsen ohne Nahrung schnell heran, sie wurden intelligent, schön und geschickt.

Eines Tages sagte Lac Long Quan zu Au Co: »Ich komme aus dem Drachengeschlecht, das im Wasserreich herrscht, du stammst aus einem Geschlecht, das im Gebirge wohnt. Wir passen nicht zusammen, denn ich bin das Wasser gewöhnt und du das trockene Land. Wir wollen uns trennen. Die Hälfte unserer Söhne geht mit mir in das südliche Wasserreich, die andere Hälfte zieht mit dir in das nördliche Gebirgsland. Trotzdem wollen wir uns in der Not helfen.«

Am Gedenktag der Landesväter erzählen die Eltern ihren Kindern diese alte Legende. Die Fee und der Drache werden als Symbole verstanden: Die Fee steht nicht nur für Schönheit, Frieden, Sanftmut und Liebe, sondern auch für das Göttliche. Der Drache verkörpert unbändige Lebenskraft, Macht und Mut und damit das Menschliche. Die Vietnamesen sind stolz auf ihre Herkunft. Sie bedeutet ihnen Identität und Verpflichtung.

Am Nationalfeiertag wird auch an andere legendäre und alle historischen Helden gedacht, die in der vietnamesischen Geschichte das Land aufgebaut und verteidigt haben. Sie werden wie Heilige in den Hung Tempeln verehrt. Der bedeutendste von ihnen ist der Hung Vuong Tempel, der auf einem Berg etwa 100 km nordwestlich von Hanoi steht und dem Urvater Lac Long Quan gewidmet ist. Zum Fest pilgerten früher die Vietnamesen aus allen Teilen des Landes zu diesem Tempel.

La fiesta del agua
Wasserfestzeremonie in Puquio, Peru
(Mitte August)

Die zweitägige Wasserfestzeremonie geht auf ein Ritual aus vorspanischer Zeit zurück. Peru war das Kernland eines indianischen Vielvölkerstaates, der von mächtigen Herrschern, den Inka, regiert wurde. Sie nannten ihr Reich Tahuantinsuyu, das bedeutet »Land der vier Weltgegenden«. Während die spanischen Eroberer die Feste der Inka und besonders das große Fest zu Ehren des Sonnengottes Inti verboten hatten, ist die »fiesta del agua« seit alten Zeiten ununterbrochen gefeiert worden. Die Unterdrückungsversuche der katholischen Kirche konnten den Göttern der indianischen Hochlandbauern letztlich nichts anhaben. So werden in Puquio noch heute der höchste Gipfel der Region Ayacuchos, der Berg Pedrorko, und die vom Wasser seiner Flüsse lebende Erdgöttin Pachamama verehrt.

Über 3000 m hoch in den Anden liegt Puquio, an der Verbindungsstraße zwischen der Pazifikküste und der alten Inka-Hauptstadt Cusco. Die Bauern legen ihre Felder, auf denen sie Knollenfrüchte, Mais, Gerste und Weizen anbauen, terrassenförmig auf den Berghängen an. Die meisten dieser Felder müssen künstlich bewässert werden. Dafür sorgt ein weitverzweigtes System von Stauteichen und Kanälen. Jedes Jahr in der Trokkenzeit Mitte August müssen die Seen und Wassergräben von Schlamm, Steinen, Grasbüscheln und Zweigen gereinigt werden. Diese Arbeit wird wie in vorspanischen Zeiten immer noch gemeinschaftlich durchgeführt, auch wenn der Zusammenhalt der Dorfbewohner schwieriger geworden ist. Die Ausbreitung des privaten Großgrundbesitzes und des Bergbaus haben das Eigentum der Dorfgemeinschaften schrumpfen lassen und viele Bauern gezwungen, fortzuwandern.

Die Reinigung der Wasserkanäle beginnt in den Dörfern rund um Puquio mit der Verehrungszeremonie für Pedrorko und Pachamama. Zwei Tage vor dem Fest besucht der Mayordomo, der jedes Jahr neu gewählte Verantwortliche und Mäzen der Feierlichkeiten, alle Familien und bittet um Gaben von der letzten Ernte. Mitglieder seiner Großfamilie stellen aus feinem Maismehl kleine Tierfiguren her und bereiten die Chicha, das Maisbier.

Am Abend vor dem Opferritual begleitet die Dorfgemeinschaft den Auki, den religiösen Leiter der Zeremonie, seinen Schüler und einige Gehilfen bis zum Ortsausgang. Von dort steigt die kleine Gruppe auf den Gipfel des Pedrorko bis zu einem heiligen See. Zwischen Mitternacht und Tagesanbruch

Stauteich und Wassergräben im Andenhochland von Peru,
Zeichnung des Chronisten Guaman Poma de Ayala, 16. Jahrhundert

bringt der Auki dem Berggott unter Gebeten und Gesängen die gespendeten Früchte und die Tierfiguren dar. Anschließend legt er diese Opfergaben in grabartige Mulden. Er umarmt einen heiligen Stein und legt sich dann mit seinen Begleitern zum Schlafen nieder.

Am nächsten Morgen werden harte Ichu-Gräser und rote Kantu-Blumen gesammelt und aus ihnen Kreuze hergestellt. Es sind gleichschenkliche Kreuze, wie es sie als magische Zeichen in vielen vorchristlichen Religionen gab. Sie symbolisieren den Kosmos und – mit dem Schnittpunkt der Linien – den Nabel der Welt. In Peru liegt es nahe, in diesem Kreuz die Darstellung der »vier Weltgegenden« zu sehen. Auf dem Rückweg legt der Auki drei rituelle Pausen ein. Jedesmal bittet er den Pedrorko in einem Gesang, ihn verlassen und im folgenden Jahr wiederkommen zu dürfen.

Am Mittag dieses Tages begeben sich die Bewohner zweier Dörfer an einen Stausee, etwa 4 km von Puquio entfernt. Gemeinsam wollen sie der Erdgöttin ein Opfer bringen. Am östlichen Ufer versammelt sich die eine Dorfgemeinschaft mit ihrer Musikkapelle, am westlichen die andere. Die Zeremonie findet zwischen ihnen am Schleusentor statt, wo der See sich dem Bewässerungskanal öffnet. Auf diesem Tor treffen sich die beiden Auki mit ihren Schülern und Gehilfen. Sie legen die roten Blumenkreuze vom Pedrorko auf je einen Stein und in die Mitte zwischen sie ein etwa 130 cm großes Holzkreuz. Dieses Kreuz hat die christliche Form. In ihm verehren die Indianer Aytacha, Jesus Christus.

Er ist für sie der Mittler zu Gott im Himmel, er heilt ihre Krankheiten, aber er kann die Fruchtbarkeit der Felder nicht beeinflussen. Die Familienangehörigen des Mayordomo haben auch dieses Kreuz mit roten Kantu-Blumen geschmückt.

Die Auki stellen sich genau auf die Trennungslinie zwischen der östlichen und der westlichen Seeseite und vollziehen dort das Opfer für die Erdgöttin. Dabei gießen sie eine Mischung aus Rotwein und Teichwasser in den Kanal. Zu beiden Seiten des Wassergrabens stehen Frauen und Männer, die diese Handlung wiederholen. Danach knien die obersten Dorfvertreter vor den Kreuzen nieder und beten.

Beim fröhlichen Festessen ist jede Dorfgemeinschaft wieder unter sich. Die Männer sitzen getrennt von den Frauen und die Ledigen von den Verheirateten. Die Auki gehen von Gruppe zu Gruppe. Gemeinsam opfern sie noch einmal der Pachamama, indem sie vor dem Trinken etwas Maisbier auf die Erde gießen.

Währenddessen tanzt ein kleines, in sein Festgewand gekleidetes Mädchen am See und vertreibt mit einem Stock die bösen Geister. Junge, ledige Frauen mit Papierblumenkronen singen zur Musik von Hochlandharfen. Heilkundige gehen herum und beraten die Menschen. Zur Erheiterung aller treiben kostümierte junge Männer ihr Unwesen. Die einen stellen auf ironische Weise die Vertreter verschiedener Berufsgruppen dar, andere versuchen immer wieder, besonders die Frauen zu erschrecken.

Kurz vor Sonnenuntergang kehren beide

Dorfgemeinschaften nach Puquio zurück. Zwischendurch machen sie mehrmals Pausen, singen, trinken und tanzen. Im Dorf angekommen, feiern die Menschen auf dem Hauptplatz bis in die tiefe Nacht hinein.

Der folgende Gemeinschaftsgesang wurde 1982 bei der Wasserfestzeremonie in San Pedro de Casta in Quechua, der alten Sprache der Inka, aufgezeichnet, ins Spanische übertragen und 1995 ins Deutsche übersetzt:

Hualina Wasserfest-Gesang

Wolke von der Andenhochebene,
mit deinen Wassertropfen
wirst du die schönen Büschelgräser benetzen,
die das Erdentuch zum Grünen bringen.

Froher werden wir alle singen
mit deinen Blütenteppichen
an deinen Ufern, kleiner See Pampacocha.
Und mit deinen frischen Wassern
bringst du Trost in unser Leben.

Hartes kleines Büschelgras,
nur deine Düfte wissen um meine Zuneigung.
Wenn ich nach Cunya und Yanicocha komme,
zischen nur die kleinen Vikunjas
von der Anhöhe des Orococha.

Wie schön ziehen die hübschen Vögelchen
trillernd dahin,
um die schönen Wasserquellen
hervorbrechen zu sehen.
Nur ihr Zwitschern bewegt mich,
mit großer Freude dieses Lied zu singen.

(Vikunjas sind wildlebende lama-artige Tiere)
Carlos Bautista Calixtro

Das Wasserfest geht am nächsten Tag an einem anderen See weiter. Nach den gleichen Opferzeremonien wie am Vortag stehen die Wettkämpfe der Scherentänzer und Harfenspieler im Mittelpunkt. Der Name Scherentänzer kommt wahrscheinlich von einem Tanz mit gekreuzten Beinen. Abends nach der Rückkehr in das eigene Dorf bilden sich um jeden Harfenspieler Kreise von tanzenden Menschen. Es ist die Nacht der ledigen Männer und Frauen, die sich verkleiden, verstecken und einander herausfordern. Früher haben sich oft Fremde, Misti, unter die Männer gemischt, um die jungen Frauen zu verführen. Heute werden auch diese Misti von Einheimischen gespielt.

Am folgenden Tag endet die »fiesta del agua« im Haus des Dorfvorstehers mit der Wahl des neuen Mayordomo.

In Peru leben mehr als 40% Indianer, von denen die meisten Quechua sprechen, und mehr als 30% Mestizen. Der folgende Text stammt von Arturo Sequeiros Loaysa, einem Mestizen aus dem peruanischen Dorf Marcapata. Dieser quechua und spanisch sprechende Bauer, der in seiner Gemeinde für die Agrarriten zuständig ist, schilderte 1988 einem Pater auf dessen Bitte die Bereitung einer Opfergabe:

Opfergabe für die Erdgöttin

Nun, als Mesa (Zusammenstellung von Opfergaben) mußt du zuerst ein neues Tragetuch vorbereiten, und an den vier Ecken muß sein: an einer Ecke Wein, an einer anderen Alkohol, an einer anderen Cognac, an einer anderen Bier oder irgendetwas anderes. Und in die Mitte gehört deine Coca (Blätter), dann kommt deine Opfergabe; und, um zu beginnen, wenn du katholisch oder gläubig (religioso) bist, mußt du zuerst unseren Herrn in der Höhe um Verzeihung bitten, natürlich, dann mußt du noch beten, weil du dort keine böse Handlung und keine Hexerei gegen deinen Nächsten machst, nichts, nichts. Danach fängst du an, einige Cocablätter zu kauen (das ist eine religiöse Handlung), und dann nimmst du ein Glas Wein und gehst hinaus, und mit der rechten Hand, indem man die Mütze oder den Hut abnimmt, lädt man also den Apu (Naturgottheit) ein, es ist die heilige Erde, und mit der rechten Hand gießt man (den Wein) nach der Seite hin, wo die Sonne aufgeht, nach Osten hin. Danach gehst du wieder hinein, setzt dich hin, kaust wieder ein bißchen Coca und nimmst ein Gläschen Branntwein und beginnst, die Opfergabe zu machen, du nimmst zwei Paar Cocablätter und legst das Papierchen auf..., gut, willst du, Pater, daß man dir alles erzählt? (...)

Und wenn du der heiligen Erde eine Opfergabe darbringst, dann nimmt man zuerst das weiße Papier und öffnet es schön, und zuerst... auch Nelken ... und es gibt weiße und rote Nelken... und vor allem für die Tiere, wenn du Gaben darbringst, damit die Tiere sich stärker vermehren, verwendet man rote Nelken, und wenn es für die heilige Erde ist, verwendet man weiße Nelken. Gut, ich kann das in Form eines Kreuzes machen, ich lege also mit der rechten Hand die Nelke auf, und dann kann ich dort ein wenig Weihrauch dazutun, darüber ein wenig Wein, und ich kann dort drei Kreuze auflegen, das heißt, ich kann mich heilen, vor dem Herrn, indem ich um Verzeihung bitte, so sind die Geheimnisse, und dann mache ich weiter, und meine Begleiter kauen weiterhin ein wenig Coca, nehmen ihr Schlückchen, während ich weiterarbeite. (Es folgt die Aufzählung der einzelnen Opfergaben. Dazu gehören: Cocasamen, Alpakafett, Samen eines einheimischen Gewächses, Stäbchen einer einheimischen Pflanze.)

Weißt du, Pater, wofür sie die Stäbchen dazulegen? Wenn die Götter Coca kauen, dann geraten ihnen manchmal die Cocablätter zwischen die Zähne, dann ziehen sie sie sich mit dem Stäbchen heraus wie mit einem Streichholz.

(Süßigkeiten in allen Farben, Zuckermandelstangen, ein Keks, zwei Bohnen, zwei Paar Kichererbsen, zwei Paar Erdnüsse, zwei Feigen, zwei Paar Rosinen, Federn vom Kondor, Süßigkeiten in Form von kleinen Menschen, kleine Figuren aus Blei [in Form von Tieren, Sternen, Sonne, Schlüsseln, Tischen, Stühlen], Besteck, vier kleine Flöten [gelb, weiß, grün und rot], Gold- und Silberpapier, Weihrauch, weißer Zucker, Wein)

Und zum Abschluß mußt du ein anderes Kreuz daran legen, und du betest erneut mit weiteren zwei Kreuzen. (Dann kannst du) schon ruhig (sein), die Opfergabe ist vollendet ausgewählt. Und das mußt du nachts um Punkt zwölf oder elf Uhr weit weg bringen an einen sauberen Ort, wo niemand unterwegs ist, und dort mußt du Feuer anzünden und es verbrennen. Und wenn die Opfergabe schön weiß abgebrannt ist, dann ist alles gut, aber wenn die Opfergabe ganz schwarz abgebrannt ist, dann hilft es nichts! Das ist so, dies sind die Geheimnisse, Pater.

Bruno Schlegelberger

Nkambe Kürbisfest

(Ende August)

In der Regenzeit feiern die Ejagham in Südwest-Kamerun das Kürbisfest, ein Fest der Frauen. Der Kürbis (Nkambe) ist mit seinen vielen Kernen ein Symbol für die weibliche Fruchtbarkeit.

Anfang April haben die Männer des Stammes Yamsknollen, die der Kartoffel entfernt ähnlich sind, und Setzlinge von Planten, das sind Kochbananen, gepflanzt. Danach wurden von den Frauen verschiedene Gemüse wie Mais, Bohnen, Kürbis und andere einheimische Knollengewächse in die Erde gebracht. Die jeweiligen Früchte gehören bei der Ernte denen, die sie gepflanzt haben.

Jetzt beginnt eine Zeit, in der es nicht viel zu essen gibt: Die Vorräte vom vergangenen Jahr sind fast aufgebraucht, die meisten Früchte sind als Setzlinge gepflanzt worden. Erst Ende Juli werden Mais und Bohnen reif, dann sind auch die Blätter des Kürbis besonders saftig. Wenn die Frauen dies beobachten, versammeln sie sich im Haus der ältesten Frau des Dorfes. Gemeinsam bestimmen die alten Frauen den Tag des Kürbisfestes, das nach einer Vorbereitungszeit von vier Wochen gefeiert werden soll. Sie führen während dieser Zeit die noch unverheirateten Mädchen in »das Essen der Nkambe-Blätter« ein. Zwei Wochen lang finden sich je zwei und zwei Frauen zusammen, ernten ihre Nkambe-Blätter, kochen Planten dazu und essen sie gemeinsam. Danach ißt man die Kürbisblätter nicht mehr, um die Früchte reifen zu lassen. In der zweiten Hälfte der Vorbereitungszeit ernten alle Frauen des Dorfes ihre Bohnen und bereiten daraus einen gewürzten Brei, der in Plantenblätter gewickelt wird. Die Männer bringen ihnen Fleisch von der Jagd, damit sie es kochen. Während dieser Zeit trifft man sich jeden Abend zu Gesang und Tanz.

Am Tag des Kürbisfestes finden sich alle Frauen an der Versammlungshalle ein; sie tanzen zu den Dorfeingängen und wieder zurück. Die Dorfeingänge sind der Ort, der den bewohnten Bereich von der Wildnis abgrenzt. Hier wie vor den Häusern der Familien und vor dem Versammlungsraum können Opfer dargebracht werden

Dann ertönt die große Trommel und verkündet, daß die Frauen mit den Männern um den Ekong kämpfen sollen. Der Ekong ist die Gerte eines bestimmten Strauches, der im Wald wächst. Ekong bedeutet auch Rückgrat, denn die Blätter stehen von der Gerte ab, wie die Wirbelfortsätze des Rückgrates.

**Kürbisschalen-Zeichnung
aus Kamerun**

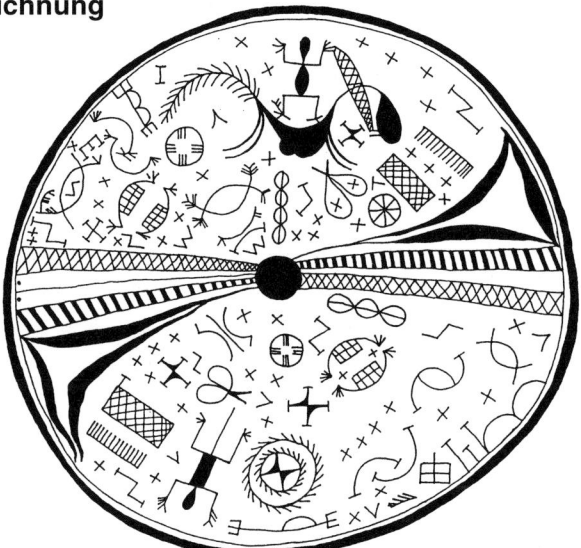

 Kamm, steht für »viele Kinder«

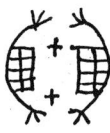 Spiegel

 Mann und Frau
lieben sich sehr

Krokodil

Mann und Frau flirten

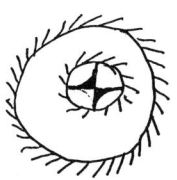 Eine Versammlung,
die Menschen
sitzen in zwei
Kreisen

 Ein beredter Mensch

Die ältesten Frauen eines Ejagham-Dorfes beim Festumzug

Der Ekong ist ein männliches Symbol. Der Häuptling holt ihn aus dem Wald und überreicht ihn der ältesten Frau des Dorfes. Diese gibt ihn dann einem jungen Mädchen weiter. Wenn die Trommel zum zweiten Mal ertönt, tanzen die Frauen hinunter zum Bach. Jedes Ejagham-Dorf wird in der Nähe eines Baches angelegt. Unter Mithilfe der Frauen soll das Mädchen die Gerte in den Bach werfen. Die Männer versuchen, sie daran zu hindern. Schließlich tragen die Frauen den Sieg davon und tanzen triumphierend zurück ins Dorf. Danach tanzen mehrere Mädchen zusammen noch einmal den Initiationstanz. Das ist der Tanz, den sie bereits in der vorangegangenen Trockenzeit beim Abschluß ihrer Initiation, ihrer feierlichen Aufnahme in die Welt der Erwachsenen, vor der versammelten Dorfgemeinschaft aufgeführt haben. Die anderen Frauen bilden tanzend einen großen Kreis um sie und klatschen in die Hände. Sie singen die Lieder der Mädcheninitiation und des Nkambefestes.

Den Abschluß der Feierlichkeiten bildet das große Festmahl. Bevor jedoch alle zu essen beginnen, bringt der Häuptling ein Opfer von ausgewählten Speisen und Palmwein den Ahnen des Dorfes dar. Jedes Oberhaupt einer

Großfamilie hat zum Fest das fertig zubereitete Fleisch eines größeren Tieres mitgebracht. Zum Fleisch werden Yams mit Soße und der in Plantenblätter gewickelte Bohnenbrei gegessen.

So haben die Ejagham in zehn verschiedenen Dörfern das Nkambefest geschildert. Ihre Berichte endeten typisch afrikanisch: »Nach dem Essen gehen alle nach Hause.«

In Kamerun gehört zu Maisklößen, Kochbananen und Knollenfrüchten wie Yams, Maniok und Süßkartoffeln eine scharfe Soße. Sie besteht aus Palmöl mit viel Gemüse und wird verfeinert mit Erdnußpaste oder geriebenen Kürbiskernen. Für ein Festessen kommen noch Fleisch oder Trockenfisch hinzu.

REZEPT: RINDFLEISCH MIT ERDNUSS-SOSSE

Zutaten:
1 kg Rindfleisch
3 große Zwiebeln
500 g Tomaten
3 gehäufte Eßlöffel Erdnußpaste (Peanutbutter)
Chili oder frisch gemahlener Pfeffer
Erdnußöl zum Braten
1 l Wasser und Salz

Die Rindfleischstücke klein würfeln, salzen und in Öl scharf anbraten. Wenn sie gut gebräunt sind, mit 1 l Wasser auffüllen und im Schnellkochtopf ca. 1/2 Stunde gar kochen. Inzwischen die Zwiebeln würfeln und die Tomaten kleinhacken. Wenn das Fleisch weich ist, den Bratensaft abschütten und in einem Gefäß bereitstellen. In einem Topf die Zwiebeln dünsten, das Tomatenmus hinzufügen und etwas schmoren lassen. Dann das Fleisch hineingeben und gut umrühren; mit der Fleischbrühe auffüllen und weiter vor sich hinköcheln lassen. Ca. 3 gehäufte Eßlöffel Erdnußpaste unterrühren und je nach Geschmack mit Salz und Chili würzen.

Der Rindfleischtopf soll sowohl süßlich-mild nach Erdnuß als auch scharf nach Chili schmecken. Wenn nötig, alles noch ca. 10 Minuten leicht kochen lassen, bis die Soße richtig sämig ist. Dazu ißt man ein Blattgemüse, das dem Spinat ähnlich ist, und Knollenfrüchte oder in den Städten Baguette.

Die folgende Legende handelt von dem Verhältnis zwischen den Menschen und Gott und von der Aktivität afrikanischer Frauen:

Legende aus Nordkamerun

E*inst war der Himmel nahe bei der Erde. Gott wohnte bei den Menschen. So nahe war der Himmel, daß die Menschen sich nur gebückt bewegen konnten. Um ihren Unterhalt mußten sie sich keine Sorgen machen. Es genügte, die Hand auszustrecken, und man konnte Stücke vom Himmel zum Essen abbrechen.*

Eines Tages aber begann ein junges Mädchen, die Häuptlingstochter, eine mukuwan (ein ungezogenes Kind, das alles umgekehrt tut und das Gegenteil von dem, was die anderen tun), die Erde zu betrachten und statt daß sie Stücke des Himmelsgewölbes abbrach, um sich zu ernähren, nahm sie die Körner, die sie fand. Sie machte sich einen Mörser und einen Stampfer, um die Körner zu zerstampfen, die sie von der Erde aufgelesen hatte. Das Mädchen kniete beim Stampfen auf der Erde, doch wenn sie den Stampfer hochhob, stieß dieser gegen den Himmel und Gott. Weil sie sich in ihrer Arbeit belästigt fühlte, sagte das Mädchen zum Himmel: Gott, kannst du dich nicht ein wenig entfernen?

Der Himmel entfernte sich ein wenig, und das junge Mädchen konnte sich mehr aufrichten. Sie setzte die Arbeit fort, und je länger sie die Körner zerstampfte, um so höher hob sie den Stampfer. Sie beschwerte sich ein zweites Mal bei dem Himmel: Der Himmel entfernte sich noch einmal ein wenig. Schließlich fing sie an, ihren Stampfer in die Luft zu heben. Bei der dritten Beschwerde zog sich der Himmel beleidigt weit zurück, dorthin, wo er jetzt ist.

Seit der Zeit gehen und stehen die Menschen aufrecht. Sie ernähren sich nicht mehr von Stücken des Himmels, sondern Hirse wurde ihre Nahrung. Zudem kommt Gott nicht mehr wie einst zu den Menschen, als er jeden Abend ihre Palaver leitete; jetzt sind die Menschen allein bei ihrem Palaver: das ist der Krieg.

Yams-Erntefest
(Anfang September)

Das Yams-Erntefest wird von vielen Stämmen in Westafrika, besonders in Nigeria und Ghana gefeiert. Die hier zugrundeliegenden Berichte stammen aus Nigeria und beschreiben das Fest beim Stamm der Igbo.

Die Yamsknolle ist eine der Kartoffel entfernt ähnliche Feldfrucht. Ihre Kultivierung bedarf großer Sorgfalt und Pflege. Da Yams als einziges Knollengewächs von den Männern angepflanzt wird, ist es mit besonderem Prestige verbunden. Alle anderen Knollenfrüchte und Gemüsesorten, außer Kochbananen, werden von den Frauen angebaut. Am Anfang der Pflanzzeit, wenn die Felder gerodet sind, bei der ersten Ernte und nach dem Einbringen der letzten Knollen feiern die Menschen Feste zu Ehren des Yamsgottes. Ihm werden die ersten Früchte und besonders große Exemplare geopfert.

Einige Tage vor dem Fest der ersten Ernte säubern die Dorfbewohner gemeinsam alle Straßen und Wege. Die Kinder holen Wasser und Holz zur Vorbereitung für das Festmahl. In der Nacht vor dem großen Tag wird in jedem Haushalt ein Huhn geschlachtet und eine köstliche Suppe daraus gekocht. In wassernahen Orten besteht die Suppe aus frisch geräuchertem Flußfisch.

Yams-Prozession in einem nigerianischen Dorf. Einige Männer halten Yamsknollen in den Händen.

Am frühen Morgen des Festes ernten die Männer die ersten Yamsknollen. Dann gehen alle Dorfbewohner in einem feierlichen Zug zum Opferplatz. Bei den Igbo befindet sich der heilige Schrein auf einem Feld oder auf dem Marktplatz. In manchen Gegenden blasen Priester in Elfenbeinhörner, um die Menschen herbeizurufen. Einige Männer und Frauen tragen frische Yamsknollen, die anderen bringen die Hühnersuppe und weitere Speisen für das Festmahl mit. Wenn alle versammelt sind, ruft der Priester oder der Dorfhäuptling den Yamsgott an. Zur folgenden Zeremonie gehören Lob- und Danklieder sowie Bitten für eine neue, reiche Ernte und Kindersegen. Auch der Ahnen und der Erdgöttin wird gedacht. Die Erde ist es, die die Menschen erhält, denn sie bringt gute Ernten hervor und beherbergt die Ahnen.

Für das Opfer wurde eine besonders wertvolle Gabe ausgesucht. Das ist neben den ersten Früchten oft ein größeres Tier, ein Widder oder ein Ziegenbock. Dieses Tier wird so geschlachtet, daß das Blut auf den Altar fließen kann. Anschließend braten die Menschen das Fleisch und bereiten Fufu zu: Die manchmal vorher eingeweichten Yamsknollen werden lange gekocht und sorgfältig gestampft, bis eine homogene Masse entsteht, die mit Palmöl vermischt wird. Zusammen mit der Hühnersuppe bringt der Priester

diese Fufu-Speise dem Yamsgott dar und gießt ein wenig Palmwein auf die Opferstelle. Dann essen der Priester und seine Gehilfen etwas davon. Der Rest wird an die versammelte Gemeinschaft ausgeteilt.

Die Kinder bekommen frische Yamsknollen in Palmöl getaucht. Sie laufen damit durch die Dorfstraßen, beißen Stückchen ab und werfen sie auf den Weg. Dabei dürfen sie sich nicht umschauen, damit Geister die Yamsbrocken aufnehmen können und nicht verscheucht werden.

Der fröhliche Teil des Festes beginnt mit dem großen gemeinsamen Mahl. Jeder probiert von den Speisen, die die anderen mitgebracht haben. Dann werden zur allgemeinen Unterhaltung verschiedene Tänze aufgeführt. Vor allem tanzen die jungen Mädchen, die in diesem Jahr bei ihrer Initiation feierlich in die Welt der Erwachsenen aufgenommen worden sind. In ihren besonderen Gewändern verkörpern sie die weiblichen Ideale der Igbo-Gesellschaft. Früher haben sie mit den jungen Kriegern getanzt.

Auch die Männer- und Frauenbünde zeigen bei den Festen ihre Tänze, die sie mit oder ohne Masken aufführen. Diese Masken können zur dramatischen Schilderung besonderer Ereignisse aus dem Dorfleben dienen. Zumeist aber stellen sie die Seelen der Ahnen dar, denen in den Masken und Ritualen Verehrung zuteil wird.

Gebet an die Masken

Masken! O Masken!
Schwarze Maske, rote Maske,
ihr schwarz-weißen Masken,
Masken in den vier Himmelsrichtungen, aus denen der Geist
weht,
Ich grüße euch schweigend!
Und dich nicht zuletzt, löwenköpfiger Ahn.
Ihr hütet diesen Ort, verschlossen jedem Frauenlachen,
jedem vergänglichen Lächeln.
Von euch kommt die Luft der Ewigkeit, in der ich die Luft
der Väter atme.
Masken mit maskenlosen Gesichtern, frei von Grübchen
und frei von Runzeln,
Ihr habt dies Bildnis zusammengefügt, dies mein Gesicht,
das sich beugt vor dem Altar aus weißem Papier,

Zusammengefügt nach eurem Bilde, hört mich an!
Jetzt da das Afrika der Reiche stirbt – es ist der Todeskampf
einer beklagenswerten Fürstin –
Wie auch Europa, dem wir verbunden sind durch den Nabel,
Richtet eure unbeweglichen Augen auf eure Kinder,
die man befehligt,
Und die ihr Leben hingeben wie der Arme sein letztes Kleid,
Daß wir einst rufen bei der Wiedergeburt der Welt:
Wir sind da,
So wie die Hefe, derer das weiße Mehl bedarf.

Denn wer sollte die an Maschinen und Kanonen gestorbene Welt
den Rhythmus lehren?
Wer sollte den Freudenschrei ausstoßen, der Tote und Waisen
weckt bei der Morgenröte?
Sagt, wer gäbe den Menschen mit der zerfetzten Hoffnung
das Lebensgedächtnis wieder?
Sie nennen uns Baumwollköpfe und Kaffeemenschen
und ölige Menschen,
Sie nennen uns Menschen des Todes.
Wir sind Menschen des Tanzes, deren Füße Kraft gewinnen,
wenn sie den harten Boden klopfen.

Leopold Sedar Senghor

Das Yamsfest ist – wie die anderen Feste auf dem Lande – gerade heute von großer
Bedeutung für die Igbo. Viele ehemalige Dorfbewohner, die in den Städten ihr Geld verdienen
müssen, kommen an den Ort ihrer Geburt, ihrer Jugend zurück, sie treffen Verwandte und
Freunde und schöpfen neue Kraft aus dem gemeinsamen Feiern.

Der Junge mit der Yamswurzel

Es lebte einmal ein Yoruba-Junge, der war mit einem Stückchen magischer Yamswurzel in der Hand zur Welt gekommen. Das Wurzelstück war so klein, daß es
genau in seine winzige Handfläche paßte. Der Junge wurde größer, aber das Stückchen
Yams wuchs nicht mit. Doch hatte es magische Kräfte und war auf so ungewöhnliche
Weise aufgetaucht, daß der Junge es immer bei sich trug, und es blieb frisch und schien
niemals zu verdorren.

Eines Tages schickten ihn seine Eltern nach Feuerholz in den Busch. Er fand eine
ganze Menge Holz, und während er es bündelte, legte er das winzige Stück Yams auf
einen Baumstamm dicht neben sich. Dann hob er das Bündel auf den Kopf und machte
sich auf den Heimweg. Sein Yamsstück aber hatte er vergessen.

Die Tiere im Busch hatten bereits von dem Jungen gehört. Während er Holz sammelte, verbargen sie sich im Gras und in den Büschen ringsum und beobachteten, wie er das Yamsstück auf den umgefallenen Baum legte – und später vergaß. Als der Junge weg war, kamen sie aus ihren Verstecken und beäugten das Stück Yams interessiert von allen Seiten. »Es muß ein mächtiges Juju (einen Zauber) enthalten, man müßte es besitzen«, meinte der Leopard. Aber jeder wollte es haben, und es dauerte gar nicht lange, da stritten die Tiere heftig miteinander, wem die Yamswurzel gehören sollte.

Unterwegs fiel dem Jungen plötzlich ein, daß er sein Stück Yams vergessen hatte. Er stellte das Bündel am Wegesrand ab und rannte, so schnell er konnte, zu dem umgefallenen Baum zurück. Er war sehr überrascht und erschrocken, dort so viele wilde Tiere anzutreffen. In seiner Verwirrung wußte er zuerst nicht, was er nun tun sollte. Schließlich entschloß er sich, ein Lied zu singen und so die Aufmerksamkeit der Tiere von dem Yams abzulenken:

»Mein kleiner Yams, mein kleiner Yams, oh, ich vergaß dich im Busch. Meine Mutter ermahnte mich, dich nicht liegenzulassen, mein Vater ermahnte mich, dich fest in der Hand zu halten. Mein kleiner Yams.«

Der Junge sang mit einer sehr süßen Stimme, und die Tiere waren von seinem Gesang ganz verzaubert. Sie ließen ihn das Lied wieder und wieder singen. Bald begannen einige zu trommeln, andere fielen ein, sie tanzten und sangen mit, und in ihrer Erregung vergaßen sie den magischen Yams. Schritt für Schritt näherte sich der Junge dem umgefallenen Baum, und als die Tiere nicht hinsahen, griff er das Stückchen Yams und versteckte es in seiner Kleidung. Die Tiere waren so in ihren Tanz vertieft, daß sie überhaupt nicht merkten, wie der Junge leise entwischte.

Auf einmal hielt der Leopard mitten im Tanz an: »Wo ist der Junge, und wer hat den magischen Yams weggenommen?« Mit einem Schlag brach das Tanzen, Singen und Trommeln ab, und alle Tiere starrten auf den umgefallenen Baum.

»Wir sind alle töricht, natürlich hat der Junge ihn genommen«, antwortete der Elefant.

»Wir müssen ihn einholen und ihm den Yams wieder entreißen!« ereiferte sich der Leopard.

»Du läufst ihm nach und bringst ihn zurück, Elefant!« – »So etwas tue ich nicht. Es ist dein Vorschlag, du kannst ihn selbst zurückbringen!« sprach der Elefant entrüstet.

»Abgemacht, ich gehe selbst und hole ihn zurück. Aber der magische Yams gehört dann mir!« erwiderte der Leopard eilig. Und noch ehe jemand etwas sagen konnte, rannte er los.

Der Junge war nach Hause geeilt, ohne auch nur einmal anzuhalten, selbst sein Bündel Holz ließ er liegen. Er erzählte seiner Mutter von den tanzenden Tieren und von ihrem Interesse an der magischen Yamswurzel. Die Mutter des Jungen war gerade dabei, mit Indigo Kleiderstoffe zu färben. Als sie die Geschichte ihres Sohnes vernommen hatte, fürchtete sie, daß die Tiere ins Haus kommen und ihrem Sohn ein Leid zufügen würden. Schnell rief sie ihre Dienerinnen, ermahnte sie, gut aufzupassen und bewaffnete alle mit Färbestöcken, die vom Indigo tiefblau waren.

Wenig später hatte der Leopard das Haus gefunden und stürzte mit lautem Gebrüll in den Hof. Aber schon im nächsten Augenblick hatten ihn die Dienerinnen umstellt, von ihren großen Stöcken tropfte noch blaue Farbe. Auch die Tür hinter ihm hatte jemand verschlossen. Unbarmherzig schlug und stach man nun auf ihn ein, am ganzen Körper hatte er blaue Flecken, und es dauerte eine ganze Weile, bis es ihm gelang, über die Hofmauer zu entfliehen und die Sicherheit des Busches zu erreichen.

Seit jenem Tage tragen alle Leoparden die Zeichen der Farbstöcke auf ihrem Körper.

Die Tradition der Indigofärberei in Westafrika ist bis in das 11. Jahrhundert zurückzuverfolgen. Diese mühselige Arbeit wird fast nur von Frauen ausgeführt, die ihre Kenntnisse auch heute noch von der Mutter an die Tochter weitergeben.

Nachwort
Feiern – aus dem Alltag heraustreten

Feste feiern ist heute für viele zum Problem geworden. Während die Einkaufsstraßen im Werbelichterglanz erstrahlen und die Regale in den Geschäften voller Weihnachtsmänner und Osterhasen stehen, wissen die Menschen oft nicht mehr, warum sie eigentlich feiern sollen. Nicht einmal die Kinder mögen ihren eigenen Geburtstag gestalten: Sie gehen dann eben mit den Freunden ins Schwimmbad oder ins Kino.

Wir haben das Gefühl, daß traditionelle Symbole und religiöse Werte nicht mehr zu unserer Lebenswirklichkeit passen. Wir haben sie verloren gehen lassen.

Dieser Mangel hat etwas mit allzu selbstverständlicher Fülle zu tun. Zur Feiertradition früherer Generationen gehörte bei allen Völkern der Welt das neue Gewand, so daß man das abgetragene endlich weglegen konnte. Es gehörten dazu das üppige Essen nach der sonst kargen Kost und die Tage der Ruhe nach Monaten ohne freie Wochenenden. Heute haben wir in Mitteleuropa fast alle reichlich Garderobe im Schrank, wir ernähren uns regelmäßig und nach unseren individuellen Bedürfnissen – nur das Geschenk der Ruhezeiten ist sehr unterschiedlich auf die Menschen verteilt.

Auch das Erzählen und Feiern von Festen fremder Völker interessiert ihre Schüler/innen nicht sonderlich, wie einige Lehrerinnen berichten. Die eigene Freude beim Kennenlernen fremder Bräuche ließ sich oft nicht auf die Kinder übertragen. Vielleicht war sie manchmal sogar hinderlich, weil dadurch die Distanz zwischen Lehrerin und Schülern eher größer wurde. Sie haben also überlegt, wie sie ihre eigene Faszination zurücknehmen könnten, um statt dessen zusammen mit den Kindern den Weg von ihnen selbst hin zu den Lebensweisen anderer Völker zu gehen. Am Anfang dieses Weges steht das Kennenlernen des Gefühls, fremd zu sein. Wir können zum Beispiel probieren und erfahren, was »Blindheit« bedeutet. Wir können uns der Situation aussetzen, in der Minderheit zu sein. Unsere Sichtweise wird sich ändern, wenn wir eine spürbar lange Zeit kein Wort verstehen, wie das die Lehrerinnen in der Pfingstgeschichte dieses Buches erlebten (vgl. S. 63 f.). Man kann aber auch zu einem bestimmten Thema oder Anlaß, zu einem Ereignis im Schulalltag oder in der Politik, Menschen aus anderen Ländern einladen. Man kann fremde Gotteshäuser, Moscheen, Tempel besuchen. Es gibt viel mehr Stätten der Anbetung, als wir im Stadtbild wahrnehmen.

Feste sollten nicht verordnet werden. Manchmal entwickeln sie sich einfach. Und sie sehen dann meist anders aus, als zunächst gedacht oder geplant. So wollte eine Grundschule, die einen hohen türkischen Schüleranteil hat, das kurdische Newrozfest feiern. Politische Probleme der Auseinandersetzung zwischen Türken und Kurden gab es noch nicht. Alle Beteiligten, Lehrer, Schüler und Eltern, setzten sich zusammen, um es vorzubereiten, und unter der Hand wurde daraus ein großes Frühlingsfest, bei dem dann das Ostereieranmalen im Mittelpunkt stand. Ein kurdisch-türkischer Lehrer erzählte mir dazu, er habe nicht mehr wie früher Angst, daß traditionelle Werte, zum Beispiel der kurdischen Nationalität oder der islamischen Religiosität, verloren gingen. Er sagte: »Mich fasziniert das Neue, das aus dem lebendigen Gemisch des Vorhandenen entsteht.«

In einer anderen Schule geriet ein Faschingsfest zu einem ernsten und unvergeßlichen Ereignis. Es war Winterende 1991. Die Nachrichten vom Golfkrieg entsetzten die Menschen. In dieser Zeit können wir doch keinen Fasching veranstalten, sagten sich die Lehrer/innen. Aber viele Schüler wollten feiern. Da erinnerte sich eine Lehrerin an die alte Tradition von Fastnacht: Die Dämonen, böse Geister, mußten ausgetrieben werden. Auf ihre Anregung hin bastelten sich die Kinder furchterregende Masken, um die drohenden Geister von heute abzuwehren. Sie brachten Instrumente und allerlei blechernes Gerät mit und machten damit einen Riesenkrach. Anschließend zogen sie gemeinsam aus der Schule über die Straße auf den nächstgelegenen großen Platz und veranstalteten auch dort einen Höllenlärm. Die Bewohner der Umgebung haben das wohl verstanden.

Feiern, aus dem Alltag heraustreten, muß einen Sinn haben. So empfand es auch eine Religionslehrerin, die mir erzählte: Je schwieriger das Weihnachtenfeiern wird, um so wichtiger wird den Schülern die Adventszeit. Sie kommen gern, auch wenn dafür nur morgens die erste Schulstunde frei ist, um bei Tannengrün und Kerzen still zu sitzen und vielleicht etwas zu singen. Sie hören zu, wenn eine Geschichte langsam vorgelesen wird, sie sehen sich Bilder an – und sie möchten über ihre Sorgen reden. Das wichtigste Thema bei vielen ihrer Schüler/innen ist erstaunlicherweise der Tod. Danach kommt die Frage, wie man leben kann.

Das Buch »Feste der Religionen – Begegnung der Kulturen« möchte vielerlei Anregungen geben. Schon wenn man das Buch in die Hand nimmt, kann man beim Vergleichen der verschiedenen Texte ein kleines Lesefest erleben. Da gibt es in China (und Vietnam) eine Buddha-Legende, die einem bekannt vorkommt, so als hätte man sie schon einmal als Kind in der Schule gehört. Man staunt darüber, daß der Kürbis nicht nur beim Halloween in USA, sondern auch bei Erntefesten in Kamerun und in Kasachstan eine Rolle spielt. Oder man entdeckt die gleiche politische Relevanz, wenn religiöse Glaubensäußerungen öffentlich sichtbar werden, wie bei der Fronleichnamsprozession im »Dritten Reich« und bei der Buddhaprozession zum Geburtstag des Religionsstifters in Vietnam.

»Feste der Religionen – Begegnung der Kulturen« kann ganz einfach ein Wegbegleiter durch das Jahr sein. Ein Beispiel: Eine Pfarrerin benutzte den Vorläufer des Buches, den »Interkulturellen Kalender«, indem sie ihren Konfirmanden am Anfang des Jahres eine Schwarzweißkopie des Kalenderposters gab und dann den Jugendlichen ein Fest nach dem anderen nahebrachte. Anschließend wurde das Datum im Poster mit der entsprechenden Farbe der Religion angemalt. So hatten die Konfirmanden am Ende des Jahres einen bunten Kalender und ein Wissen über die religiöse Vielfalt der Kulturen auf der »Einen Welt«.

Das Buch möchte auch Feste »provozieren«. Die kirchliche Ausländerbeauftragte in einem der neuen Bundesländer wurde einmal von einer Direktorin zu einem interkulturellen Schulfest eingeladen. Die Ausländerbeauftragte freute sich darüber und sagte: »Da habe ich etwas für Sie, einen Interkulturellen Kalender mit vielen Anregungen.« Die Direktorin meinte darauf: »Den kenne ich schon. Dieser Kalender gab doch den Anstoß zu unserem Fest.«

Manche »MultiplikatorInnen« aber werden vielleicht das, was sie gerade suchen, nicht finden. Wie die Katechetinnen, die sich in einem Seminar zu diesem Thema zusammengesetzt und gerade die Adventsgeschichte »Märchen vom Auszug aller ›Ausländer‹« gehört hatten (vgl. S. 26 f.). Sie bedauerten, daß die Geschichte für ihre Grundschulkinder zu schwer sei. Da fiel einer von ihnen ein, daß man die Geschichte auch umschreiben könnte. Eine andere hatte die Idee, man könnte einen grünen Baum in der Klasse aufstellen und die Kinder verschiedene Dinge zum Anhängen mitbringen lassen. Dann würde man mit den Kindern raten, aus welchem Land die vielen bunten Gegenstände kommen – und daran könnten nach Belieben Entdeckungsreisen zu anderen Völkern und Kulturen geknüpft werden. Viele der Texte aus dem Buch könnten also umgeschrieben werden: Der Blick auf die jeweils eigene Situation ist wichtig. Sie können auch gespielt, gemalt, modelliert und gesungen werden. Gerade im Zusammengehen mit Menschen aus anderen Ländern brauchen wir das nonverbale »Gespräch«.

Das Buch vermittelt nur Anfangswissen über die Religionen und ihre Feiertagsbräuche. Sicher ist es notwendig, an bestimmten Punkten in die Tiefe zu gehen, weitere Nachforschungen anzustellen und vor allem die, die man beteiligen möchte, persönlich zu fragen. Es sollen ja nicht unsere Vorstellungen von einer Festgestaltung zum Maßstab werden, sondern die Ideen vieler anderer – und das kann auch eine Entlastung für uns bedeuten.

Das Buch »Feste der Religionen – Begegnung der Kulturen« wird auch von Menschen aus anderen Ländern gelesen, wie dies schon mit den »Interkulturellen Kalendern« geschah. Solch ein Heft hatte der Mitarbeiter eines wissenschaftlichen Projektes seinem Partner in Algerien geschenkt. Als es einmal um einen Termin für das nächste Zusammentreffen ging, schlug der deutsche Mitarbeiter ein bestimmtes Datum vor. Der Algerier meinte darauf: Das geht nicht. Da feiern wir unser Opferfest. Sein Partner verstand sofort und sagte: Ich weiß aus dem Kalender, daß dies Ihr größtes Fest ist. Da lächelte der

Algerier: Und ich habe in dem Kalender ein paar Details zu unserem Opferfest gefunden, von denen ich noch nichts wußte. Die sind mir nun wichtig.

Menschen aus anderen Kulturkreisen, besonders Vietnamesen, haben mir erzählt, daß sie durch die Darstellung ihrer eigenen Feste angeregt werden, sich wieder intensiver mit den alten Traditionen zu beschäftigen. Sie fangen an, sich zu erinnern und bekommen Lust, ihre älteren Angehörigen nach den verschiedenen Zeremonien zu fragen. Andere freuen sich darüber, daß ihre Feiertage hier in der neuen Heimat wahrgenommen werden und daß ihre Kinder anhand solcher Bücher die Feste ihrer Eltern und Ahnen nicht vergessen, sondern die Traditionen bewahren könnten.

Zum Schluß möchte ich ein kleines Sonntagsereignis schildern. Bei einem Kindergottesdienst hatten die Sechs- bis Zwölfjährigen zu ihrer Leiterin gesagt: Wir kennen eigentlich schon alle Geschichten, die du uns erzählst, wir möchten gern mal was Neues hören. Die Diakonin dachte darüber nach und schlug den Kinden beim nächsten Mal vor, daß sie ihnen fremde Zeichen und Symbole erklären wollte. Die Kinder sollten zum kommenden Sonntag Meerrettich und Salz, Äpfel, Nüsse und Zimt, grüne Kräuter, ein hartgekochtes Ei und einen gebratenen Fleischknochen mitbringen, die Zutaten für ein Pessachmahl. Sie selbst besorgte mazzot

– und beim nächsten Gottesdienst hörten die Kinder aufmerksam ihrer Beschreibung des großen jüdischen Festes zu. Sie erzählte ihnen auch von der Bedeutung der vier Becher Wein, die zum Mahl getrunken werden. Dazu hatte sie einen silbernen Kelch aus der Kirche mit rotem Saft mitgebracht. Als sie mit dem Erklären fertig war, wollte sie das Gefäß zurück auf den Tisch stellen. Da nahm das Kind, an dem sie vorbeikam, den Kelch behutsam in seine Hand und trank daraus. Es gab den Kelch weiter und alle Kinder tranken ein bißchen daraus, auch das kleine Mädchen, das zum ersten Mal gekommen war. Die Leiterin ließ alles geschehen und führte den Gottesdienst zu Ende. Dann fragte sie die Kinder, wie sie darauf gekommen seien, den »Wein« zu trinken; und die Kinder antworteten: Das haben wir bei den Erwachsenen gesehen. Die machen es doch auch so. – Dies war ein glücklicher Sonntag für die Diakonin. Sie hatte miterlebt, wie die Kinder nach dem Zuhören ohne Anleitung handelten, wie sie sich erinnern konnten und wie sie das Neue mit dem Alt-Vertrauten verbanden.

Mit diesem Buch verbinde ich die Hoffnung, daß wir in der Begegnung mit Menschen und ihren Festen die Vielfalt und zugleich das Verbindende erfahren. Das ist ein Weg, Respekt vor den anderen zu gewinnen und sich ihnen zu öffnen.

Anmerkungen

1 Bibel AT, 2. Mose 20, 8-11
2 Bibel NT, Matthäus 28, 1 ff
3 Koran, Sure 9, 37
4 Bibel NT, Lukas 1, 26-35 u. Matthäus 1, 20-21
5 Bibel NT, Lukas 2, 1-20
6 Bibel NT, Matthäus 2, 1-12
7 Bibel NT, Johannes 13, 2-14
8 Bibel NT, Matthäus 4,2
9 Bibel NT, Johannes 13, 2-14
10 Bibel NT, Matthäus 28, 1-10
11 Bibel AT, 1. Mose 22, 1-19
12 Bibel NT, Johannes 14, 26
13 Bibel NT, Apostelgeschichte 2, 1-11
14 Bibel AT, 1. Mose 11, 1-9
15 Bibel NT, 1. Korinther 11, 17-34, Einheitsübersetzung
16 Bibel NT, Lukas 9, 11-17
17 Bibel AT, 5. Mose 8, 2-3
18 Bibel NT, Lukas 1, 36
19 Bibel AT, 3. Mose 23, 33-43
20 Bibel NT, 1. Korinther 11, 5
21 Bibel NT, Apostelgeschichte 9, 13 u. Römer 1, 7 u. Römer 16, 2
22 Bibel NT, Johannes 8, 12
23 Bibel NT, Lukas 11, 33
24 Koran, Sure 2, 181
25 Koran, Sure 2, 216
26 Koran, Sure 16, 116
27 Koran, Sure 37, 99 ff. u. Bibel AT, 1. Mose 22, 1-19
28 Bibel AT, 3. Mose 16, 5-10, 20-22
29 Bibel AT, 3. Mose 23, 33-43
30 Apokryphen, 1. Makkabäer 1, 43-52
31 Bibel AT, 2. Mose 6, 6 und 7
32 Bibel AT, 2. Mose 22, 20

Die statistischen Zahlenangaben stammen aus: Der Fischer Weltalmanach 1996 und 2001, Fischer Taschenbuch Verlag, Frankfurt a. M. 1995 bzw. 2000 und Ethnische Minderheiten in der Bundesrepublik Deutschland, hrsg. v. C. Schmalz-Jacobsen/G. Hansen, Verlag C. H. Beck, München 1995; außerdem wurden Angaben der Religionsgemeinschaften und des Statistischen Bundesamtes Berlin herangezogen.

Literatur

Antoinette Becker, Meine Religion Deine Religion, dtv junior, München 1990

Gerhard J. Bellinger, Knaurs großer Religionsführer, Droemersche Verlagsanstalt, München 1990

Otto Bischofberger, Feiern des Lebens, Paulusverlag, Freiburg/Schweiz 1994

Emma Brunner-Traut (Hrsg.), Die fünf großen Weltreligionen, Herderbücherei, o.J.

Gaby Franger/Hubert Kneipp (Hrsg.), Miteinander leben und feiern, Dagyeli Verlag, Frankfurt/M. 1987

K.M. Hoffmann, So singt und spielt man anderswo, Aktive Musik Verlag, Dortmund 1992

R. Kirste/H. Schultze/U. Tworuschka, Die Feste der Religionen, Gütersloher Verlagshaus, Gütersloh 1995

Lesebuch Dritte Welt, Hammer Verlag, Wuppertal 1979

Klemens Ludwig, Bedrohte Völker. Ein Lexikon nationaler und religiöser Minderheiten, C.H. Beck'sche Verlagsbuchhandlung, München 1994

C. Schmalz-Jacobsen/G. Hansen (Hrsg.), Ethnische Minderheiten in der Bundesrepublik Deutschland. Ein Lexikon, C.II. Beck'sche Verlagsbuchhandlung 1995

Sybil Gräfin Schönfeldt, Ravensburger Buch der Feste und Bräuche, Verlag Ravensburg, Ravensburg 1988

D. Steinwede, Vorlesebuch Religion, Bde. 1-3, Verlage Vandenhoeck & Ruprecht und Kaufmann, Göttingen 1990

M. u. U. Tworuschka, Vorlesebuch Fremde Religionen. Bd. 1 Judentum-Islam, Bd. 2 Buddhismus-Hinduismus. Verlage E. Kaufmann, Lahr u. Patmos, Düsseldorf 1988

M. Ulich/P. Oberhuemer (Hrsg.), Der Fuchs geht um ... auch anderswo, Beltz Verlag, Weinheim 1991

Christliche Festtage

Karl-Heinrich Bieritz, Das Kirchenjahr, C.H. Beck'sche Verlagsbuchhandlung, München 1987

Ruda Dzurko, Ich bin wieder Mensch geworden. Bilder und Geschichten eines Rom-Künstlers, KiepenheuerVerlag, Leipzig/Weimar 1990

Thomas Gandow, Weihnachten, Ev. Presseverband für Bayern, Münchner Reihe 1993

J. Hildebrandt, Zur Winterzeit der Welt, Evangelische Verlagsanstalt, Berlin 1986

Hermann Kirchhoff, Christliches Brauchtum, Kösel-Verlag, München 1995

Hermine König, Das große Jahresbuch für Kinder. Feste feiern und Bräuche neu entdecken, Kösel-Verlag, München 1994

Tilde Michels, Frühlingszeit Osterzeit, Deutscher Taschenbuch Verlag, München 1983

Islamische Festtage

H. Berger/R. Großhennig/D. Schirmer, Von Ramadan bis Aschermittwoch – Religionen im interkulturellen Unterricht, Beltz Verlag, Weinheim 1989

Büro der Ausländerbeauftragten des Senats von Berlin, Der Islam und die Muslime – Geschichte und religiöse Traditionen, 1995

Peter Heine, Kulturknigge für Nichtmuslime, Verlag Herder Freiburg 1994

Der Koran, Reclam Verlag, Stuttgart 1990

M. Mildenberger/H. Vöcking (Hrsg.), Islamische und christliche Feste, Lembeck Verlag, Frankfurt a. M. 1984

Sahih al-Buhari, Nachrichten von Taten und Aussprüchen des Propheten Muhammad, Philipp Reclam jun., Stuttgart 1991

Annemarie Schimmel, Der Islam, Reclam Verlag, Stuttgart 1990

Hanne Straube, Insallah. Leben in einem türkischen Dorf, Rowohlt Taschenbuch Verlag, Reinbek 1992

VELKD u. EKD, Was jeder vom Islam wissen muß, Gütersloher Verlagshaus, Gütersloh 1991

Jüdische Festtage

Arnulf Baumann (Hrsg.), Was jeder vom Judentum wissen muß, Gütersloher Verlagshaus, Gütersloh 1993

Henryk M. Broder/Hilde Recher (Hrsg.), Der jüdische Kalender, Ölbaum Verlag, Augsburg

Yaffa Eliach, Träume vom Überleben. Chassidische Geschichten aus dem 20. Jahrhundert, Herder Verlag, Freiburg 1985

Emanuel bin Gorion, Geschichten von der Heiterkeit, Fischer Verlag, Frankfurt/M., o.J.

Israel Zwi Kanner (Hrsg.), Neue jüdische Märchen, Fischer Taschenbuch Verlag, Frankfurt am Main 1978

A. Lohrbächer/I. Schmidt/H. Ruppel (Hrsg.), Was Christen vom Judentum lernen können, Herder Verlag Freiburg 1994

Marion Rink, Jüdische Riten und Feste. Schönberger Hefte, EPD-Verlag, Frankfurt a.M. 1988

Ingetraud Skirecki (Hrsg.), Die Wunder von Chanukka, Union Verlag, Berlin 1989

Und lehrt sie: Gedächtnis! Katalog zur Ausstellung im Ephraim Palais, Berlin, 16.10.1988

Elie Wiesel, Geschichten gegen die Melancholie, Herder Verlag, Freiburg 1994

Buddhistische Festtage

A. Eckhardt/N. Tien Huu, Vietnam. Geschichte und Kultur, Eurobuchverlag, Freudenstadt 1968

H. M. Große-Oetringhaus, Liens großer Traum, Rowohlt Verlag, TB Hamburg 1990

Frantisek Honzak u. a., Vietnamesische Märchen, Dausien Verlag, Hanau 1991

Otto Karow (Hrsg.), Märchen aus Vietnam, Eugen Diederichs Verlag, Düsseldorf 1972

Marie-Luise Latsch, Der Mondkalender und fünf traditionelle Feste in China, Intercul, Beijing 1984

Hermann Oldenberg, Reden des Buddha. Lehre, Verse, Erzählungen, Herder Verlag, Freiburg 1993

Indische Festtage

Shakti M. Gupta, Festivals, Fairs and Fasts of India, Clarion Books, Delhi 1991

Johann Jakob Meyer, Trilogie altindischer Mächte und Feste der Vegetation, Max Niehaus Verlag, Zürich / Leipzig 1937

M. Singer (Hrsg.), Krishna: Myths, Rites, and Attitudes, The University of Chicago Press, Chicago and London 1971

M. u. U. Tworuschka (Hrsg.), Vorlesebuch fremde Religionen. Buddhismus Hinduismus, Verlage E. Kaufmann, Lahr u. Patmos, Düsseldorf 1988

Festtage der Stammesreligionen

Irmtraud Herms (Hrsg.), Osanyin überlistet die Schildkröte. Märchen aus Nigeria, Kiepenheuer Verlag, Leipzig 1984

Wolfgang Neumann, Die Berber. Vielfalt und Einheit einer alten nordafrikanischen Kultur, DuMont Buchverlag Köln 1983

Bruno Schlegelberger, Unsere Erde lebt. Zum Verhältnis von altandiner Religion und Christentum in den Hochanden Perus, in: Neue Zeitschrift für Missionswissenschaft, Immensee, Schweiz 1992

Theo Sundermeier, Nur gemeinsam können wir leben. Das Menschenbild schwarzafrikanischer Religionen, Gütersloher Verlagshaus, Gütersloh 1988

Uwe Topper (Hrsg.), Märchen der Berber, Eugen Diederichs Verlag, Köln 1986

Quellennachweis

Der Verlag dankt den Autoren und Verlagen für die freundliche Abdruckerlaubnis. Trotz intensiven Bemühens ist es nicht immer gelungen, Rechtsinhaber festzustellen. Die Rechtsansprüche bleiben davon jedoch unberührt. Weiterführende Hinweise bitte an den Verlag.

15 Grafik: Gertrud Wagemann – **18** Grafik aus: R. Kirste/H. Schultze/U. Tworuschka, Die Feste der Religionen. Ein interreligiöser Kalender mit einer synoptischen Übersicht (GTB 771). © Gütersloher Verlagshaus, Gütersloh – **20** Ein einsames Eskimopaar, gekürzt nach: Knud Rasmussen, Die Gabe des Adlers. Eskimoische Märchen aus Alaska, übers. v. Änne Schmucker. Frankfurt a.M. o.J.

Christliche Festtage

26 Rechte beim Autor – **28** St. Nikolaus, aus: St. Nikolaus – Die Geschichte von St. Nikolaus mit Bildern und Liedern. © Christophorus-Verlag, Freiburg, 6. Auflage 1985 – **30** Aus: Kreuzberger Weihnachtsgeschichten, geschrieben von Berlinern und Berlinerinnen, hrsg. v. Deutsch-Polnisches Bildungswerk (Niemiecko-Polskie Towarzystwo Oswiatowe e.V.), Berlin 1991 – **33** Es war Weihnachten, Quelle wie S. 30 – **39** Quelle wie S. 30 – **41** Aus: Rolf Krenzer, Drum feiern wir ein Fest. Das Kinderbuch zum Kirchenjahr. Echter Verlag, Würzburg, 2. Aufl. 1995. Rechte beim Autor – **42** Uns kennt niemand, nach: BLLV, Materialien zur Schul- und Bildungspolitik 2. München 1993 – **49** Aus: Tilde Michels, Frühlingszeit – Osterzeit. © 1983 Deutscher Taschenbuch Verlag, München – **57** Aus: Leo Wieland, Rußland Reportagen. Societäts-Verlag, Frankfurt/Main 1986 (in Auszügen). – Rezept aus: Wolfgang Schriek, 100 russische Gerichte. Reihe: Köstlichkeiten aus aller Welt, Bd. 12. Dreisam Verlag 1991/Rutsker Verlag, Köln – **61** Otto Pankok, Roma-Mädchen (Originaltitel: Weihnachtszeit). Rechte: Eva Pankok, Hünxe-Drevenack – **62** Wie der Herrgott, aus: Milena Hübschmannováá (Hrsg.), Ich bin wieder Mensch geworden. © Gustav Kiepenheuer Verlag GmbH, Leipzig 1990/1991 – **63** Die besondere Sprache (Originaltitel: Brif, Bruf, Braf), aus: Gianni Rodari, Gutenachtgeschichten am Telefon. © 1964 by K. Thienemanns Verlag, Stuttgart – Wien – **64** Lehrerinnen, nach: Interkulturelle Beiträge 1. Regionale Arbeitsstelle für Ausländerfragen. Berlin 1991 – **67** Fronleichnam in Hallstadt, nach: Roland Gööck, Kleiner Bummel durch die Volksfeste Europas. Praesent Verlag Heinz Peter, Gütersloh o.J. – **68** Rechte beim Autor – **70** Aus: Zeichen der Liebe, hrsg. v. Berliner Bischofskonferenz. St. Benno-Verlag, Leipzig 1981 (gekürzt) – **73** Die Linde, aus: Willibald von Schulenburg, Wendisches Volkstum in Sage, Brauch und Sitte. VEB Domowina-Verlag, Bautzen 1985 – **75** Gedanken, aus Ausstellung »Die Sorben in Deutschland«. Potsdam, Dezember 1994 – **76** Die Geschichte des respektlosen Güegüense, aus: Maria López Vigil, Die Geschichte des respektlosen, aufmüpfigen, schlauen, spitzbübischen und immer zum Tanzen aufgelegten Güegüense. Peter Hammer Verlag, Wuppertal 1992 (gekürzte Form, 32 Seiten) – **78-79** Nach: Georg Zelenka, Das Fest der Virgen del Carmen in Paucartambo. Zs Archiv für Völkerkunde, Wien o.J. – **80** Aus: Bruno Schlegelberger, Unsere Erde lebt. Zum Verhältnis von altandiner Religion und Christentum in den Hochanden Perus, in: Neue Zeitschrift für Missionswissenschaft. Immensee/Schweiz 1992 – **82** Musik in der Erdhöhle, aus: Guldana Sholymbetowa, Den Lehrern stets zu Dank verpflichtet. Verlag Kasachstan, Almaty 1994 – **83** Neue Sprache, aus: Volk auf dem Weg 11/1994. Landsmannschaft der Deutschen aus Rußland e.V., Stuttgart – **85** Ausruhen in Deutschland, aus: Maria Schumm, Sketsche und Kurzgeschichten. Landsmannschaft der Deutschen aus Rußland e.V., Stuttgart 1992 (leicht gekürzt) – **88** Jacks Laterne, aus: Robert J. Myers, Celebrations. The Complete Book of American Holidays. Doubleday a.C., New York 1972 – **89** Aus: G. Franger/H. Kneipp (Hrsg.), Miteinander leben und feiern. Ausländische Kinder feiern Feste. Dagyeli Verlag, Frankfurt am Main 1987 – **92** Aus: Berndt Hamm, Religionen der Menschheit – Verständnis der Welt. Verlag für Gemeindepädagogik Robert Pfützner, München 1977 – **94** Aus: Rolf Krenzer, Drum feiern wir ein Fest. Das Kinderbuch zum Kirchenjahr. Echter Verlag, Würzburg, 3. Aufl. 1997 – **95** Vater unser in der Fremde, aus: Nah und Fern 13/1993. Ein Material- und Informationsdienst für Ökumenische Ausländerarbeit. Berliner Missionswerk (leicht gekürzt) – **98** Rezept, mündlich überliefert. – Ein Teddy zuviel (Originaltitel: Hans-Peters schönstes Weihnachtsgeschenk). Rechte: Mira Lobe Nachlaß

Islamische und türkische Festtage

102 © Globus Kartendienst GmbH, Hamburg (Nr. 3147) – **103** Grafik: © Religionspädagogisches Seminar, Regensburg – **104** Die Geduld, aus: Arabische Märchen, hrsg. v. Ursula Assaf-Nowak. © S. Fischer Taschenbuch Verlag GmbH, Frankfurt am Main 1977 (gekürzt) – **106** Aus: H. Berger/R. Großhennig/D. Schirmer, Von Ramadan bis Aschermittwoch. Beltz Verlag, Weinheim und Basel, 2., unveränderte Aufl. 1994 (gekürzt) – **109** Rezept aus: Nariman Zeitun, Arabische Küche oder Essen wie bei Mutter in Beirut. Asfahani Verlag, Hamburg 1991 – **112** Ibrahim und Ismail, aus: Geschichten der Propheten aus dem Qur'an, hrsg. v. Islamisches Zentrum. Hamburg o.J. – **115** Rechte beim Autor – **117** Das Lachen des Propheten, aus: Sahih al-Buhari, Nachrichten von Taten und Aussprüchen des Propheten Muhammad. © Philipp Reclam jun., Stuttgart 1991 – **118** Aus: Orientalische Dichtung in der Übersetzung Friedrich Rückerts, Sammlung Dieterich. Carl Schünemann Verlag, Bremen 1963 – **119** Çocuk bayrami in Iszmir, aus: Klaus W. Hoffmann, So singt und spielt man anderswo. Aktive Musik Verlag, Dortmund 1992 – **120** Eier-Verstecken, Quelle wie S. 119. – Keloglan geht in die Schule, aus: U. Ulich/P. Oberhuemer/A. Reidelhuber (Hrsg.), Der Fuchs geht um ... auch anderswo. Beltz Verlag, Weinheim und Basel, 5., unveränderte Aufl. 1995 (nacherzählt, leicht gekürzt) – **126** Kurdische Parabel, aus: Kamal Fuad, Kurdische Folklore in Literarischer Überlieferung, in: Wissenschaftliche Zeitschrift Humboldt Universität, Ges.-Sprach W.R. XIV, 1965 – **127** Rezept, Internationale Bildungs- und Beratungszentrum Hinbun, Berlin

Jüdische Festtage

131 Der Rabbi von Brisk, aus: Simon Wiesenthal, Die Sonnenblume. Verlag Hoffmann und Campe, Hamburg 1970 – **133** Aus: Ingetraud Skirecki, Die Wunder von Chanukka. Union Verlag, Berlin 1989 (gekürzt) – **135** Lied, aus: Friedrich Thierberger (Hrsg.), Jüdisches Fest. Jüdischer Brauch. Jüdischer Verlag, Berlin 1967 – **136** Vom Abend an steige empor unser Flehen, zit. nach: R.R. Geis, Vom unbekannten Judentum. Rechte: Armgard Schubert – **137** Ich war im Januar, aus einem Interview mit dem Magazin der Süddeutschen Zeitung, April 1991. – Aus: Elie Wiesel, Geschichten gegen die Melancholie. © Verlag Herder, Freiburg, 8. Gesamtauflage 1998 – **138** Aus: Noah Gordon, Der Rabbi. © Paul Zsolnay Verlag, Wien 1967 (übersetzt v. Anna Gräfe) – **140** Aus: Nelly Sachs, Fahrt ins Staublose. Die Gedichte der Nelly Sachs. © Suhrkamp Verlag, Frankfurt am Main 1961 – **141** Aus: Yaffa Eliach, Träume vom Überleben. © Verlag Herder, Freiburg, 1. Aufl. 1997 – **143** Zeichnung aus: W. Licharz/B. Wilke (Hrsg.), Juden und Christen. Informationen und Unterrichtsangebote für den RU. Haag und Herchen, Frankurt 1986, S. 88 – **145** Legende von Ester, Fundort: Joe H. Kirchberger, Große Frauen der Bibel in Bild und Text. Verlag Herder, Freiburg 1995 – **146** Rezept, übersetzt von Michal Kaiser, aus dem hebräischen Kochbuch: Ruth Sirkis »Mehamipbach beahava« (Von der Küche mit Liebe). Zmora, Bitan, Modan, Tel Aviv 1975 – **148** Die Versenkung der Ägypter, aus: Jüdische Märchen, hrsg. v. Israel Zwi Kanner. © Fischer Taschenbuch Verlag GmbH, Frankfurt am Main 1976 – **149** Rezept nach dem Jüdischen Kalender 1992-1993. Ölbaum-Verlag, Augsburg – **150** Die Zehn Gebote, Ausgabe Rudol Kittel, 1937 – **151** Der Baum, aus dem Jüdischen Kalender 1991-1992. Ölbaum-Verlag, Augsburg – **152** Aus: Hermann Hakel, Wenn der Rabbi lacht

Buddhistische Festtage

155 Neujahrslegende, übersetzt und gekürzt wiedergegeben aus: Chinese New Year, Minority Group Support Service, Coventry, England o.J. – **157** Der Reis unseres Dorfes, aus: Vietnamesische Kultur. Informationsheft von Hyvong, Kinderhilfe Vietnam, o.J. – **158** Aus: H.M. Große-Oetringhaus, Liens großer Traum (rotfuchs 583). Copyright © 1990 by Rowohlt Taschenbuch Verlag GmbH, Reinbek – **165** Buddha lehrte, Fundort: Hermann Oldenberg, Reden des Buddha. Lehre, Verse, Erzählungen. Verlag Herder, Freiburg 1993. – Ein alter Vietnamese erinnert sich, vgl. hierzu: Helmut Uhlig, Auf den Spuren Buddhas. Safari bei Ullstein 1982 – **168** Die weise Mutter, Fundort: Otto Karow (Hrsg.), Märchen aus Vietnam. Eugen Diederichs Verlag, Düsseldorf 1972 – **169** Legende vom Mondhasen, aus: Marie Luise Latsch, Der Mondkalender und fünf traditionelle Feste in China. Intercul, Beijing 1984 – **170** Darstellung des Mondes mit Mondgott

und dem Hasen. Miniaturmalerei, aus: Die Bilderhandschrift „Traiphum" (Die drei Welten), Thailand, Thonburi 1776 n. Chr. Staatliche Museen zu Berlin – Preußischer Kulturbesitz, Museum für Indische Kunst (Inv.-Nr. II 650)

Hinduistische Festtage

175 Bedeutung der Pongalriten, übersetzt aus: Sri Swami Sivananda, The Divine Life Society. Theri-Garwal, U.P. India 1991 – **176** Shiwa und sein Stier, übersetzt aus: Shakti M. Gupta, Festivals, Fairs and Fasts of India. Clarion Books, Delhi 1991 – **177** Krishna tötet die Hexe Putana, übersetzt aus: Bhaktivedanta Swami Prabhupada, Krishna. Die Quelle aller Freude. The Bhaktivedanta Book Trust 1987 – **179** Krishnas Liebesspiel, Ausschnitt aus einer Miniaturmalerei (31,6 x 24,5 cm), Nordwest-Indien, Pahari-Stil (Kangra), Anfang 19. Jh. Staatliche Museen zu Berlin – Preußischer Kulturbesitz, Museum für Indische Kunst (Inv.-Nr. I 10043). Foto: W. Ihl – **181** Aus: Elfriede Becker, Die kleinen Teppichknüpfer. Wir Kinder aus Indien, Nepal und der Türkei. © 1987 by Verlag Jungbrunnen, Wien – München (gekürzt) – **183** Aus: Indu Prakasch Pandey, Das indische Lichterfest. IAF-Information Nr. 4, Frankfurt 1988

Feste der Stammesreligionen

189 Rezept, übersetzt und etwas erweitert aus: Fatima-Zohra Bouayed, La Cuisine Algerienne. Enterprise Nationale du Livre, Alger 1983 – **190** Die alte Aischa, aus: Doris Hassan-Daufeldt, Immer wenn der Mond aufgeht. Geschichten und Märchen aus Algerien. Edition Orient, Meerbusch 1981 (leicht gekürzt) – **192** Urvater Lac Long Quan, aus: Frantisek Honzak, Vietnamesische Märchen. Werner Dausien Verlag, Hanau 1991 (gekürzt) – **194-198** Nach: Teresa Valiente-Catter, Indiana 7. Berlin 1982, S. 231-239 – **197** Hualina Wasserfest-Gesang, übersetzt aus: Hildebrando Perez, La fiesta del agua. Tierradentro 1. Ediciones La Fragua, Lima 1983 – **198** Opfergabe für die Erdgöttin, Quelle wie S. 80 (leicht gekürzt) – **200-203** Nach: Ute Röschenthaler, Die Kunst der Frauen. Zur Komplementarität von Nacktheit und Maskierung bei den Ejagham im Südwesten Kameruns. Verlag für Wissenschaft und Bildung, Berlin 1993 – **201** Zeichnung der Kürbisschale: Ute Röschenthaler, Berlin – **203** Rezept aus: He Sarah, träum nicht. Vom Leben junger afrikanischer Frauen, v. Regina Riepe/Text und Gerd Riepe/Fotos. © Misereor Medienproduktion und Vertriebsgesellschaft mbH, Aachen, 2. Aufl. 1995 – **204** Aus: Theo Sundermeier, Nur gemeinsam können wir leben (GTB 784). © Gütersloher Verlagshaus, Gütersloh – **207** Aus: Senghor Léopold Sédar, Botschaft und Anruf. Sämtliche Gedichte. Französisch und deutsch, hrsg. und übertragen v. Janheinz Jahn. © 1963 Carl Hanser Verlag, München Wien – **208** Der Junge mit der Yamswurzel, übersetzt v. Irmtraud Herms, leicht gekürzt aus: Irmtraud Herms (Hrsg.), Osanyin überlistet die Schildkröte. Märchen aus Nigeria, Reihe: Märchen der afrikanischen Völker. © Gustav Kiepenheuer Verlag GmbH, Leipzig, 1984, 1991

Fotonachweis

Archiv für Kunst und Geschichte, Berlin: **116** (Eröffnungssure, Kalligraphie) – Dang tu Dung, Berlin: **167** – dpa, München: **101** (Deck)**, 172** (Hoerold) – Karin Engelhard, Nürnberg: **43** – Chaabane Hamouda, Algerien: **188** – Kaspar Hiltbrand, Basel: **36** – Aus: Jüdische Feste und Riten V. Tonbildreihe des Instituts für Film und Bild in Wissenschaft und Unterricht, München 1974: **132** – Horst Klöver, Berlin: **106, 113** – Matthias Lindner, Berlin: **159** – F. Mayer/Magnum /Agentur Focus: **151** – Max Meier, Berlin: **79** – Rauhes Haus, Hamburg: **25** – Ute Röschenthaler, Berlin: **202** – Erich Schutt, Cottbus: **74** – Edward Serotta, Berlin: **142** – Bilderdienst Süddeutscher Verlag, München: **114** – Vietnamesisch-Buddhistische Gemeinschaft, Berlin: **166** – Hans-Günther Wagemann, Berlin: **23, 45, 56, 84, 130, 162**

Entdeckungsreisen in Kirchenräumen

Kirchen zu erkunden kann für Kinder und Erwachsene zu einem spannenden gemeinsamen Erlebnis werden. Geschickt haben die beiden Autoren in diesem reich illustrierten Buch neben hilfreichen kunstgeschichtlichen Hintergrundinformationen eine Vielzahl von Anregungen zusammengestellt, wie man mit Kindern eine Kirche mit allen Sinnen entdecken und erspüren kann. Die Symbolik des Kirchenbaus, die Gestaltung des Raumes, der Bilder- und Figurenschmuck und die wichtigsten Einrichtungsgegenstände werden so vorgestellt, dass alles leicht und ohne besondere Vorkenntnisse auf die konkrete Kirche vor Ort übertragbar ist. Es gibt Geschichten zum Vorlesen, Spiele und Lieder und außerdem Hinweise für den Besuch einer Moschee oder Synagoge.

144 Seiten.
Mit zahlreichen zweifarbigen Illustrationen.
Klappenbroschur.
ISBN 3-466-36561-9

Einfach lebendig.
LEBEN MIT KINDERN

Kösel-Verlag, München, e-mail: info@koesel.de
Besuchen Sie uns im Internet: www.koesel.de